「ファット」の民族誌

現代アメリカにおける
肥満問題と生の多様性

碇 陽子

明石書店

はじめに――なぜ肥満／ファットに注目するのか？

私の問題関心の源

高校時代、私の友達が摂食障害を患った。最初は、彼女を含む友人たちの間で「超太った」「私のほうがやばい」「明日からダイエット」といった、おそらく思春期によくある類のたわいもない会話が交わされていただけだった。私には全く太って見えなかったその彼女は、毎日厳重に食べる物を管理し、体重の増減を折れ線グラフにして、ダイエットにのめりこんでいった。いつしか彼女は、誰の目から見ても、もうそれ以上ダイエットを続ける必要がないほど痩せ細っていった。そのうち、友人たちはもう誰も、彼女と「太った」「痩せた」という類の会話を交わすことをしなくなった。「全然太ってないよ」と言っても彼女には全く伝わらなかった。むしろ、そうした会話が彼女をどんどん追い込んでしまうのではないかという漠然とした思いから、食べることから体重のことまで会話に出すことはタブーとなっていった。

私はこのことがきっかけで、「太った」「痩せた」という言葉が、現実の身体の大きさや重さを精確に表す言葉ではないのだということに気づき始めた。しかし、たとえ、言葉が事実を「正しく」描写していないとしても、言葉は人を分類し、ステレオタイプ化し、そして、そのことが人を苦しめる。その生の苦しみは現実のものだ。私は言葉と私たちの現実との関係に、ずっと釈然としない思いを抱いていた。

大学院で文化人類学を学ぶようになった。その友人のことが多少なりとも影響しているのだと思うが、２００

6年から「肥満問題」をテーマとして選び、アメリカ合衆国での調査をスタートした。文化人類学者は、特定の異文化に長期間入り込んでフィールドワーク調査を行い、そこで得た文化や社会、集団についての詳細なデータを記述する。本書は、アメリカでの文化人類学的調査がもとになった民族誌である。

すでによく知られているが、アメリカでは、1980年代以降、肥満者の急増が社会問題となっている。現在、BMI（「体重〈kg〉／身長〈m〉の2乗」によって割り出された体格指数）に基づいたカテゴリー「過体重」と「肥満」と「超肥満」に入る人は人口の7割を超えていると言われている。太っていることが、糖尿病やがんや脳卒中など（最近では認知症のリスクも）、将来のさまざまな病気のリスクと関係することが統計的に明らかにされるにつれ、肥満とそれに関連する病気は予防可能なのだという認識も広がった。

2000年代になると、病気のリスクとなる肥満増加に警鐘を鳴らすために、肥満をまるで疫病のように捉える「肥満エピデミック」という言葉が生まれた。この言葉は公衆衛生やメディアで使われ、大きなインパクトをもたらした。体重を自己管理し、健康増進に努めることは、疑いもなく「正しい」行為であり、それができない人は予防できるはずの病気にかかるのだというメッセージを人びとに植え付けた。肥満は予防できるという考えは、公衆衛生を含む保健医療やメディアによって、ある種の道徳的規範のようなものとして流布し始めたのだ。調査を進めるにつれ、私は肥満のリスク言説について息苦しさを感じるようになった。「将来の病気のリスクを減らすために、今痩せて健康増進に努めよ」と喧伝する現代社会を健康ファシズム的な社会だと感じていたからだ。太っていることは常態として許されておらず、人びとは、たとえ失敗し続けていても、常に減量を目指して努力しているという身振りを提示しなければならない。結果的に、身体サイズの多様性に不寛容な社会になっていくだろう。このことについて息苦しさを感じるときは、「太っている」からと体重管理をどんどん強めて摂食障害になっていった冒頭の彼女のことを思い出す。

ファット・アクセプタンス運動との出会い

２０１０年あたりから、反肥満というイデオロギーが社会を覆い尽くすような状況に疑義を唱え、相対化を試みようとする研究者たちが現れ始めた。本書もその流れに位置づけられる。だから、本書は肥満の医学的なリスクを論じたものでもなければ、どうすれば肥満を予防できるかを公衆衛生の立場から論じたものでもない（もしそのような関心から本書を開いたのであれば、すぐさま閉じて別の本を読むことをお勧めする）。私の立場は、肥満は不健康で醜いといった考え方を、かなり徹底的に相対化したいというものだ。

図１　ファット・アクティビストのマリリン・ワン

ただし、調査の当初から私がこういう立場に立っていたわけではない。それにはファット・アクセプタンス運動との出会いというきっかけがあった。

ファット・アクセプタンス運動とは、身体サイズや体重を市民権として訴え、身体サイズや外見の偏見や差別に対する制度的な改変と社会的な意識の変革を目指す社会運動である。その運動を牽引する、１９６９年に誕生した全米ファット・アクセプタンス協会（National Association to Advance Fat Acceptance：以下ＮＡＡＦＡ〈ナファと発音〉）という団体がある。２００８年７月、私は初めて、ＮＡＡＦＡと接触した。そのとき、私は、サンフランシスコで活躍するファット・アクティビストであるマリリン・ワン（図１）と出会った。彼女を通して、私のアメリカの「肥満問題」に対する見方が大きく変化していくことになった。マリリンは、１９９４年に起こった二つの出来事がきっかけとなり、ファット・アクティビストになったと語った。一つ目の出来事は、医療保険会社から、彼女が「病的肥満」のために医療保険に加入できないという通知が送られてきたというもの。もう一つは、当時付き合っていたボーイフレンドから、彼女が太っているために自分の友達に紹介するのが恥ずかしいと言われたという出来事だった。これらを機に、彼女は、太っている人が受ける偏見や差別に対し、反対の声を上げる活動をしていく決心をした。彼女との出会いによって、冒頭の摂食障害の友人の苦しみや、肥満のリスク言説についての息苦しさが、マリリンたちをはじめとするファット・アクセプタンス運動の人たちが経験してきたことと、どこかでつながっているのかもしれないと思うようになった。

「最後に残された容認されている差別」

私は、ファット・アクセプタンス運動の人びとと出会ってから、肥満差別が、「最後に残された容認されている差別」だと言われていることを知った。1969年に始まったファット・アクセプタンス運動は、1960年代にアメリカで興隆した公民権運動、フェミニズム運動、ゲイ解放運動、障害者運動などに倣って、太っている者に対する差別を廃絶するよう訴え、体重や身体サイズが反差別法で擁護されるべきカテゴリーであると主張してきた。確かに、昨今では、痩せを称揚する傾向は批判され始めていて、かれらの訴えはそれほどありえない考えでもない。パリコレモデルなど、過度な痩せを助長してきたモデル業界の内実も批判にさらされるようになってきている。プラスサイズモデルと呼ばれる、ふっくらしたモデルたちが出てきたのも最近の新しい傾向かもしれない。

しかしながら、これから本書で述べるように、ファット・アクセプタンス運動は公民権運動などと比べると、その運動の成果はほぼ達成できていない。いまだに、肥満差別は痩せれば簡単に解決できる、と考える人が圧倒的に多い。なぜなら、健康に長生きするためには体重管理や健康管理が大事だという、およそ抵抗することが不可能なメッセージが浸透しているからだ。例えば、調査研究で貧困層に肥満が多いという結果が出ると、健康は「良い」ことで、その健康格差は是正しなければならないと誰もが思うだろう。それくらい、健康は疑義を唱えることが難しい。もちろん、健康は身体サイズや体重だけで判定できるものではないのだけれど、それでもやはり、太り過ぎの人を見ると不健康だろうと思う人が多いのではないだろうか。

頑張って痩せようとしている人であれ、肥満差別の苦しみを訴える人であれ、太っていても美しいと訴える人であれ、「太った」人たちの声や姿が、現在ほど可視化されたことはなかったのではないか、と私は思う。本書で徐々に明らかにしていくが、医療用語として使われる肥満（obesity）や日常用語として使われることが多いファット（fat）は、今まさに、人種やジェンダーなどと同様、人びとを分類する新しいカテゴリーになりつつあると言えるのではないだろうか。それらのカテゴリーを用いて自らを語る人びと、例えば、マリリンのような人たちの経験や苦悩の有り様について描くことが、本書の目的の一つとなる。

ただし、かれらについて書くことによって、太った人たちは皆こうである、というように本質化することは避けなければならない。そのように描いてしまうことは、ステレオタイプを生み出し、差別や偏見を再生産してしまうからだ。本書は、むしろ、肥満やファットという言葉が、アメリカ社会のなかでどのように使われ、また、どのように人びとの行為や経験の理解の仕方を形作っていくのかということに注目することによって、これまでのステレオタイプをかなり徹底的に相対化したいと考えている。特に、肥満は不健康であるとする科学的知識に抵抗しようとするファット・アクセプタンスの人たちの描写は（第３章〜第６章）、日本に住む読者にとっては、とてもアメリカらしさを感じる反面、常識外れだとも感じるかもしれない。かなり徹底的にという言葉のわけはここにある。

フィールドワークと気まずさ――文化人類学者としての私の立場

最後に、本書が、フィールドワークという長期の現地調査に基づいて書かれたという点にも言及しておきたい。私は、博士論文のために、2006年6月から2009年4月まで、サンフランシスコ・ベイエリア地区を中心に、低所得者向けの食料支援のための福祉施設やファット・アクセプタンス運動の団体で集中的なフィールドワークを行い、その後も2012年まで断続的に現地を訪れ、追加調査と資料収集を行ってきた。現地にいない間も、インフォーマント（情報提供者）とメールのやりとりを続けてきた。本論の記述のもととなるデータは、この間に得られたものだ。

文化人類学という学問の根幹には、各文化に価値の優劣を下さずに異文化を理解する、文化相対主義という理念がある。その立場から異文化の太った他者について調査したり、語ったりするときに、私は、奇妙な決まりの悪さを感じ続けていた。アフリカのニジェールの女性の「太らせる」慣習についてフィールドワークを行ったアメリカ人人類学者のレベッカ・ポプノーがあるエッセイの中で吐露した感情は、その決まり悪さを言い当てているように思われる。彼女は、調査中に、ヘルスケアの施設で体重計に乗ったときに、体重が減っていることに対し、心がうずくような喜び（twinge of happiness）を感じたと書いている。痩せたことを、純粋な喜びの感情ではなく、心がうずく感情と表現する理由は、調査対象であるニジェールの太った女性は美しいが、自分自身は痩せているほうが良いという思いが表出してしまったことから生じる決まりの悪さに由来する［Popenoe 2005: 26］。

実際、文化人類学の立場から太った人たちについての調査を進めるに従い、ポプノーが感じたような違和感は私の中でも大きなものとなっていった。すなわち、太っている身体やそれをめぐる人びとの有り様を多様性の一つとして相対化する一方で、「私自身が太ること」に対する嫌悪感から自由でないことに気づき始めたのだ。さらには、健康のために減量することが、スティグマや差別を生み出すポテンシャルを持ち合わせているということにも目をつぶっていられなくなってきた。もちろん、太ることによって調査対象と同化することは、対象を深く理解するために必要なことではない。ホームレスを研究する研究者がホームレスであれば、あるいは、ゲイ・スタディーズの研究者がゲイであれば、調査対象者を深く理解できるというわけでもない。私の気まずさは、太ることを忌避しながら日常生活をしていることへの気まずさなのである。それはいわば、他者の多様性が、われわれにとっては常に矯正の対象となるという事態に気づいたことへの気まずさなのだ。では、対象から完全に離れたところに自身の立場を置いて「自分自身が感じる違和感と研究とは別」というように割り切ることがいいことなのか？　それは自己欺瞞なのではないか？　こうした葛藤を調査中はずっと感じていた。多くの人類学者がそうであるように、フィールドワークが終わって執筆をする段階になっても、そして、今でも（!）、食べ過ぎたから少し減量をしようという考えを持つことへの決まりの悪さは抜けない。私は、自分自身が太ることに忌避感や嫌悪感を持ちながら、太った他者をその嫌悪感とは切り離して描くことは、ある意味で二枚舌であることを認めなければならないと考えるようになった。本書では、この決まりの悪さや違和感も無視せずに、民族誌に記述していきたいと思う。

本書は2部構成にしたが、その目的を少し述べておきたい。第1部は、現代社会で大勢を占める、将来の病気のリスクである「肥満は不健康」という考え方がどのように生まれたのかを整理する目的で設けた。「肥満」カテゴリーがどのように作られ、予防介入が行われる保健医療の現場でどのように使われるのかを知るために、歴史を概観し、制度やそこで働く人びとの活動に焦点を当てる。第2部は、本書の核心となる部で、第1部で整理した「肥満は不健康」という考えに反対しているファット・アクセプタンス運動の人たちの実践が記述の根幹をなす。フィールドワーク中も、かれらの経験を理解しようと、最も苦心した部分だ。かれらが運動の根拠とする「ファット」という言葉をめぐって、どのような活動が展開しているのかを明らかにすることが目的だ。これらの議論に入る前に、序章では、太った人たちや肥満問題が、人類学や社会学などでどのように対象化されてきたのかについて先行研究を整理することで、本書の視座を定めておくことにしよう。

目次 ◈ 「ファット」の民族誌――現代アメリカにおける肥満問題と生の多様性

【凡例】
引用文中の〔 〕は筆者による補足。( )は原文による(ただし、中略や原語の補記を除く)。傍点・傍線による強調についてはそのつど示した。

序章　現代アメリカの「ファット／肥満」[1]の民族誌に向けて

はじめに

一度でも旅行に行けば気がつくことだろう。アメリカ合衆国（以下アメリカ）は肥満率が極めて高い。先進国のなかでも最も高く、社会問題化している。アメリカ疾病予防管理センター（Centers for Disease Control and Prevention：以下ＣＤＣ）のデータを見ると（表０－１）、肥満者数は１９７０年代後半から徐々に増加しており、２０１３年から２０１４年の調査結果では、20歳以上の成人の32・７％が「過体重」、37・９％が「肥満」、７・７％が「超肥満」に分類されている。本書の第1部では、この「過体重」や「肥満」といったカテゴリー自体がいかに成立してきたかを見ていくことになるが、ここで簡単に説明すると、肥満度は、体重（kg）を身長（m）の2乗で割った体格指数（Body Mass Index：以下ＢＭＩ）の数値によって分類される。アメリカでは、ＢＭＩ25以上30未満を「過体重」、ＢＭＩ30以上を「肥満」、ＢＭＩ40以上を「超肥満」と分類している[2]。感覚的に理解できるように説明すると、例えば、アメリカで「肥満」のカテゴリーに入るＢＭＩ30は、身長１６０センチの人であれば体重は77キロ、１７０センチの人であれば87キロとなる。日本の読者からすると、かなり大きめの体型に

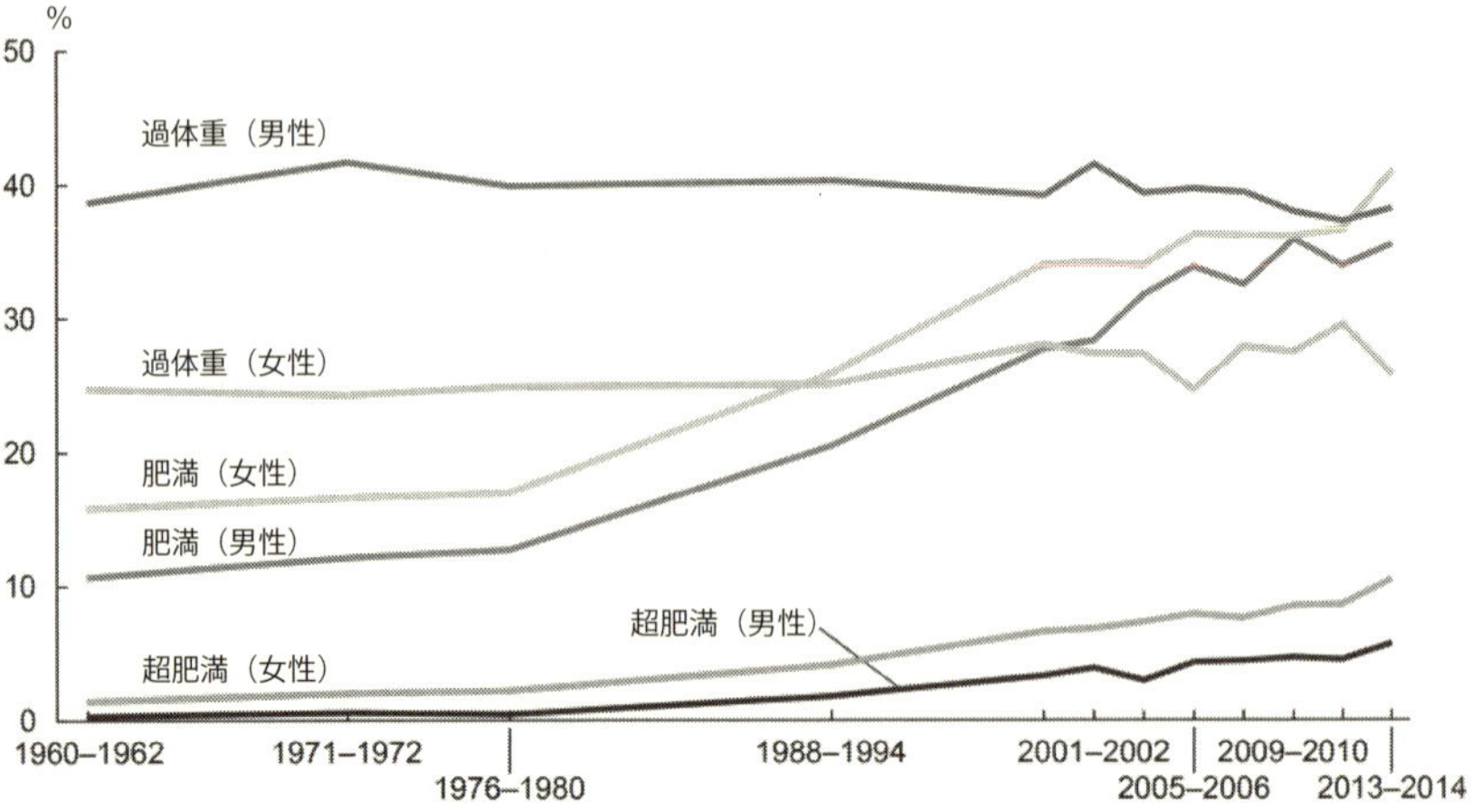

図０－１　「アメリカ合衆国の成人（20－74歳）の過体重、肥満、超肥満の動向：1960－62年から2013－2014年」

注　：過体重（Overweight）はBMI 25以上30未満、肥満（Obese）はBMI 30以上、超肥満（Extremely Obese）はBMI 40以上。
出典：CDCのHPより［https://www.cdc.gov/nchs/data/hestat/obesity_adult_13_14/obesity_adult_13_14.htm］（2018年4月3日最終閲覧）。

感じられるだろう。これが人口の７割を占めているわけだから、まさに社会問題と言えるだろう。

　こうした状況を受けて、アメリカ政府は肥満増加を食い止めるためにさまざまな政策やプロジェクトを進めてきたが、現状を見る限り功を奏しているようには見えない。政府は、国民の健康指針を示したHealthy People 2010で、２０１０年までに成人の肥満を15%まで減らすことをゴールとして掲げていたが、２０１８年現在も国民の40%近くがＢＭＩ30以上の「肥満」である。15%にはほど遠い。ＢＭＩ25から30の「過体重」と合わせるなら、すでに述べたように、実に全人口の７割以上を肥満者が占めることになる。

　肥満者の分布には、州ごとに特色がある。２０１６年現在、すべての州で成人の肥満率は20%を超えているが、特に、ミシシッピ州やルイジアナ州、アラバマ州などの南部は割合が高く、32%に上る[3]。なぜ南部は肥満率が高いのか？　これには、さまざまな理由があげられている。例えば、南部の伝統的な料理が高カロリーであるせいだと言う人もいれば、貧困層が多い地域だからだと考える人もいる。また冗談半分で、体重を気にしない人が多いため正しい体重を自己申告してしまうから肥満率が一番高くなるのだと言う人もいる。しかしながら、どれも定かではない。

図０‐１を見ると分かるように、太っている人は昔からそれなりにいた。問題が決定的になったのは、２０００年代に入ってからだ。なぜならこの頃、公衆衛生分野やメディアの間で肥満予防の気運が高まり、病気のリスクとなる肥満増加に警鐘を鳴らすために「肥満エピデミック」という言葉が生まれたからだ。同時期、肥満問題や健康への一般の人びとの関心も高まった。そして、「アメリカ人はなぜ太るようになったのか？」と問われるようになった。この問いに対し、食品産業、遺伝、生活スタイルの変化など、さまざまな要因から説明しようとする一般書の刊行も相次いだ(4)。さらに、肥満は、健康格差や差別など、さまざまな問題枠組みと関連づけられて説明されるようになってきている。特に差別は重要な観点だと言えるのではないだろうか。公民権運動以降さまざまな差別が問題化され、その解決が図られてきたが、そのなかで、太っている者に対する差別は、「最後に残された容認されている差別」だと言われ始めている［Puhl and Brownell 2001: 788］。こうした肥満問題の根底には、アメリカ社会の根深い肥満嫌悪があると言わざるをえない。

アカデミアは、こうした社会状況にどのように向き合ってきたのだろうか。本章ではまず、人類学を中心とする近隣学問で、肥満やファットについてどのような研究が行われてきたのかを整理し、本書の視座を明らかにする。そしてさらに、文化人類学などの学問分野で、なぜ西欧社会のなかの「肥満」や「ファット」と言われる人たちが研究対象とされなかったのかも明らかにしよう。

Ⅰ．先行研究

1．人類学の対象としての肥満／ファット

人類学は「他者」についての学問である。物理的に離れた遠くの「他者」、あるいは、自文化のなかの「他者」について学ぶことを通して、「自己」を相対化する学問だ。「他者」は、サモアの女性であったり、ロシアの呪術師であったり、あるいは、新宿に住むゲイのコミュニティの人たちであったりした。

では本書のテーマである太った人が「他者」として描かれたことはあるだろうか？　その答えはあったとも言えるし、またなかったとも言える。一つひとつ見ていこう。

西欧社会、特に、アメリカ社会では、痩せている身体は、健康や美、統制された自己、富を象徴すると言われる。それに対し、太った身体は、不健康さ、醜さ、そして、自己コントロールの欠如、怠惰などの道徳的な含意を持つ。西欧社会では、太った身体はおよそネガティブな意味しか付与されない。ところが、太平洋諸国やアフリカなどの非西欧社会においては、美しさや富、多産、性的シンボルなど、肯定的な意味を持つことが文化人類学によって明らかにされてきた［e.g. Becker 1995; Brink 1995; de Garine 1995; Pollock 1995; Popenoe 2004; Sobo 1994］。例えば、ナイジェリアでは、女性のふくよかさは称賛の対象であり、女性の労働に頼ることなく家族を養うことができるという、家族の社会経済的地位を意味する。そのため、結婚前の若い女性は1年からそれ以上、「太らせ小屋」に隔離されるという［Brink 1995］。また、フィジーの村で調査を行ったアン・ベッカーによると、フィジーでは、身体管理の責任は個人にではなくコミュニティに課されているという。身体の大きさが、食事を適切に分け合い、お互いに十分なケアを施し合っているか否かの証拠となるのだ。つまり、西欧社会の個人主義

的身体観とは異なり、フィジーでは、身体はコミュニティの社会的な連帯を表すのだ［Becker 1995］。また、エリサ・ソボも、ジャマイカでの調査で、身体サイズがコミュニティのなかでの位置を表し、太っていることは肯定的な特徴を持つことを明らかにしている。太った身体は多産性を表し、親族やコミュニティの繁栄に貢献し、相互扶助の責任を果たしているとみなされる。そのためその身体は、活力がみなぎり、健康で、社交的で思いやりがあること、そして幸せの証となるのだ。それに対し、痩せていることは死をも表すほどの否定的な意味を持つ［Sobo 1994: 151］。

アメリカ人人類学者のレベッカ・ポプノー［Popenoe 2004］は、ニジェールのアザワクにおける女性を太らせる慣習についての調査を通して、女性の太った身体が、生存や出産などの生物学的な機能を果たすだけでなく、より抽象的な美や社会的な価値を表すことを明らかにした。アザワクでは、太った女性は美しく、性的魅力があるとされる。そのため、乳歯が2本取れる5歳頃になると、女の子は強制的に食べさせられ太らせられる。女性は、動けなくなるほど太ることによって、男性の欲望の対象としての性的魅力が増すという。セクシュアリティは、快楽のためであり、なおかつ家族を増やす役割も果たすが、過剰なセクシュアリティは、家族の絆や社会的秩序を脅かすものにもなる。そのためアザワクでは、社会的に太らせ、それを管理するというのだ。とはいえ、女性は決して、単なる性的対象として主体性を失っているわけではない、とポプノーは分析する。確かに、アザワクでは、動けないほど太った女性が家のなかにいるのに対し、男性は外に出て機敏に働く。この対比は、西欧社会では男女の不平等を表すものとして解釈されがちだが、そうではなく、分業なのであるとポプノーは主張する［Popenoe 2004: 123］。女性を太らせるという行為のなかに、イスラム教における男女の概念、親族規範、健康概念、理想的な美、欲望の創出、セクシュアリティの社会化などのすべてが、含まれているというのだ。こうした文化的な環境において、女性自身も太ることによって、自分の生をコントロールしているのだとポプノーは分析している［Popenoe 2004: 191］。

このように、西欧社会においては、美的にも健康面からも否定的な意味を持つ太った人びとやその身体が、非西欧社会に行けば異なった意味を持ちうる。その多様性を明らかにすることによって、西欧社会の「異常」な身体観を逆照射し、西欧社会の「ファット」「肥満」概念を相対化する。これらの研究には、そうした意図があった。

保健医療の支援に関わる人類学者や医療関係者は、肥満が健康に及ぼす影響を無視せず、生物学的な要因や環境要因も考慮に入れつつ、かつ、各地域の文化的・社会的な文脈を検討しながら、より現実的な対策を探ろうとする [e.g. Brewis 2011; Bellisari 2016; Brewis et al. 2011; Moffat 2010; Puhl and Brownell 2001]。この立場の人びとは、しばしば、文化的価値観と健康という普遍的価値観の間で葛藤する [e.g. Moffat 2010; Yates-Doerr 2013]。グアテマラの肥満について調査するイェーツ＝ドーアは、糖尿病や高血圧、メタボリックシンドロームなどの食習慣関連の慢性病の人びとの苦しみが、体重や身体測定の数値に還元されてしまうことを問題視している。グアテマラの人びとにとって、測るという行為は品物の売買のときに行われるもので、人間の体重や身体は測るものではない。そのため、お腹周りや体重を測る行為に対し、笑ったり、怒ったりするのだという。こうしたことから、身体を数値に還元することは、病気の治療に資するどころか、かれらの病の苦しみを悪化させる可能性もあるのではないかと指摘する [Yates-Doerr 2013: 63–66]。また、特に、最近懸念され始めているのは、「太っていること は不健康で悪いこと」とする、肥満につきまとう否定的なイメージや規範が、グローバルに広がりつつあるということだ。ここ10年から20年で急速に身体サイズの文化的多様性が失われ、同質化されつつあるという報告もある [Brewis et al. 2011: 274]。身体サイズの多様性を称揚するのみで、健康問題をないがしろにするとすれば、それは人道的立場から正しくない。とはいえ、単に肥満改善のために減量を促すのみでは、スティグマや差別、さらには摂食障害などの別の問題を生み出すことにつながる。こうしたことにも注意が必要だと考えられている。

このように、文化人類学では、医療化されていない、「正常」で「健康」な非西欧社会の太った身体を文化的多様性として捉え、それに注目することによって、痩身を偏重する西欧社会を対置する。そうすることによって、現代の西欧社会を、過度な痩身願望や無茶なダイエット、摂食障害の増加といった病理を抱えた「異常な」社会として提示する効果があった[5]［Gremmilion 2005: 14］。こうした図式は、人類学者が痩身を偏重する社会を論じるときの暗黙の前提になっている。もちろん、この図式を日本にそのまま当てはめることの妥当性については別途議論が必要だが、例えば、医療人類学者の波平［2005］は、社会学者アンソニー・ギデンズの拒食症についての議論を引きながら、日本社会の摂食障害の一つ「やせ症」[6]を事例に、現代社会の身体観に警鐘を鳴らす。波平は、「やせ症」の人が、体重計が示す数字に執着し、太ったか痩せたかのみで自己の身体を評価することを、身体が過剰に対象化されていると表現する。本来ならば、われわれは自分の身体を過剰に対象化して意識することはない。自分自身は身体そのものとして存在するからだ。そして、手を差し出す、笑いかけるなどがそうであるように、身体を介在して他者との関わりを結ぶ。身体は本来そうした役割を持っていると論じる。ところが、「やせ症」の人は、身体を過剰なまでに意識し、対象化する。体重計が示す数字によって自らの身体を管理するのはその顕れだ。かれらは自分自身の身体を、食べ物を入れる器とみなすようになっていて、自分自身の存在が身体であるという感覚を失っているのではないかと波平は推測している。そして、「やせ症」でなくても、ダイエット観念の広がりにより、われわれは、痩せた身体は格好良いと食事制限をするなどして身体的外見にこだわる。このことは、身体をもののように対象化していることの証であり、本来の身体の役割が希薄化しているのだと論じる。また、長年フィジーを調査しているアメリカ人の人類学者ベッカーは、１９９５年にフィジーでテレビ放送が開始され、アメリカなどのテレビ番組が見られるようになると、テレビのキャラクターのように細くなりたいと願う10代の少女たちの間で、摂食障害の兆候が見られるようになったと報告している［Becker et al. 2002］。どちらも、欧米化が（波平は明言はしていないものの）、それまでダイエットなどしたことがなかった少女たちに、ダイエット行為や摂食の異常をもたらしたと見ている。

ここで、太った人が「他者」として描かれたことはあるだろうか、という最初の問いへ立ち返ろう。その回答は、非西欧社会の太った人については描かれてきた、と答えることになる。非西欧社会の太った人を「他者」として描き、それによって西欧社会を相対化することは、西欧社会や日本社会が抱える病理を照射することにつながった。しかしながら、ここにある種の危うさがあることは言うまでもない。つまり、これらの研究では、非西欧社会に住む太った他者を、自文化にはなじみのない風変わりでノスタルジックな文化的他者として描いてきた [cf. Strathern 1999]。その結果、西欧の痩せと非西欧の肥満、という二項対立が強化され、後者には、「不健康で遅れた人たち」という価値観が無意識のうちに入り込む。異文化を未開で遅れた人たちの文化だとみなし、自文化は、（たとえ病理を抱えているとしても）健康的な優れた文化だとみなす、自文化中心主義的な態度が侵入してくるのだ。このような態度は、度を越すと太った人への差別や偏見を正当化してしまうことにつながりかねない。こうした偏向を排するには、これまでに描かれてこなかった「他者」、すなわち、西欧社会のなかの「肥満」や「ファット」と言われる人びとを描く必要があろう。そろそろ、西欧社会という「自己」のなかの「他者」を扱うべきではないだろうか、と筆者は考える。

2. フェミニズムのなかの太った女性

これまでに西欧社会の太った身体を相対化しようとする試みが全くなかったわけではない。例えば、過度な痩身願望や無茶なダイエット、摂食障害の増加などの西欧社会の病理や「異常性」は、美の構築を研究するフェミニズムによって指摘されてきた [e.g. Bordo 1993; 浅野 1996; オーバック 1994]。

１９７０年代頃のフェミニズムは、女性が男性支配によって抑圧された犠牲者であるとして、男性社会を告発しようという気運に満ちあふれていた。そのなかで、女性の美の実践も、抑圧という観点から論じられた。例えば、イギリス人フェミニスト心理療法家のスージー・オーバックは、『ファットはフェミニストの問題だ（*Fat is a Feminist Issue*）』［1994（1978）］という本を出版し、当時の女性たちに熱狂的に受け入れられた。この本のなかでオーバックは、「女は痩せていなければならない」という西欧社会の女性の美の規範や、ダイエットなどの美の実践は、男性社会による抑圧だと捉えた。そして、その抑圧によって、身体管理への強迫観念や、太ることへの恐怖、歪んだボディ・イメージ、摂食障害が引き起こされているのだと断じた［オーバック 1994］。また、ナオミ・ウルフは、女性の美容整形や拒食症が増加しているのは、「男たちの制度や、制度化された権力」［ウルフ 1994: 18］により押しつけられた美の規範を、女性たちが過剰に内面化しようとした結果なのだと論じている。フェミニズムは、女性にとっての美の規範が抑圧となっていると捉えることによって、外見や体型をめぐる身体の社会的・文化的拘束性や政治性を暴こうとした。

１９９０年代に入ると、それまでの男性による支配と抑圧というモデルから、フーコーの規律実践のモデルが分析の枠組みとして採用されるようになる。例えば、フェミニズム研究者のスーザン・ボルドは、著書『耐えがたき体重（*Unbearable Weight*）』［1993］で、アメリカの女性誌や広告などの文化的表象の読解を通して、女性の身体やアイデンティティは葛藤的な美の実践に埋め込まれていると論じた。すなわち、女性は、自分の身体に対し日常的にストレスや不満を感じながらも、メディアが発する均一化された美のイメージを求めて、美の実践や自己モニタリング、身体統制を主体的に自らに課している。ボルドは、このことについて「主体化＝規律化」というフーコーの概念を利用しながら説明する。つまり、女性はもはや抑圧的な美のシステムの犠牲者ではなく、むしろ、女性自身が身体管理や美の構築に主体的に参与し、美のシステムの存続に加担しているのだと分析する。規律実践の過程において、身体は、支配的言説の要請に対し正しい態度で振る舞っているか否かを表すものとなる。例えば、減量プログラムに通う女性は、欲望を管理しながら「標準」に向かって努力し、筋肉を付けることによって、仕事場で自信を持ち、強い女性として自らを示すことができる。逆に、太った者は、減量の失敗者として、恥と敗北という意味づけがなされる［Bordo 1993: 203–204］。

フェミニズムは、女性を、男性から美の規範を押しつけられている犠牲者、あるいは自ら美の管理を強化している実践者として捉えた。そうすることで、美をめぐるさまざまな現象は、それ自体が必然性や本質性を持つのではなく、文化的・社会的・歴史的に構築されていることを明らかにした。これはつまるところ、女性の身体はこれらに強く拘束されており、そこから解放される術はない、ということを明らかにするに等しかった。

しかしこうした立場は、女性の実践や経験、能動性をうまく捉えきれていない。この反省に立ち、その後、人間を文化社会に拘束された受動的な存在ではなく、創造性も兼ね備えた実践する行為主体として捉えようとする立場が出てくる。例えば、ジュディス・バトラーは、アイデンティティを構築するプロセスを反復することによって、意味づけやカテゴリー化を逸脱し続けていくような実践に、アイデンティティ・カテゴリーの意味を不安定化し、ずらしていく可能性を見出す［バトラー 1999］。この研究の系譜で、太った身体について書かれたものとしては、太った女性の身体に新たな意味を作り出す攪乱の契機を見出そうとする、キャサリン・ルベスコの研究［LeBesco 2004］が代表的であるが、彼女の研究を除けばまだほとんど手がつけられていない研究分野であると言っていい。

3. 逸脱の医療化、社会問題論

一方、社会学には、自社会の肥満問題を社会構築主義的な立場から相対化しようとする研究者たちがいる。1980年代以降、アメリカで肥満者が急増し社会問題化し始めると、社会問題の構築主義を研究する社会学者たちは、肥満が社会問題化されていくプロセスに注目し始めた。科学哲学者のイアン・ハッキングが言うように、社会構築主義と言われる立場の研究は、当たり前で不可避の事柄だと思われている事象が「社会情勢の偶然的な産物である」ことを明らかにすることを得意とする［ハッキング 2006: 27］。肥満の社会構築主義的な議論は、肥満が病気であるというわれわれの認識や、太った身体を醜いと感じるわれわれの美醜観の自明性を疑い、それらを文化的・社会的・歴史的に練り上げられてきたものとして相対化しようとするのだ。

社会学者のジェフリー・ソーバル［Sobal 1995, 1999］は、アメリカにおける肥満の医療化と脱医療化の過程を、「道徳」モデルから「病気」モデル、そして「政治」モデルとしてフレーミングされてきた変遷として描いている。ソーバルによると、アメリカでは、１９５０年代に太っていることが道徳的に否定的な価値づけをされるようになる。つまり、太った人びとは意志薄弱であり、非難される対象、スティグマが貼られる対象となる［Sobal 1995: 68–69］。同時に、１９５０年代以降、太っている状態は医療介入が必要な状態として医療化され始める。メトロポリタン保険会社の肥満チャートをきっかけに、肥満度を測定する方法が議論され始めたのもこの頃である（第1章参照）。病気モデルのもとでは、例えば、減量のために薬物治療や外科的手術が求められた。また、肥満と精神障害や人格障害の関連も議論され、その治療には行動療法などが適用された［Sobal 1995: 69–81］。そして、１９６０年代には、当時の公民権運動の流れに乗って、肥満問題を政治的問題としてフレーミングする政治モデルが現れる。政治モデルのもとで、太った人びとに対するスティグマや差別、さらには、肥満を病気とみなす病気モデルに対抗する人びとが現れたのだ。ソーバルは、これによって、肥満の脱医療化が促されたと分析している。

カリフォルニア大学ロサンゼルス校で社会学を教えるアビゲイル・サゲイは、一連の著作において、ファット／肥満がどのように問題化されているのかについて注目している［Saguy and Riley 2005; Saguy and Almeling 2008; Saguy and Ward 2011; Saguy 2012a］。サゲイは、現代のアメリカの肥満問題では、太っていることをめぐる意味が集合的に構築されるプロセスにおいて、フレームの争いが行われていると言う［Saguy 2012a: 10］。ファット／肥満を不道徳フレームで見る人がいる。またある人は、医療フレームや公衆衛生の危機フレーム、貧困のフレーム、美のフレーム、身体の多様性や太った人の人権というフレームで見るだろう。それぞれのフレーム同士が、肥満やファットの意味をめぐって争うなかで、あるフレームは信頼を獲得し、あるフレームは信頼を失墜する。例えば、太っていることが病気としてフレーミングされる傾向が強くなれば、体重コントロールは個人の責任ではなくなるかもしれない。そのようにして、太っていることの意味が構築されていくと分析している。

ソーバルやサゲイは、コンラッドとシュナイダーによる逸脱の医療化研究［コンラッド／シュナイダー 2003］やスペクターとキツセの社会問題の社会構築主義［スペクター／キツセ 1990］と同じ理論的パースペクティブを持つ。この見方では、ある事象は、客観的な状態として存在するのではなく、それについて定義され、構築される活動として存在するというスタンスをとる。すなわち、「なんらかの想定された状態について苦情を述べ、クレイムを申し立てる個人やグループの活動」が、社会問題であるのだ［スペクター／キツセ 1990: 119（強調は原文）］。

医療化論や社会問題の社会構築主義には、すでに、重大な問題点が指摘されている。それは、社会構築主義者たちは、問題を客観的な状態とみなす見方から決別し、問題をめぐる定義活動を研究対象とすると言いながら、実際は、問題となる状態を特権的な位置にいる研究者が恣意的に選び出しており、そこには、問題となる状態が実在するという視点が滑り込んでしまっているのではないかというものである。これは、いわゆる、研究者が事実と表象の間に恣意的に線引きしていることを指摘した、ウールガーとポーラッチによる「オントロジカル・ゲリマンダリング（Ontological Gerrymandering）」批判として名高い［Woolgar and Pawluch 1985］。

肥満の社会構築主義に対し、オントロジカル・ゲリマンダリング批判をするなら、以下のようになるだろう。つまり、社会構築主義では、肥満問題が社会の成員たちによって健康問題や道徳問題、政治問題などとして定義されるという定義上の変化に注目し、その構築性を論じるという。しかし、このときすでに、肥満が問題であるということは前提とされている。しかも、問題とする前提と問題としない前提の間に恣意的に線引きしたのは、外部的な視点をとる研究者自身であったわけだ。

では、問題とする前提と問題としない前提の間の恣意的な区別はどこに引かれるのか？　社会学者の浦野茂は、「専門的で科学的な世界」と「日常の世界」という区別であると指摘する。浦野は、ギルバート・ライルの「中傷効果」を使って社会構築主義の誤りを説明する。ライルの「中傷効果」とは、「スーパーマーケットで彼を見た」というときの「見る」行為が、実は、脳神経系のプロセスであると説明されたときの効果がその例である。すなわち、科学的な概念を使った世界の説明と、われわれの日常的な言葉を使った世界の説明は、前者が正しい世界を表し、われわれが日常的に経験する世界はダミーであると感じられる効果のことを指す［ライル 1997: 118］。そして、浦野は、自明性の相対化を目指す社会構築主義は、ライルが指摘した中傷効果を狙っていたのだと看破する［浦野 2008: 49］。つまり、社会構築主義の立場は、われわれにとって自明なものの見方としての日常的知識を相対化することを目標としてきた。しかし、相対化のための前提には、リアルで正しい世界とダミーの世界が想定されているのではないかと指摘する。これは、不正確さや誤謬を含んだわれわれの日常的なものの見方はダミーであるとして抹消してしまい、専門家によって説明される世界が正しいとしてしまうことに等しい［浦野 2008: 49–51］。

しかし、科学的概念とわれわれの日常で使用する日常的概念は、どちらがダミーでどちらがリアルなのかという、あれかこれかの競合する関係ではないとライルは言う。例えば、風景画家が山並みを描き、地質学者が同じ山の地質について語る。同じ山が対象であっても、画家は地質学を行っているのではないし、地質学者は風景画を描いているのではない［ライル 1997: 130］。つまり、ここでライルや浦野が注意を促すのは、科学的概念を使った世界の説明と日常的な言葉を使った世界の説明は、どちらかがダミーでどちらかが本当という、あれかこれかではなく、共存可能で、補完的な概念であるということだ。であれば、われわれの世界を説明するための知識や概念には、自明なものの見方としての日常的知識や概念、そして、専門家が扱う知識や概念、そのどちらも不可欠であるのだ。

先に引用したサゲイは、肥満問題の意味が構築されることが、社会的不平等にどのような影響をもたらすのかに関心があると述べる［Saguy 2012a:18］。彼女の一連の著書から明白なのは、彼女が肥満差別の廃絶という「ファット・アクセプタンス」の政治的理念に共鳴しているということである［Saguy and Riley 2005; Saguy 2012a; Saguy 2012b］。つまり、彼女は、ファット・アクセプタンスの立場をサポートしながら、肥満問題の構築を論じることによって、人びとが当たり前に存在すると思っている肥満問題の自明性を相対化しようとする。だがこれは、以下の点で問題含みである。彼女は肥満問題がいかにフレーミングされるかには関心がある。だが、そこで形成された意味が、再び、人びとの考え方や経験の理解に影響を与えていくような契機を分析の対象にすることについては、彼女の議論の範疇にないのだ。しかし、当たり前のことだが、同じフレームを持つ人たちが、皆、肥満問題やファットについて同じ意味で理解したり同じ考えを持ったり、あるいは肥満差別の撤廃という同じゴールに向かって生きているわけではない。すなわち、形成された意味が再帰的に及ぼす影響を議論しないことで、「ファット・アクセプタンス」のなかにもおそらくいるであろう、太っていることに悩んだりする「普通」の人びとの声を過小評価し、かれらの葛藤や摩擦を軽視したり無視してしまうきらいがあるのだ。これに対して本書では、そうした「普通」の人びとの葛藤や矛盾を無視せずに描くことで、できる限り、肥満／ファットをめぐる状況全体を描き出すことを目指している。

Ⅱ．本書の視座

1．「肥満エピデミック」

ここまで扱ってきた先行研究から分かるように、太った人びとが経験する差別や苦悩について把握しようとする試みは、これまでほとんどなされてこなかった（あるいは成功していない）、と言っていい。ところが、２０００年代に入り、「肥満エピデミック（obesity epidemic）」という言葉が、アメリカの公衆衛生政策のなかで聞かれるようになると、潮目が変わってきた。エピデミックとは、ある特定の地域で急激に罹患者が増加している流行病に対して使われる。この言葉は、保健医療に携わる人びとが、急激な肥満者の増加への危機感から、喫緊の対策を講じようとしていることを物語っていると言えよう。ところが、太っていることを疫病にかかっているかのように表現したこの言葉は、さまざまな批判を巻き起こした。そして、人びとの生を過度に管理することに対して、批判的な視座を持った研究が、人類学や社会学のなかで現れてきた［e.g. Gard and Wright 2005; Greenhalgh 2015; Lupton 2012; Wright and Harwood (eds.) 2009］。これらの議論の骨子となっているのが、「リスク社会」という時代認識のもとで生まれてきた、現代の新しい生の様相についての批判的議論である。

2.「リスク社会」――「未来の操作可能性」と「未来の非決定性」の矛盾

「リスク社会」とは、単に、リスクが増大していることを言い表しているのではない。一つの時代認識である。「リスク社会」という時代認識を、いち早く普及させたのは、ウルリッヒ・ベック［1998］である。彼は、科学技術の「進歩」によって、われわれは豊かな生活を享受することが可能になったが、その一方で、対処が極めて困難な未曽有の危険が生じる可能性も抱え込まなければならなくなった、と論じた。例えば、２０１１年に起こった福島第一原子力発電所の事故を思い起こせば、理解しやすいだろう。そして現代を、科学技術の発達や産業化の発展がもたらす、予測不可能で制御困難な新たな危険に満ちた「リスク社会」であると論じた。

また、アンソニー・ギデンズは、前近代では、地震や干ばつなどの不確実性は神の御業として宿命づけられているものと理解されていたが、現代社会では科学的なリスクの計算を通して、未来はコントロール可能な領域であるという認識が生まれてきたと指摘する。そのことを「未来の植民地化」と呼び、個人の未来に対する態度の変容を論じる［ギデンズ 2005: 126］。地球温暖化や、原子力発電所などのリスク評価についての科学的な計算や知識の多くは、細分化された「専門家システム」に委ねられている。そのため、誰もその全貌を把握することはできない。さらには専門家ごとにリスクの評価が異なることもある。そうして、人びとは、自分でリスク管理をしながら生きていかなければならない不安な状態に追い込まれていると述べる［ギデンズ 2005］。

さらに、ハッキングは『偶然を飼いならす――統計学と第二次科学革命』［1999］のなかで、19世紀以前のヨーロッパで広く受け入れられていた、世界は何らかの秩序を持っており、将来何が起こるかは過去において厳密に決定されていると考える決定論が、19世紀の統計学の発展とともに衰退していく様子を詳細に描いた。そして、社会の統計化によって次第に偶然が管理の対象となっていき、決定論的思考が統計学的規則性に取って代わられたことにより、人びとの認識や行動や社会制度が変容してきたことを示す。

こうした一連の研究で共有されているのは、科学技術を通して不確実性を忌避しそれを飼いならそうとする社会的な志向が強まったものの、実際には飼いならすことは不可能だという認識である。すなわち、不確実性を排除してリスクを管理し、それらを科学的に飼いならそうとする志向が強まる一方で、同時に、未来は根本的に非決定的で不確実なので、完全に管理することは不可能だという事実に人びとは直面せざるをえない。端的に言うならば、「リスク社会」では、「未来の操作可能性」と「未来の非決定性」という矛盾に、人びとが同時に向き合わざるをえない、ということだ。こうした事態が起きているという時代診断が、一連の研究で共有されている。

「科学的」で「合理的」な知識が進歩を導くとする啓蒙主義的合理性のもと、科学的知識の増大はわれわれに進歩をもたらしてきた。だがしかし、「リスク社会」と言われる現在、進歩は同時に予測不能な混沌とした状況も導き入れている。リスクや不確実性を制御するために、「科学的」「合理的」に努力を積み重ねようとすることによって、結果として、ますます「非科学性」「非合理性」に直面せざるをえない状況に追い込まれるのだ。このような、科学技術の進歩がもたらすさまざまな矛盾が、「リスク社会」を特徴づける。そして、「リスク社会」を生きる人びとを新しい主体へと変換していく。では、その新しい主体とはいったいどのような特徴を持つのか？　こうした視座から「肥満エピデミック」という現象を見ていくと、いったい何が見えてくるだろうか？

3.「リスク社会」の新たな主体――「生物学的市民権」

「リスク社会」では、数値化などによって可視化されたリスクを、自らが責任を負うべき問題として引き受け、回避・縮減に向けて行動する新しい主体が形成される（「リスク・コンシャスな主体」[cf. 市野澤 2014]）。この新たな主体は、リスク回避と自己管理の意識を強く内面化した、ある意味で、自己完結型の主体にも見える。ところが、近年、人類学などで関心が向けられているのは、社会関係の形成や連帯を志向する人びとの存在である。

医療社会学者のアラン・ピーターセンとデボラ・ラプトンは、病気の予防と健康の維持・促進に重点を置く新しい公衆衛生政策（第1章参照）のリスク言説について分析しながら、「リスク社会」に誕生した新しい主体が形成する社会関係に注目している。かれらは、新しい公衆衛生を代表とする新たな統治の形式では、健康を能動的に自己管理することを通して「より健康的」になることに主体的に「参加」することが求められる、と分析する。そして、こうした新しい主体が形成する社会関係は、新しい社会運動などへの参加の機動力になっていると考える。すなわち「セルフ・ヘルプ」「公平さ」「アクセス」「共同」「コミュニティ・コントロール」といった言葉を軸に、環境保護運動(7)、平和運動、レズビアン運動などのさまざまな集合的な動きを促進したというのだ [Petersen and Lupton 1996: 11]。

ベックも「リスク社会」の連帯について、「リスク社会という社会形態の特徴は不安からの連帯が生じ、それが政治的な力になることにある」と述べ、連帯の根拠を不安に求めた [ベック 1998: 75-76]。ベックは、不安に怯える人たちが作る新しい連帯は、それ以前の階級社会の不平等を是正するための連帯とは根本的に異なると論じる。環境汚染や原発事故などのリスクは国境を越えてその影響が及ぶので、不安に怯える人びとの連帯も世界的な広がりを持つだろうというのが、彼の見通しであった。

こうした人間の生について、不安や苦境にさらされる人びとを対象に、これらの人たちがいかにして主体としての自己を再構築していくかを問う研究領域が、近年、認められる。特に、人類学や社会学のなかで注目されているのが、医療やバイオテクノロジーや環境などの分野において、生の不安に立ち向かう市民の集合的な運動である［e.g. Epstein 1996; Rabinow 1996; Rose and Novas 2005; 田辺 2008; ローズ 2014］。とりわけ言及しておきたいのが、ポール・ラビノウやニコラス・ローズらが注目した、遺伝学や生物学を「本質的」な「生物学的アイデンティティ」の基盤とした新しい集合性である。同じ疾患を抱える人びとや治療を求める人びとが、生命の維持のために連帯し政治的な要求をすることに関わる「生物学的市民権」［Petryna 2002; Rose and Novas 2005］、治療を求めて結びついていく人びとの「治療市民権」［Nguyen 2005］、あるいは、遺伝疾患の治療のために結びつく人びとの「遺伝学的市民権」［Heath, Rapp, and Taussig 2004］など、さまざまな新しい種類の概念が提示されている。その特徴は、自らの生物学的事実を積極的に受け入れ、経験を共有し、治療に必要な情報を集め、さらには、科学コミュニティとも連携しながら調査研究や立法を促すような人びとのあり方である。

ＡＩＤＳアクティビズムに注目するロビンスは、がんや遺伝疾患、ＨＩＶ／ＡＩＤＳ、慢性病などの病に罹患した人びとによる、病気の「生物学的アイデンティティ」に基づいた運動と、ベックやギデンズが論じた「リスク社会」との関連性を指摘する。すなわち、健康や環境にもたらされるリスクや予測不可能な被害や人体への影響が増すにつれ、一般の人びとは、ますます、科学者や専門家、政府が提供する科学的報告に対し不信感をつのらせるようになる。そして、政府や専門家に依存するのではなく、エプステインが「素人の専門化」［Epstein 1996］と呼ぶように、専門的知識を自らの手で獲得していこうとする。この過程で、人びとは日常生活のあらゆる側面における終わりなきリスク管理の過程に投げ込まれる［Robins 2006: 315］。

さらに、バイオテクノロジー企業や製薬会社もこうした動きに積極的に参与し、消費者としての患者グループなどを支援したり、スポンサーを務めたりする。ローズは、その過程で、科学が個別の経験や政治や資本主義の領域に持ち込まれ、生物医学的な真理が多元化したり、科学に疑念や論争が導入されたりすると指摘する［ローズ 2014: 264］。

その一方で、こうした市民の主体的で能動的な「下から」の活動は、同時に、統治の対象としての良き市民を作り上げる「上から」のプロセスとも結びつく。「生物学的市民権」について、ニコラス・ローズは、生命科学を通した統治との関わり、すなわち、フーコーが統治性と呼んだ［フーコー 2007］、国家が細部にわたり効率的な管理を実現するため、諸技術を通じて権力行使することを可能にする力についても強調している。もちろん、生物学的市民権という概念を使うまでもなく、歴史的に、市民とは何かを考えるときに、生物学はその前提とされてきた。国家の統一は、血筋、人種、家系、知能といった生物学的市民の存在を作り出そうとするプロセスと結びついていた。その意味では、昔から、市民とは極めて国家的なものだったのだ。ところが、現在は、グローバル化のもと、市民創出のプロセスは、国家の枠組みに縛られることはない。こうして、「上から」と「下から」の二つのベクトルにより、市民が自分自身を理解することはますます生物学的なものを根拠にするようになっていくのだ［ローズ 2014］。

「肥満エピデミック」を批判的に論じるグリーンハーフは、生物学的市民権のこうした側面について危惧する。彼女は「肥満エピデミックに打ち勝つために、愛国的な振る舞いとして、すべてのアメリカ人は10パウンド（4.5キロ）痩せるべきだ」(8)という保健福祉省の前長官の言葉を例に出しながら、痩せている健康的な生物学的市民のみが良き市民として規範化されていくのではないかと懸念する。ＢＭＩの数値が低く痩せている「良い市民」に対し、ＢＭＩの数値が高く太っている「悪い市民」、という道徳的な二項対立の言説によって、人びとは分類されていく。そして、「悪い市民」に対しては、学校や職場、医療保険などで、社会的排除や肥満差別が横行することになる［Greenhalgh 2015: 19-22］。太っている人びと自身も、ＢＭＩの数値が高く、将来病気になる可能性が高い「種類」の人間であると自己理解をしていく。この「そういう『種類』の人間である」という自己理解は、次節で説明するように、本書の重要な概念である。

4．新しい「人びとの種類（human kinds）」

「リスク社会」の新しい主体と言うときの「新しさ」は、「そういう種類の人間である」という新たな自己理解の仕方のことを指している。科学哲学者のイアン・ハッキングが提唱した「人びとの種類（human kinds）」についての議論を追いながら説明していきたい。

ハッキングが「人びとの種類」を論じるときに問題にしたのは、産業化社会の官僚主義のもと発展してきた人間の分類方法のことである。「人びとの種類、人びとの行動や状態の種類、行為の種類、気質や素質の種類、情動の種類、経験の種類」によって人を分類する際の、「体系的で総合的な、正確な知識、すなわち、人びとについての一般的な真実を説明する際に使われる分類方法」のことだ［Hacking 1995: 351-352］。そして、ここが大事なのだが、「記述の新しい様式が出現すれば、その結果として行為の新しい可能性も生まれることになる」［ハッキング 2012: 226］。つまり、人間の新しい分類方法は、分類される人間と相互作用を及ぼし合うのだ。

例えば、「医療化され、標準化され、管理されるような種類に属する人びとは、ますます、専門家や制度の支配を取り返そうと試みるようになる。そのために、ときに新しい専門家や新しい制度を作るのだ」と述べる［Hacking 2007: 311］。ある分類が自身に適用されることに対し異議申し立てをする人が出てきたり、それによって、それらの人びとが、概念の意味を変更するように促したり、あるいは、新たな概念を作り出したりすることがありうる。このことの例として、ハッキングは、同性愛の事例をあげている。精神医学によって同性愛と分類された人びとは、ゲイ・プライドによって、医学と法学の専門家や制度の支配を奪取した［Hacking 2007: 311］。

ハッキングは、分類対象とされた人の振る舞いに影響を与えるような相互作用が起こるのにはいろいろな理由があるとしているが、重要なものとして以下の三つの理由を取り上げている。第一に、分類されることによって、個人的集団的な自己意識が形成され、それらの人びととの行為にも影響を及ぼす。第二に、われわれが選びうる行為は、行為を記述することが可能な仕方に依存している。つまり、観念に依存せずに、ある行為を選ぶことはないということだ。第三に、分類は、さまざまな制度、慣習、他の事物や人びとなど、社会的な多くの要素との実質的な相互作用のなかで遂行される。女性難民を例にとれば、女性難民は、単に一つの人間の種類であるだけでなく、一つの法的実体であり、各種委員会や学校組織、ソーシャルワーカー、支援活動家などとの現実的な相互作用のなかで、女性難民としての特徴を身につけていく［ハッキング 2012: 72–74］。

人びとを分類するカテゴリー、分類される人びと、分類する制度、専門家、分類カテゴリーに関する知識、これらは、相互作用のなかで作り上げられており、分類概念の意味自体も動的に変化していく［Hacking 2007: 296–298］。ハッキングはこの一連のプロセスを「ループ効果（looping effect）」と呼ぶ［Hacking 1995］。そして、本書では、「肥満」や「ファット」という概念が、どのように人びとに経験や行為の理解の枠組みを与えるのか、またそれと同時に概念も変化していくのかというプロセスを、太っていることに悩んだりする人びとの葛藤の経験に目を向けながら、描いていく。

その際に注目しておきたいのが、医療用語である「肥満」に加えて、日常用語としての「ファット」という言葉である。この用語の興味深い点は、アメリカ社会では、太っている人も痩せている人も、あるいは「普通」体型の人でも、およそ外見的な体型にかかわらず、その言葉を使って自己を語るということだ。その意味では、「ファット」というカテゴリーは、物理的な体型の差異に基づいて、人びとを分類する類の言葉ではない。

「ファット」という用語のこうした特性を明らかにした研究として、日常言語のカテゴリーとしての「ファット」の使われ方に注目した人類学者のミミ・ニッチャーの研究がある。彼女はアメリカの女子高生の間の「ファット・トーク」について分析を行っている。ファット・トークとは、「私、すごくファットなの（I'm so fat）」「そんなことないよ（No, you're not）」という会話である。ニッチャーは、この会話が、女子高生のグループの紐帯を強化するための儀礼的な会話として機能していると分析している。この場合の「ファット」は、身体に肉や脂肪が付いた太った状態という辞書的な意味ではなく、元気がないことや、調子が良くないことを指示しているという。そして、「私、すごく太っているの」というフレーズが女子高生同士で使われることによって、弱みを吐露し、私たち仲間だよね、と確認し合うものとして機能している。それに対し「そんなことないよ」「大丈夫だよ」と答えることによって、グループの絆が深められるのだと分析する［Nichter 2000: 45–67］。ここでの「私、すごくファットなの」という発話は、ファット・アイデンティティを表明し、カミングアウトしているわけではない。そうではなく、発話内容に対する否定の応答を当て込んだ発話なのだ。

ニッチャーの分析では、発話が行われる場がルールや規範を持った場であることを前提としているため、意味のズレや交渉を通じて、新たな意味が生成したり、新たな経験のあり方を解釈可能にしたりするような契機を見つけることは難しい。しかしながら、彼女のファット・トークに代表されるように、局所的な場面において、実際に、「ファット」「肥満」がどのような文脈でどのように使用されるのかに着目することは、「太っていること」をめぐる事象を相対化するために不可欠なことだと考える。なぜならば、個別具体的な場での使用が、その後の発話において、参照され、言及される対象となるからだ。その積み重ねによって、本書が問題にする概念と人間の相互作用が起きると考えられる。

例えば、ほんの少し想像するだけでも理解できるように、太って洋服が入らないから減量を試みる人や、体重計の数値を見ては一喜一憂する人がいるように、「肥満」や「太り過ぎ」という概念は、単なる医学的分類を超えて、人びとのものの見方を変え、さらには、実際の人びとの体型にも影響を及ぼすだろう。また、これから見ていくように、肥満差別の廃絶を求めて社会運動を起こす人びとは、「肥満」という言葉を使うことをやめ、新たに「ファット」という言葉を使って、集い、自らの経験を読み替え、エンパワメントを得ようとする。本書は、これらの、概念と人間の相互作用が実際に起きる場の、太った人たちの経験やその生の現実をつぶさに記述していく。

5. ファット・アクセプタンス運動を理解するための本書の視座
――「リスク社会」のアイデンティティ・ポリティクス？

筆者が「はじめに」で触れたファット・アクティビストのマリリンを、「リスク社会」の新たな主体として理解することは可能であると考えられる。ハッキングが言うように、「肥満」という分類が自身に適用されることによって、彼女は異議申し立てをするようになる。肥満は将来の病気のリスクであり、肥満は不健康であるという考えを覆そうとするのだ。

ただし、本書でこれから具体的に明らかにしていくように、以下のようなことが疑問として残る。すなわち、病気をめぐって動員される、さまざまな病気のアイデンティティに基づいた運動は、政府や医学から押しつけられる健康規範を受動的に受け入れるのではなく、自らが主体となって、遺伝疾患やＨＩＶ／ＡＩＤＳなどの病気の治癒を目指す。そのことが、かえって、健康規範を再生産することにつながり、運動参加者はより強力にその健康規範を身につけていくようになるのではないだろうか［cf. 新ヶ江 2013; 田辺 2010］。この問いを換言すれば、科学的知識に基づく健康増進の規範に回収されないような運動はありうるのか。あるとするならば、どのような形態やロジックで運動が展開されうるのか、というものである。

本書の見取り図を示すために結論を多少先取りすると、第2部以降で対象とする、ファット・アクセプタンス運動の参加者は太っているということを本質的な事実として受け入れている。そのため、この運動を、前述の「生物学的アイデンティティ」に基づいた生物学的市民権を求める運動として位置づけることも可能であるように見える。しかしながら、実はその理解には限界がある。なぜなら、ファット・アクセプタンス運動は、（体重管理が健康増進につながることを大前提とした）既存の生物医学的な知識に依拠しながら主体形成を目指すものではないからだ。そのため、病気のアイデンティティに基づいた社会運動としてファット・アクセプタンス運動を理解することはできない。これに対して本書では、「リスク社会」を通してファット・アクセプタンス運動という社会運動を見るという視座を提示しながら、運動の特質に即した理解を目指す。

もう一つの論点として、新しい主体や集合性の根拠となる「ファット」というカテゴリーの特質についての検討をする必要がある。ファット・アクセプタンス運動は、1969年の公民権運動やフェミニズム、ゲイ・レズビアン解放運動などから影響を受けて始まった運動である。なぜ、これらの運動のような成果を目指したにもかかわらず、いまだ、体重や身体サイズが一つの市民権カテゴリーとなりえていないのか。このことについて考察しなければならない。人類学者ポール・ラビノウは、インスリン依存型糖尿病、がん患者、遺伝疾患の患者など、同じ「生物学的アイデンティティ」を持った市民の集合性を「生社会性（biosociality）」と名付けた。これらの新しい「生物学的アイデンティティ」は、人種、ジェンダー、年齢などの古い「生物学的アイデンティティ」との関わりのなかで、それらを横断したり、部分的に取って代わったり、または再強化しながら、複雑に展開していく可能性を持つと述べる［Rabinow 1996: 103］。「肥満」「ファット」というカテゴリーは、人種やジェンダー、階級などとの関わりのなかでどのように展開されているのだろうか。特に、第2部以降では、ファット・アクセプタンス運動における「ファット」カテゴリーがいかなる特質を持つのか、人種やジェンダーなどのアイデンティティ・カテゴリーとの関わりのなかでどのように展開されているのかについて検討することになる。

図0－2　カリフォルニア州とサンフランシスコ・ベイエリアの場所

図0－3　カリフォルニア州サンフランシスコ・ベイエリアの地図

Ⅲ．フィールドワーク

1．本書の舞台――アメリカ合衆国カリフォルニア州サンフランシスコ・ベイエリア

さて、以下では、本書の主な民族誌的記述の舞台である、カリフォルニア州北部に位置するサンフランシスコ・ベイエリア地区（図0－2、図0－3参照）の地域的特徴について触れておきたい。

筆者が調査地域としたカリフォルニア州サンフランシスコ・ベイエリア地区は、9つのカウンティ(9)（行政区画）から成るサンフランシスコ市を中心とした湾岸地域を指す。湾の東側であるイーストベイには、オークランド市やバークレー市などがあり、これらの地域はベイブリッジでサンフランシスコ市と結ばれている。さらに、バークレーの丘からトンネルを抜けると、コンコルド市などの郊外の街が広がる。

湾の北側はノースベイと言われ、赤い橋ゴールデンゲートブリッジによって、サンフランシスコ市とつながっている。高級住宅が並ぶマリン・カウンティやワインで有名なソノマ・カウンティがある。

南側のサウスベイは、全米有数のハイテク産業の街として発展しており、主要都市サンノゼ市やパロアルト市などがある。サンノゼ市の隣のクパチーノ市にはアップルの本社があり、パロアルト市の隣のマウンテンビュー市にはグーグルの本社がある。

気候については、サンフランシスコ市内は年間を通して寒暖の差がそれほど激しくなく、過ごしやすいと言われる。とはいえ、日差しが強い日でも日陰に入ると意外に寒い。特に夏は、突然街が霧に覆われることもあり、天候の変化には要注意だ。それに比べて、ノースベイやイーストベイ、サウスベイは、1年を通して雨はあまり降らず、年中、カラッとしていて過ごしやすい。

アメリカ統計局によると、カリフォルニア州の人口は、2010年の国勢調査では3700万人あまりと全米で最大である。州全体の人種構成は、白人が57・6%、アジア系アメリカ人が13・0%、アフリカ系アメリカ人が6・2%、ネイティブ・アメリカン（インディアンおよびエスキモー）が1・0%、ハワイ諸島および太平洋諸島系先住民族が0・4%、その他の人種が17・0%を占める[10]。また、サンフランシスコ・ベイエリア地区の人口は715万人である。その人種構成は、白人が375万人で52・5%、ヒスパニック系は168万人で23・5%、アジア系は約166万人で23・3%、アフリカ系は48万人で6・7%を占める[11]。

ベイエリア地区はカリフォルニア州のなかでも、特に、リベラルで多様性にあふれた地域と言われる。反体制的、進歩的な街として知られ、社会運動やアクティビズムも盛んである。サンフランシスコ市のカストロ地区は、1970年代にハーヴェイ・ミルクがサンフランシスコ市会議員に当選すると、ゲイ・プライド発祥の地となった。今でも、サンフランシスコはLGBT運動の中心地である。また、1960年代後半から1970年代にかけてラディカルな黒人解放運動を展開したブラックパンサー党は、オークランド市で結成されている。さらに、カリフォルニア大学バークレー校では、1964年にフリースピーチ運動が起こり、学生の政治活動を制限する大学側に対し、言論の自由を求める学生が反体制運動を繰り広げ、全世界の学生運動を煽動したと言われる。ベトナム反戦運動を発端とした1960年代後半のヒッピー文化は、サンフランシスコ市内のヘイト・アシュベリーを発祥とすると言われている。こうした歴史的特色を持つカリフォルニア州では、以前からカリフォルニア共和国として独立しようという話も出ており、トランプ大統領の当選以降、アメリカからの離脱を求める声が強くなってきているくらいだ。

このように書き連ねるだけでも、カリフォルニア州サンフランシスコ・ベイエリア地区の特異性が分かる。そのため、カリフォルニア州は「本当の」アメリカではないと言う人もいる。ここで想定される「本当の」アメリカとは、保守派の共和党が多く存在し、選挙の際に地図が赤色に染まる、東西の海岸を挟んだミッドウェストと言われるアメリカ中西部のあたりを指すのかもしれない。ミッドウェストは、農業・酪農従事者などのブルーカラーワーカーが多く、健康志向もそれほど強くないというステレオタイプなイメージがある。

それに対し、東西海岸は、大企業や大学も多く、教育水準が高い人や健康志向が強い人が多いと言われる。特に、カリフォルニア州は、全米のなかでもトップクラスで健康志向の強い州だと言われる。ヒッピーカルチャーの影響により、ホリスティックな健康へのアプローチとしてのヨガやピラティスなどへの関心も高い。また、健康関連の予防政策においても常に最先端を走っている。1990年代には、カリフォルニア州が、全米で最初にレストランやバーでの喫煙を禁止した。肥満予防としては、2005年に、当時の知事アーノルド・シュワルツェネッガーが、子どもの肥満予防対策の一環として州立高校での炭酸飲料の販売を禁止する法案に署名している。また、2008年には、全米で最初の州として、トランス脂肪酸をレストランで使用することを禁止した。トランス脂肪酸は、悪玉コレステロールを増やし、動脈硬化や心疾患のリスクを高め、肥満になりやすくするとされ、現在では他の州でも禁止しようとする動きが見られるが、その先頭を切ったのがカリフォルニア州だった。

実際、調査中に「本当」のアメリカの肥満問題を知りたいなら、ミッドウェストに行ったほうがいいと言われたことが幾度かあった。保守的で「不健康」なアメリカが本当のアメリカなのか、健康志向が強い「特異」な街とされるサンフランシスコ・ベイエリア地区は「嘘」のアメリカなのか。それは、別の議論になってしまうのでここでは触れないが。筆者は、健康意識や市民権の意識が強く「ファット」「肥満」について活発に議論される先進的な場であるサンフランシスコ・ベイエリア地区をフィールドとして選定したことは、適切であったと考えている。サンフランシスコ・ベイエリア地区をフィールド調査地に選んだからこそ、ファット・アクセプタンス運動という社会運動の現場に立ち会うことができたからだ。

2. フィールドワーク概要

本書が扱う調査の時期と対象は、大まかに二つに分けられる。2006年6月から2008年夏までは、「肥満問題」を抱えるアメリカの社会的・制度的仕組みを明らかにすることを目的に、カリフォルニア州ベイエリア地区の低所得者層向けの福祉／公衆衛生機関を中心にフィールドワークを行っていた。この時期は、公衆衛生施設での参与観察、および、公衆衛生の関係者への聞き取り調査を行った。ところが、ほぼすべての人類学的調査に当てはまると思うが、当初の研究計画は、後半になればなるほど役に立たなくなった。

そして2008年7月になり、調査は急展開を迎えた。きっかけは、全米ファット・アクセプタンス協会(National Association to Advance Fat Acceptance)の年次大会に参加し、運動参加者と出会ったことによる。調査対象の転換は当初の計画にはなかったが、社会運動を調査対象に取り込むことによって、結果的に、ファット／肥満についての事象や概念が単なる健康問題にとどまらず、人権、ジェンダー、貧困、人種問題などに間接的にも直接的にも相互に関与していることが分かり始めた。

2008年8月から現在まで断続的に、ファット・アクセプタンス運動の中心的組織である全米ファット・アクセプタンス協会の年次大会への参加、カリフォルニア州サンフランシスコ市を中心としたベイエリア地区で行われるミーティングやファット・コミュニティ主催のイベントなどでの参与観察、および運動に参加する人びとへの聞き取り調査、歴史資料の収集を行った。調査地が複数にわたるため、赤色の中古の愛車で、ベイエリア地区を飛び回りながら調査を続けた。

3．本書の構成

本書は、第1部「肥満・リスク・制度」と第2部「ファット・社会運動・科学」に分かれる。第1章と第2章から成る第1部の目的は、アメリカの肥満問題の様相を、リスクという概念や「リスク社会」という時代認識を通じて理解することである。これは、第2部のファット・アクセプタンス運動を論じるための背景的な部とも言える。

肥満を将来に起こるさまざまな病気に関連づけ、それを予防改善の対象とするためには、リスクという概念の登場が必須であった。第1部では、肥満をリスク化する際の集合的な事象に対する統計的な理解が、個人や特定集団に適用されるプロセスに注目する。具体的には、肥満というカテゴリーが、どのように人びとを分類し、また個人に当てはめられていくのかということを、分類カテゴリーを作り使用する保健医療やその他の制度、そして、そこで活動する人びとの活動を通して見ていく。

本来、公衆衛生を含む社会保障が依拠する統計的理解を、特定個人の問題として理解することや、個人の過失や責任としてそのままその個人に転嫁することはできない。しかしながら、現実の社会では、肥満や健康の自己責任論という考え方が成立している。そこで、第1章では、集合的な事象を捉えるための統計学が、個人の問題や個人の責任として扱われる際に、そこにどのようなロジックが潜んでいるのかという問いを批判的に考察する。

この章は、「リスク社会」という文脈からファット・アクセプタンス運動の実践を論じる第6章の布石となる。

第2章では、肥満のリスクをめぐる統計的理解が、特定集団の人びとに当てはめられる際の様相を解きほぐしていく。肥満が貧困の問題として関連づけられる際に、その経緯や制度的仕組み、そして、プログラムで働く人びとや参加者の活動が、いかにして「肥満に苦しむ貧困層」を作り上げていくのか（あるいは、いかないのか）について多角的に見ていく。ここで使われるデータは、2006年11月から2007年4月、2007年6月から同年8月の間に行われた、A市の低所得者層向けの食料支援プログラムを行う福祉施設での参与観察で得られたものである。

第2部は、第3章、第4章、第5章、第6章から成る。第2部の目的は、ファット・アクセプタンス運動について、既存のアイデンティティ・ポリティクスや「リスク社会」において興隆している他の社会運動と比較しながら、その特徴を明らかにしていくことだ。

第3章は、主に歴史的な資料を使いながら、ファット・アクセプタンス運動が、1970年代にフェミニズム運動、そして、1980年代から1990年代には障害者運動との連携を求めながらも、太った女性が「女」や「障害」というカテゴリーのなかに組み入れられることはなかった歴史を概観する。その上で、市民権として提起される「ファット」カテゴリーは、「女」や「障害」というカテゴリーが持つ特性と、何が部分的に共通し、何が共通しないのかについて明らかにし、「ファット」カテゴリーの特異性とアメリカ反差別法の陥穽を指摘する。

ファット・アクセプタンス運動はフェミニズムの影響を強く受けている。第4章では、そのことが逆にファット・アクセプタンス運動の桎梏となっている状況を説明し、その理由について分析する。歴史的資料、インタビュー、フィールドワークのデータを使いながら、ファット・アクセプタンス運動の人びとの、現在までの、フェミニズムに対する態度やその関係性を説明しながら、ファットであることと女であることが、どのような葛藤や対立を起こすのか、フェミニズムとの関係においてどのような自己が立ち現れてくるのか、という問題を検討していく。

第5章では、なぜ人は集うのか、ということを問う。ファット・アクセプタンス運動は肥満差別の廃絶という目標が達成されないまま、誕生から40年経った今でも運動は続いている。参加者が集い、かれらの共同性の生成を支えるものは何なのか。本章ではその手掛かりとしての情動的関係性に注目する。運動参加者が、集い、出会い、語り合う場の相互作用に着目し、太っていることへの両義的な態度や喜怒哀楽の感情によって生起する情動的関係性、その関係性のなかでファット・カテゴリーがどのように概念化され、学ばれるのかを描写する。

第6章では、ファット・アクセプタンス運動の人びとが、肥満はリスクであるという科学的認識を覆そうとする活動を描く。そのなかで太った身体を健康の形態の一つとして受容できるような新たな健康管理方法を考案し、それを、内部のメンバー同士だけでなく、外部社会と共有しようと試みる。本章では、その様子を、哲学者ネルソン・グッドマンの世界制作論に依拠しながら、「世界の制作」として描写していく。

終章では、ファット・アクセプタンス運動の現在とその将来の見通しと、ファット・アクセプタンス運動を通して見える多様性のあり方が現代社会に提示するものが何かを指摘し、本書を終えることにする。

なお、本書の記述には、個人的な事情に触れることもあるため、インフォーマントの人名は仮名を用いた。ただし、著書や論文を執筆している人物や名前が知られている人物についてはその限りではない。また、写真の引用元を明らかにしていないものもある。

4. 用語の問題

人間が太っている状態について、本書では「ファット」と「肥満」という用語を併記していくが、その理由を断っておきたい。肥満もファットも太っている状態を指すが、本稿で使用する日本語の「肥満」は、英語の「obesity」の訳であり、これはもっぱら保健医療で使用されることが多い言葉だ。英語で太っている状態を日常的に表す場合は「fat」を使うことが圧倒的に多い。本書は、この違いを示すために、「ファット」「肥満」を併記している。訳語の問題として、英語の「fat」は日本語では「デブ」と訳すことも可能だが、「デブ」という言葉は日本では依然として侮蔑的な意味が強いので、「ファット」を訳語として採用し、適宜「太っている」などの訳語も与えていくことにする。

（1）本稿では、人が太っている状態を指す言葉として、「肥満」と「ファット」を適宜使い分けながら使用する。理由については本章において後述する。

（2）日本肥満学会や世界保健機関（World Health Organization）が採用するＢＭＩのカットオフ数値は、アメリカの公衆衛生機関などで使われるカットオフ数値とは異なる。

（3）ＣＤＣのＨＰより［https://www.cdc.gov/obesity/data/prevalence-maps.html］（２０１８年4月3日最終閲覧）。

（4）例えば、医療ジャーナリストのマイケル・フメントによる *The Fat of the Land*［Fumento 1997］、２０００年代には、グレッグ・クライツァーによる『デブの帝国――いかにしてアメリカは肥満大国となったのか』（原題：*Fat Land*）［クライツァー 2003］や、科学ジャーナリストのエレン・ラペル・シェルによる『太りゆく人類――肥満遺伝子と過食社会（原題：*The Hungry Gene: The Inside Story of the Obesity Industry*）』［シェル 2003］、ポール・カンポスによる肥満を過度に問題化する傾向に異議申し立てをしている *Obesity Myth*［Campos 2004］などがある。また、肥満が社会問題化するにつれ、アメリカの食品産業にも関心が向けられた。直接肥満の問題を扱っているわけではないが、ファストフードが世界を食いつくす（原題：*Fast Food Nation*）』［シュローサー 2001］、栄養士マリオン・ネスルの『フード・ポリティクス――肥満社会と食品産業（原題：*Food Politics*）』［ネスル 2005］、日本でも公開され話題になったモーガン・スパーロックのドキュメンタリー映画『スーパーサイズ・ミー（原題：*Super-Size Me*）』などがあげられる。

（5）ライテンバウは、肥満の医療化は、西欧社会に特殊な文化依存症候群（Cultural Bound Syndrome）であると論じている。西欧社会では肥満を病気として医療化しているが、非西欧の多くの文化や社会では、太っていることは病気ではなく、むしろ、美や健康の象徴とされている。肥満を病気として分類する生物医学的知識は、普遍的でスタンダードな知識というわけではなく、西欧社会に特殊なものである。肥満の医療化は、痩せていることを良いこととする文化的価値観の影響を強く受けていると考えられるとライテンバウは述べている。文化依存症候群は、通常は、生物医学から見て、非西欧社会のある地域や文化や民族に特殊な精神疾患を指すが、ライテンバウは、反対に、肥満を病気とする生物医学を文化依存症候群として相対化しようとした［Ritenbaugh 1982］。

（6）拒食症のこと。

（7）例えば、環境保護運動は現世代のメンバーが未来の世代に代わって環境の責任を引き受けることを要求する［Petersen and Lupton 1996: 11］。

（8）Rosenblat "Surgeon General Takes Stern Stance on Obesity" LA Times［http://articles.latimes.com/2001/dec/14/news/mn-14788］（２０１８年４月４日最終閲覧）

（9）アラメダ・カウンティ、コントラコスタ・カウンティ、マリン・カウンティ、ナパ・カウンティ、サンフランシスコ・カウンティ、サンマテオ・カウンティ、サンタクララ・カウンティ、ソラノ・カウンティ、ソノマ・カウンティの９つである。

（10）アメリカ国税調査局より［http://factfinder2.census.gov/faces/tableservices/jsf/pages/productview. xhtml?src=bkmk］（２０１４年11月１日最終閲覧）。

（11）Bay Area Census より［http://www.bayareacensus.ca.gov/bayarea.htm］（２０１４年８月12日最終閲覧）。

第1部

肥満・リスク・制度

▽▽▽ 第1部導入

２００６年の春、ついに待ちわびていたアメリカへの渡航ビザが下りた。カリフォルニア大学サンフランシスコ校が受け入れ先となる研究者ビザだ。さっそく、「肥満問題」の状況を知るために渡米した。行き先は、カリフォルニア州サンフランシスコ・ベイエリア地区だ。およそ3年間の集中的な調査期間の前半は、A市にある低所得者層向けの食料支援プログラムが行われている福祉施設を中心に調査を行った。この施設は、栄養士の資格を持つスタッフが、低所得者層の妊婦や産後の女性と乳幼児向けに栄養カウンセリングを行い、食料受給のためのチケットを配布する政府の機関である。食料が買える金券を配給してもらう「フードスタンプ（現在は名称が変更）」と違い、このプログラムはカウンセリングを行う。筆者は、レイチェル（仮名）という栄養士のカウンセリング・ルームに入り込み、彼女がクライアントと話すカウンセリングの様子を観察させてもらった。カリフォルニア州は移民が多い。低所得者層といっても、おそらく他の州との違いを特色づけているのは、エスニシティの多様性である。この施設にもたくさんの移民が来ていた。スペイン語を操るレイチェルのおかげで、私は施設に来る人たちの様子やかれらの生活習慣を垣間見ることができた。

調査先の食料支援プログラムの施設
（A市のHPより）

　低所得者層の施設に入り込んだのには理由がある。その当時（今でも）、肥満が貧困と関係しているということが盛んに指摘されており、その実態を明らかにしたかったからだ。私の実感としては、肥満はどの社会階層にも広がっているように思えた。それを貧困と関連づけることによって、何が起こっているのか。これが第1部の問題関心である。そこで、第1章では、まず、肥満が病気のリスクとして公衆衛生の管理の対象に取り込まれる過程で、いかにして、リスクの個人化、すなわち肥満のリスクを自身の問題として引き受け、体重の自己管理に努力する責任主体はどのように形成されるのか、ということを検討する。第2章では、肥満のリスク・グループとされる貧困層の人びとに対する公衆衛生の取り組みを調査分析の対象とする。第1章で概観する「肥満」「過体重」などのカテゴリーが、第2章では、政策の現場で具体的な個々の人びとにどのように当てはめられていくのか。これが第1部の大まかなストーリーである。

第1章　集合のリアリティ・個のリアリティ
――アメリカの「小児肥満問題」から考えるリスクと個人

1．集合的事象としてのリスクと個人

ジョージア州アトランタで、2011年から2012年にかけて、小児肥満対策のための公衆衛生のプログラム「ストロング・フォー・ライフ（Strong4Life）」のキャンペーン広告が大論争を巻き起こした。ビルボード広告には、太った子どもが1人ずつ写ったモノクロ写真とともに、赤字で書かれた警告（Warning）という文字の下に「骨格がいいからこんな風になったわけではない。食べ過ぎたからこうなってしまったんだ」などの文言が掲げられていた（図1－1）。このセンセーショナルな広告に対し、太った子どもへのスティグマを増幅させる、いじめにつながるなど、不快感を抱いた人びとは多かった。この不快感はいったいどこからくるのだろうか？それは、これから論じていく未来の不利益としてのリスクの決定が、どのように個人に帰責されるのかという問題と深く関わっている。本章ではこのことを検討したい。

現代の公衆衛生は、「新しい公衆衛生」と言われる。旧来の公衆衛生は、人口の健康状態を対象とし、感染拡大を防ぐための隔離政策や衛生検査に焦点を置きながら、個人の行動を制限する方法を用いてその目標を達成してきた。

図1－1　ジョージア州の小児肥満対策キャンペーン「Strong4Life」の広告（2011年から2012年にかけて掲げられた）

それに対し、新しい公衆衛生は、単にそれだけにとどまらない。20世紀後半の感染病から慢性疾患への疾病構造の変化に伴い、新しい公衆衛生は、病気の予防と健康の維持・増進に焦点を置き、自律的な個人の選択とその選択を促す環境の整備を通じてその目標を達成しようとする。例えば、喫煙、食、運動、性生活などにおける個々人の生活習慣を改善し、病気のリスクファクターを可能な限り排除することで、健康になることができると理解される。新しい公衆衛生を支える疫学は、大規模集団のサンプルに基づいた統計的な手法によって、リスクファクターがどのくらいの確率で病気を引き起こすのかを同定する。こうした新しい公衆衛生は、集合体としての人口の健康をターゲットにしながら、個々人の選択行動に介入していくところにその特徴がある。

新しい公衆衛生政策におけるリスク言説について分析する医療社会学者のアラン・ピーターセンとデボラ・ラプトンは、その政策においては、「より健康的」になることへの「参加」が、すべての市民の権利であり義務とされていると指摘する［Petersen and Lupton 1996: 146］。「参加」は強制的でも拘束的でもないが、自らの健康を能動的に自己管理することへの「参加」の有無が市民であることの形態を決める。そのため、健康に倫理的な価値が付与されたり、公権力が個々人の身体や生に介入することの政治性を問題視する向きもある。

ところで、本来ならば、公衆衛生を含む社会保障が依拠する集合的な事象から導き出される統計的な理解を、特定個人の問題として当てはめることや、さらには、その個人の過失や責任としてそのまま転嫁することはできないはずだ。なぜなら、集合的な事象に対する統計的な理解は、個人が経験する因果性の理解とは別物だからだ。前者は、集合に内在する規則性に対する理解であり、後者は、個別の事例に関わる原因と結果の連鎖についての理解である［重田 2003: 67］。

このことについて、「リスクは社会的にしか存在しない」［Ewald 2002: 278］と述べたフランソワ・エヴァルドを参照したい。エヴァルドによれば、そもそも、社会的リスクという概念が誕生する以前は、個人は自分の過失に対し責任を担うものとみなされていたという。ところが、19世紀にフランスで誕生した「職業的リスク」の概念の誕生が、責任の所在を個人に帰するという発想から、集合で分け合うという発想への転換を促した。エヴァルドによると、19世紀にフランスで誕生した労働災害の負担をめぐる立法過程において「職業リスク」という概念が現れ、社会的リスクが認識されるきっかけとなった。すなわち、集合で見た場合、事故自体は統計学的に一定の確率で生起するという考えに基づき、リスクを集合に内在する可能性として捉えるようになる。事故による損害の責任を負担するのは、特定の個人ではなく、集合全体なのである。リスクは、集団に一定の規則性をもって生起するため、個人の意思決定に基づいた行為とは無関係なのだ。これが、責任の所在を個人に帰するという発想から、集団で分け合うという発想への転換を促したとされる。職業リスクだけでなく、疾病や老齢、貧困などの社会的リスクについても同様であるとし、この生じた損害を引き受け、補償する責任を社会で分け合うという考え方が福祉国家の成立の鍵となったとエヴァルドは述べている［Ewald 2002］。

再び現代社会に目を転じると、ウルリッヒ・ベックが、近代化により個人化が進み、リスクは集団や共同体に配分されるのではなく直接個人に分配されるようになっていると指摘するように［ベック 1998］、特に欧米では、リスク概念が個人主義と共鳴し合っているように見える。いったい、なぜ、どのように、集合的な事象を対象としたリスクが、個人の責任の範疇として扱われようとしているのだろうか。そして、そのことによってどのような影響があるのか。

「なぜ」という問いに対しては、すでにさまざまな論者によって分析がなされているため［e.g. 渋谷 2003; ヤング 2007］簡単に指摘するにとどめるが、特に近年においては「ネオリベラリズム」の進展がその大きな要因であることを意識しておかねばならない。ネオリベラリズムは自由競争を重視する経済システムであるが、それが世界中に行き渡る過程で、公によるリスク管理が弱体化し、その結果、リスクが個人に（不平等に）再分配されつつある。特にアメリカでは、１９９０年代の福祉改革に顕著に見られるように、ネオリベラリズムの経済政策において、「個人の責任」を基本とした政策が推進された。それまで公が担っていた社会的なセーフティネットは私の領域に追いやられ、低所得者層などの社会的責任を果たしていないとされる個人が、社会保障を満足に受けられないといった形で犠牲者となったことを指摘しておきたい［Duggan 2003: 14–16］。

本章では、集合的な事象としての社会的リスクが、「どのように」個人の問題や個人の責任として現れ出るのかという問いに対し、「小児肥満問題」を事例に考察を加えたい。次節では、統計学の発達と病因論の変化が、われわれの因果論的な現実把握の仕方にどのような影響を与えているのかについて、医療人類学を中心に先行研究を概観する。それを踏まえた上で、第３節ではアメリカの保健医療で用いられる肥満カテゴリーがどのように成立したかを確認し、第４節では冒頭で紹介した「小児肥満問題」を事例に、社会的リスクがいかにして個人に転嫁されるのかについて検討していく。

2. 錯綜する病因論と不確実性との対峙――「リスクの医学」の誕生と確率論的病因論

20世紀半ば頃から、医学における確率・統計学的分析手法が発達したと言われ、病気を引き起こすリスクファクターがいくつも発見された。リスクファクターが直接的にも間接的にも複雑に絡み合いながら病気を引き起こすというイメージは、ピーターセンらが言うように、膨大に広がる「因果関係の網（web of causation）」という形容がふさわしい。網の線には、例えば、「社会経済的地位」などの「あいまいな」要素も含まれる。網というイメージは、因果論的で決定論的な病気の理解は困難になりつつあるということを表しているのだ［Petersen and Lupton 1996: 32］。

中川米造は『医学の不確実性』のなかで、医学が確実性をある程度達成したとしても、それは一般則や統計的な推測にすぎない。ましてや個々の患者にそれを適用して確実な結果を予想することはできないはずだと述べる［中川 1996: 221］。にもかかわらず、不確実性は、真理性や確実性の代名詞として使われる科学としての医学の対極にあるべきものであり、非科学的なものとして、医学においてあいまいにされてきたと説いている［中川 1996: 10］。

しかしながら、近年、リスクや「リスク社会」という概念が浸透し始めるに従ってようやく、不確実性が医学や病気概念に与える影響の考察に関心が向けられるようになってきた。美馬達哉は、そのことを、従来の臨床医学とは異なる「リスクの医学」の登場として検討している。リスクという概念が浸透するには、保健医療分野に限れば、疫学や公衆衛生学の登場が不可欠であった。これらは、予防や健康増進を目的として、人口集団特有の疾病の原因を統計学的分析によって解明することを目指す。「リスクの医学」では、「個人としての病人」を対象にするのではなく、「人口集団」の数値的データと、そこから導き出された確率論的な知が対象となる。これが病因に関する理論に大きな変化をもたらした。すなわち、一つの疾病には単一の病因が実在しており、個人の内部に実在している特定の病原菌が原因で疾病になる特定病因論から、複数の要因が複合的に作用して確率的に疾病を引き起こす確率論的病因論へと病因論が変化したのだ。後者においては、病気になる諸要因としての病因は、心身内部に加え、環境、ライフスタイルのなかにも見出される［美馬 2012: 42–45］。

そのため、一部の病気の理解においては、病因が多岐にわたるため、身体の境界と、それを侵す外部からの異物という理解が困難になりつつある。がんや心臓病を引き起こすリスク要因の同定や、免疫やアレルギーや遺伝が病気を引き起こすメカニズムは、徐々に明らかにされつつある。その一方で、それらの知識が増大するにつれ、逆説的ではあるが、われわれになじみの深い生物医学における単線的な病因論の理解は、不確実性によって浸食されつつある。単線的な病因論の理解とは、例えば、英語の用法を見れば顕著だが、「風邪を引く（catching a cold）」や「がんになる（have cancer）」など、自己と病原菌との間に境界線を設定し、自己の肉体の外部から内部への侵害として病気を説明するものである。ところが、確率論的病因論の登場により、自己の肉体とその外部という明確な境界設定が揺り動かされ始めているのだ。

確率論的病因論の登場は、われわれの病因や現実把握の仕方にどのような影響を与えているのだろうか。例えば、ロンドン南東部の糖尿病デイ・センターで人類学的調査を行ったサイモン・コーンは、人びとのリスク認知と個々の慢性病患者が経験するコントロール喪失について考察している［Cohn 2000］。慢性病についてのこの研究は、リスクとされてきた不利益が現実に形を現してしまったことについての人びとの困惑やそれへの対処、苦しみの経験を描いている。彼は、調査中に、片足を失い、もう片方の足も壊死しかかっているにもかかわらず、食習慣、喫煙習慣、飲酒の習慣を変えようとしない糖尿病患者に出会い、このような人たちのことをどう説明したらよいのかと当惑した。そして、患者のそうした態度は、自己の病気についての原因と結果がうまく結びつけられないことから現れ出たものではないかと分析する。

彼によると、人は過去に起こったことへの理解から、将来何が起こるのかを類推する。そのため、リスク認知は因果関係論と深く関わる。過去は多くの場合、可能な限り単純な原因の構造として理解され、人は、過去と現在を系統立てて分類することによって、未来を設定することが可能となる。しかし、慢性病をめぐる錯綜した病因論のもとでは、この分類行為は単純には成り立たなくなる。なぜなら、過去から及ぼされた影響の可能性が多数あるために、未来の可能性も同じくらいに多数想起されるからである。いつの間にか糖尿病になっていた人、なぜ糖尿病になったか分からないという人にとっては、過去に経験されたものとしての原因が見当たらないため、原因を絶つこともできずに、未来の希望などが消滅してしまう。そのため、困惑やコントロールの喪失を感じるのだとコーンは分析する。ゆえに、患者たちは、生活習慣を変えなさいと言う医師に対し、自身の経験に基づいて懐疑的な態度をとる。おやつに甘いものを毎日食べ続ける女性は「悪くなるときはそのとき。普通に生活していたのに糖尿病になったのだから」と病を宿命論的に解釈する。また、ある患者は「何が原因で糖尿病になったのか医師たちだって分からないのに、なぜ、いつか影響が出るかもしれないからと、医師の言う通りに食習慣を変えなければいけないのか」と述べる［Cohn 2000: 216–217］。

ある特定の病気を説明する生物医学の病因論モデルのなかに、極めて多数の「因果の可能性」が組み込まれることにより、個々人の病の経験は、原因（過去）と結果（現在）を無理なく結びつけようとする際に、矛盾をはらむ。この事例は、その矛盾が苦悩やあきらめ、宿命、コントロール喪失感を引き起こしてしまうことを示している。

このように、確率論的病因論が依拠する統計学的・確率論的知の体系は、個人に起こった出来事の解釈や経験の把握の仕方とは異なる。前者は集合や社会のリアリティであり、個のリアリティからは独立した法則性に支配されている。それに対し、後者は、個人が、過去と現在の出来事を選り分け、自分なりの因果関係を設定することによって、経験を理解する手だてを摑んで得られるものだ。それゆえ、これは特定病因論となじみやすかった。前述した事例では、医師は、すでに発症してしまった糖尿病の原因を特定することはできないとしながらも、患者にはライフスタイルの改変を促す。つまり、過去から見た未来には非決定性を導入しながら、現在から見た未来には操作可能性を持ち込もうとする。それに対し、患者は、原因（過去）と結果（現在）を結びつけることができず、未来の不確実な状況に身を投じようとする。患者は、自己のコントロールによる「未来の操作可能性」と「未来の非決定性」の両方を受け入れ、状況に応じて、そのバランスを調整しながら生きていかねばならない。序章で説明したように、「リスク社会」という時代診断によって明るみになった「未来の操作可能性」と「未来の非決定性」の矛盾は、リスクの医学という分野では、決定論的思考と不確実性の齟齬として捉えることが可能だ。

では、集合に内在する社会的リスクは、「どのように」個人の問題や個人の責任として現れ出るのか。次節から、「肥満問題」を事例にしてこの問いを検討していこう。

3.「肥満問題」とリスクの個人化

(1)「肥満エピデミック（Obesity Epidemic）」

序章で述べたように、２０００年代に入り、肥満者の急増は公衆衛生が立ち向かうべきエピデミックであると位置づけられ始めた。エピデミックという言葉が人口に膾炙し始めたのは、２００１年に出された、アメリカ保健福祉省（U.S. Department of Health and Human Services：以下ＨＨＳ）の『公衆衛生局長官による過体重と肥満の予防と減少のための実施要請 2001（*Surgeon General's Call to Action To Prevent and Decrease Overweight and Obesity 2001*）』によるところが大きいだろう。16代米国公衆衛生局長官は、そのなかで「肥満はエピデミックの域に達した」との声明を出した。そして、肥満で年間30万人の人が死亡し、医療費は１１７０億ドルに増大しているため、この新しいエピデミックに立ち向かわなければならないと宣言している［HHS 2001］。また、２００４年には、政府の医学研究の拠点であるアメリカ国立衛生研究所（National Institutes of Health：以下ＮＩＨ）が

図1－2　医療保険会社の広告
セロリを食べて肥満廃絶を呼びかけている（2008年10月ベイエリア地区サンフランシスコ方面のフリーウェイ）

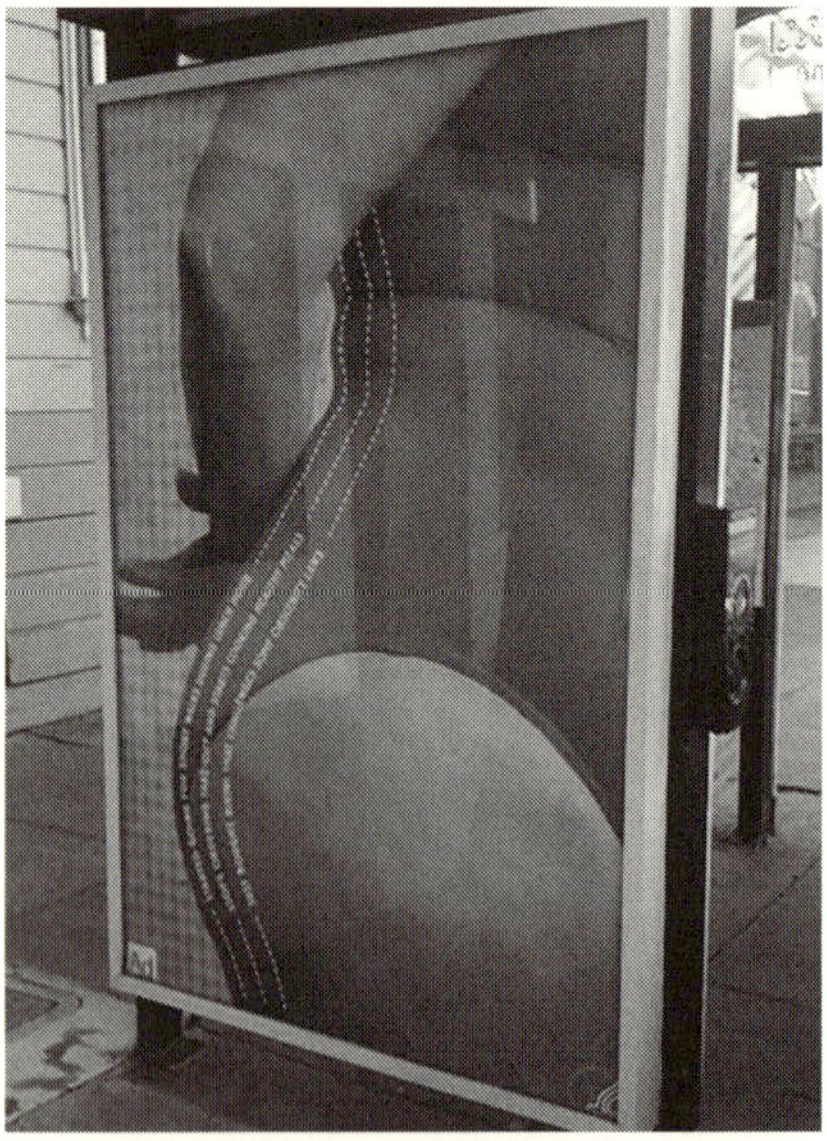

図1－3　アメリカ保健福祉省の広告
お尻の破線部分は文になっており、一番左から、「ランチ時に短い散歩をすることにした／テイクアウトをやめて、健康的な食事を料理し始めた／わいせつ法に挑むようなビキニを買った」と書いてある（2009年4月15日サンフランシスコ市内のバス停にて）

肥満調査のための戦略計画を発表した際、ＨＨＳの長官は、「肥満が阻止すべきエピデミックであることは疑いのない事実である」と声明を出している［Moffat 2010］。国際的には、１９９６年に、国際肥満特別専門委員会（International Obesity Task Force：以下ＩＯＴＦ）が招集された。世界保健機関（World Health Organization：以下ＷＨＯ）は、「肥満についての諮問会議」を１９９７年６月３日から５日にかけてジェノバで開催し、２０００年には、ＩＯＴＦのサポートにより『肥満――グローバル・エピデミックの予防と管理（*Obesity: Preventing and Managing the Global Epidemic*）』というレポートを発表している［WHO 2000］。非感染性疾患かつ慢性疾患としての肥満が世界的に流行している現状とそれへの対策が報告されており、これは世界的な肥満の流行への注意を喚起するランドマーク的なレポートとなっている。

表１−１　過体重と肥満に関連して増大するリスク

- 全死因（死亡率）
- 高血圧症（高血圧）
- 高LDLコレステロール、低HDLコレステロール、高トリグリセリド血症（脂質異常症）
- ２型糖尿病
- 冠動脈性心疾患
- 脳卒中
- 胆嚢疾患
- 変形性関節症（関節内の軟骨および下層の骨の変性）
- 睡眠時無呼吸、呼吸障害
- いくつかのがん（子宮内膜、乳、結腸、腎臓、胆嚢、肝臓）
- 生活の質の低さ
- うつ病、不安障害、その他の精神疾患
- 身体の痛み、身体機能の低下

出典：CDCのHPより［http://www.cdc.gov/obesity/adult/causes/index.html］（2018年4月2日最終閲覧）。

エピデミックという言葉の普及とともに、肥満は病気を引き起こすリスク要因として、公衆衛生の予防介入政策の対象に位置づけられるようになった。調査当時、肥満予防や減量への注意を喚起する医療保険会社の広告や公衆衛生の広告は、街のいろいろなところで見られた（図１−２、図１−３参照）。これは、こうした社会的な流れを受けてのことだと考えられる。

肥満であることがリスクであるということは、それが将来に不利益をもたらす可能性があるということだ。アメリカ疾病予防管理センター（Centers for Disease Control and Prevention：以下ＣＤＣ）によると、肥満者は、以下のようなさまざまな病気の罹患や深刻な健康状態になるリスクが増大するとされている（表１−１参照）。

ＣＤＣは、肥満とそれに関連する健康問題が、アメリカの保険医療制度に深刻な経済的損失を与えていると指摘する。直接的な損失としては、肥満に関連する予防、診断、治療を行うための費用である。間接的には、疾病率と死亡率による生産性における損害の可能性があげられる（例えば、肥満関連の健康問題によって仕事を長期欠勤したり、病気でも出勤して仕事の生産性が低くなったり、若くして死んだり、障害を抱えることによって生産性が低下する可能性があるのだ）。肥満の医療費は膨らんでおり、２００８年には１４７０億ドルであったと試算されている。肥満が関係する欠勤によって、毎年、アメリカ全体で約33億8000万ドル（肥満者1人あたり79ドル）から63億8000万ドル（肥満者1人あたり132ドル）の損失が出ているとされている(1)。

エピデミックは、オックスフォード英語辞書によると、「特定の時期における コミュニティのなかの感染病の広範囲にわたる発生」と定義されている。エピデミックを対象とする疫学は、急激な変化を伴う現象を扱う。19世紀頃は、特定の病原菌や微生物による感染を指して使われていたが、20世紀の後半から、その使用はより広範なものになってきている。新しく出現したHIV／AIDSや鳥インフルエンザのような突発性の感染病をエピデミックとして扱うことは理解できる。しかし、昨今の特徴としては、それに加えて、感染性のない肥満、がん、心疾患、コカイン中毒者などの社会問題にも、比喩的に適用されるようになってきた［Martin and Martin-Granel 2006: 979; Moffat 2010: 4］。エピデミックという言葉を使うことによって、その病気には予防介入が必要であるという意味合いが付加される。

さらに、肥満者の増加をエピデミックとして扱うことによって、肥満は病気としてカテゴライズされる。そのため、たとえ「健康」な人であっても、分類上は肥満「患者」として、あるいは、病気になる「潜在的患者」としてカテゴライズされてしまう。そのことに違和感を抱く社会科学者からは、異議申し立てが提出されつつある［e.g. Boero 2007; Moffat 2010; Saguy and Riley 2005; Wright and Harwood (eds.) 2009］。例えば、社会学者のサゲイらは、感染病ではない肥満に対しエピデミックという言葉を比喩的に使用することに強い懸念を示す。体重はコントロール可能であり、肥満は減量によって予防できると認識されることによって、太っている者や減量ができない者に恥やスティグマの感覚が生み出されてしまう。それにもかかわらず、保健医療やメディアがそのことを正当化し、減量があたかも道徳的規範であるかのように設定されてしまっている現状に注意を喚起している［Saguy and Riley 2005］。

エピデミックという言葉が過度に強調されているのは確かだ。しかしその一方で、肥満が急増していることも事実である。医療人類学者のモファットは、社会科学者はその政治性を批判的に暴くのみにとどまっているのではないかと指摘する。特に、子どもの肥満問題は、子どもの健康や親の責任が関わる問題であり、スティグマを生み出さない現実的な予防改善の道を模索すべきだと述べる［Moffat 2010］。

こうした、保健医療やメディアが煽り立てる「肥満エピデミック」に対する違和感は、何に由来するのだろうか。そのことを理解するために、「肥満エピデミック」をめぐる言説や政策を可能にしている、「過体重」や「肥満」というリスク集団のカテゴリーがどのように成立していったのかについてのＢＭＩの小史を概観しておく。

(2) ＢＭＩ小史

19世紀に統計学的な知が成立し、病人、狂人、非行者、同性愛者などのさまざまな人間集団が、人口を母集団としたリスク集団として発見された。それらに比べると、「過体重」や「肥満」というリスク集団のカテゴリーの歴史は新しいと言える。

ロバート・クツマルスキとキャサリン・フリーガル［Kuczmarski and Flegal 2000］らによると、人間の肥満度を測るアプローチには二つの方法がある。一つ目の方法は、あらかじめ身長別に定められた標準体重に当てはめて判断するやり方で、１９８０年以前はこの方法が一般的だったようだ。このアプローチとしては、１９５９年に発表されたアメリカのメトロポリタン生命保険会社の体重表が有名だ。顧客のデータから体重の増加が寿命の短縮と関連していることを数十万人の保険加入者（ほとんどは上流階級に属する中年の白人男性）から発見し、最も死亡率の低かった体重を、「理想的な（ideal）」や「望ましい（desirable）」体重として、男女別身長別に表化し、広く認知されるようになった(2)。

肥満度を測る二つ目の方法は、身長別体重比の指標に照らし合わせて測定する方法である。体重（kg）／身長（m）の２乗によって割り出されたＢＭＩはこの方法にあたる。アメリカだけでなく、ＷＨＯをはじめとする多くの保健機関や保健医療の現場で使用されている。

ＢＭＩは、そもそも、19世紀のベルギーの統計学者アドルフ・ケトレーの「平均的な成人の体重は身長の２乗に比例する」という考察によって生み出されたケトレー指数として知られていたものだった。ケトレーは、正規分布の中央に位置する平均的な人間を表す「平均人」という概念を生み出したことでよく知られる[3]。ケトレーは、ケトレー指数の計算方法を、病気のリスクや脂肪率を測るために編み出したわけではなかった［Eknoyan 2008］。それがＢＭＩという名前で普及したのは、生理学者のアンセル・キーズの研究によるところが大きい。キーズらは、５ヶ国約７４００人の成人男性を対象に、いくつかの公式をもとに身長と体重から導き出される値と実際の体脂肪率との相関性を検証した。それによって、体重を身長の2乗で割る公式、すなわちケトレー指数が、体脂肪率とよく相関することが明らかになり、１９７2年に彼らによってＢＭＩと名付けられることになる［Keys et al. 1972］。

注目しておきたいのは、キーズは論文のなかで、ＢＭＩの数値は人口調査については適用可能だが、個人の診断には適切ではないと示唆していることだ。彼は、病気や死は体重ではなく加齢に関係すると述べた上で、科学的で客観的な体格指数を求めることと、個人の体重を「過体重」や「望ましい」体重など価値判断を含む用語で表現をすることは全く関連性がない。そればかりか、そうした価値判断は科学の客観性を損なうため正当化できるものではない、と強く指摘している［Keys et al. 1972: 341］。

しかし、糖尿病や高血圧、心疾患が、体脂肪率の高さと関係していることが認識されるにつれ［cf. Hubert et al. 1983］、ケトレーの意図やキーズの主張とは無関係に、病気の予防介入のために、「標準」「過体重」「肥満」カテゴリーを定義するカットオフ値の設定をめぐって、論争が繰り広げられた[4]［cf. Andres et al. 1985］。

現在のアメリカの肥満統計学者の権威であるキャサリン・フリーガルも、こうした傾向に注意を促す。彼女は、ＢＭＩと死亡率の原因と結果のもつれをほどいて明らかにするのは困難であると述べる。なぜなら、体重と死亡率との関連性は、必ずしも因果関係を伴うようなものではなく、食習慣や運動、身体組成、体脂肪の分布などの複数の要因が関係しており、さらに、ＢＭＩは食習慣や運動の指標にはならないからだと指摘する［Flegal 2006:

1171]。

いまだ決着しない論争や不正確さ(5)を抱えながらも、数値化によって肥満のリスクが「可視化」されたおかげで、特殊な器具を必要とせず体重と身長のみで計算可能な手軽さから、ＢＭＩは多くの保健医療の現場で活用されている。肥満に関連する病気の予防対策が、個人の身体を通して行われることが可能になったのだ。

再度確認しておくべきは、肥満予防対策で頻繁に依拠される統計的データは、集合に内在する規則性について語っているのであり、個別事象の原因と因果の関係を示しているのではないという点である。しかしながら、統計的データを個人に当てはめ因果的に解釈することの問題性についてはほとんど無自覚のまま、「正常」「異常」などを割り当てる根拠として、ＢＭＩは利用されている。なぜなら、社会的リスクを、個人が責任を負うべきリスクとして認識させ、個人にリスク回避・予防のための行動形態をとらせる必要があるからだ。このリスクの個人化のプロセスにおいて、リスクの決定主体とは誰なのかということが問題になってくる。次節では、小児肥満についての公衆衛生やメディアの対策・対応を事例に、リスクの責任主体の正体を考えるために、子どもの肥満問題を取り上げたい。すでに述べたように、新公衆衛生の政策においては、「より健康的」になるために自らの健康を能動的に自己管理する者に市民としての権利が与えられる。では、健康の自己管理は、まだ意思決定を十分に下せない子どもについても当てはまるのだろうか。本章の最後では、リスクに対する決定と責任がはらむ問題点を指摘したい。

４．累積的リスクと「肥満になる」意思決定

(1) 子どもの肥満をめぐる責任ゲーム——ジョージア州の小児肥満対策キャンペーンから

２０１０年の調査では、アメリカでは、16・９％の子ども（2～19歳）が肥満と言われている［Ogden et al.

図１－４　「小児肥満（Childhood Obesity）」予防を警告する広告
カリフォルニア州の子どもの健康のための公衆衛生プログラムであるファースト５カリフォルニア（First 5 California）のもの（2007年５月15日オークランド市某所）

2012]。健康リスクとしては、高血圧、高コレステロール、インスリン抵抗性、２型糖尿病、呼吸疾患、関節障害がある。また、差別を受け、低い自己評価を持つため、心理的な問題を抱えるというリスクにもさらされているという。さらに、子どもの頃肥満である場合、成人しても肥満である可能性が高いとされるため、表１－１で掲げた過体重と肥満に関連して増大するいくつもの病気のリスクを、大人になる前にすでに抱えていることになる(6)。そのため、政府は、州ごとのプログラムを通して、小児肥満の予防対策に力を注ぎ始めているのである（図１－４）。

昨今、この子どもをターゲットにした予防プログラムがなにかと世間の耳目を集めている。例えば、２０１３年６月頃、カリフォルニア州の公衆衛生プログラムであるファースト５カリフォルニア（First 5 California）の広告に採用された女児の写真が、フォトショップ（画像処理ソフト）によって意図的に太った女児に加工されていることが発覚した。

本章冒頭で述べたように、２０１１年から２０１２年にかけて、肥満児の割合が高いと言われるジョージア州アトランタの小児肥満対策のキャンペーンも大論争を巻き起こした。「ストロング・フォー・ライフ」というそのキャンペーンは、アトランタのチルドレン・ヘルスケアが始めた「社会変化を起こして、小児の肥満エピデミックと関連する病気の進行を食い止める」ことを目的とした健康プログラムである(7)。図１－２で示したような、おどろおどろしいビルボード広告に加え、テレビ広告版も物議をかもすものだった。モノクロ映像で、子どもが母親に問うたり、人びとに語りかけたりするもので、「ママ、僕はなんで太ってるの？（Mom, why am I fat?）」「お医者さんが、私は高血圧症とかいう病気にかかってるって言うの。本当に怖いの（My doctors say I have something called hypertension. I'm really scared.）」「私は学校に行くのが嫌いです。だって、他の子たちが私をいじめるからです。それで私は傷つくのです。（I don't like going to school because the other kids pick on me. It hurts my feeling.）」など、あくまで広告ではありながらも、まるで自分自身の身に起きていることであるかのように語る。

このセンセーショナルな広告キャンペーンに対し、太った子どもへのスティグマを増幅させる、いじめにつながるなど、不快感や不愉快な思いを抱いた人びとは多かった。メディアではさまざまな意見が交わされた。

アトランタ州都圏の新聞に掲載された「容赦ない小児肥満の広告、批判を呼ぶ」と題する記事によると、アトランタのチルドレン・ヘルスケアがこのような手法をとらざるをえなかったのは、かれらが行った小児肥満の意識調査の結果が散々なものであったからだという。すなわち、調査に協力した人のうち50％は小児肥満を問題だと認識していなかったことや、過体重や肥満の子どもを持つ親の75％が自分の子どもに体重の問題があると認識していなかったことが、調査結果として明らかにされたのだ。ジョージア州は、約１００万人の子どもが過体重か肥満で、全米で2番目に肥満児の割合が高いと言われている。キャンペーンの責任者は、「私たちには、『ヘイ、ジョージア！　目を覚まして！　これは問題だよ』と言わんばかりの、人の注意を引く、予想外のキャンペーンが必要だったのです」と述べている。このキャンペーンに対する反応として、小児向けの保健医療制度に関わる人びとは、太った子どもをターゲットにした残酷な広告だが、深刻な公衆衛生の問題だと認識させるためには必要だと、このキャンペーンを概ね支持しているという。しかしながら、公衆衛生機関で働く人のなかには、写真のイメージが、単に肥満者にスティグマを貼り、羞恥心を煽るだけで、親や子どもに不健康な体重を改善する意識が芽生える可能性は低いと不快をあらわにする者もいた［Teegardin 2012］。

肥満者のための治療の情報提供をサポートする５万人のメンバーを持つＮＰＯ団体の肥満行動連合（Obesity

Action Coalition：以下ＯＡＣ）が行った世論調査によると、「このキャンペーンは、肥満の子どもにとってプラスになるのか、マイナスになるか?」という質問に対し、回答者１０５０人中、81％が「肥満の子どもを傷つけていると感じる」と回答し、19％が「肥満の子どもの助けとなると感じる」と回答している。また、「この広告やキャンペーンは不快ですか?」という質問には、82％が「はい」、18％が「いいえ」と回答している。(8) ニューヨーク・タイムズ紙の記事によると、ＯＡＣは、「キャンペーンのメッセージは、アメリカの肥満の子どもが日常的に直面している、容赦ないからかいやいじめをさらに激化させる」とプログラムに抗議している［Dell'Antonia 2012］。

筆者がたまたま目にしたニュース番組では、キャンペーン関係者がインタビューに答え、「子どもにも太っていることに対し罪の意識を持たせることが大切だ」と主張していた。これまでは子どもの肥満は親の責任だという認識が強かったが、この広告キャンペーンからは、太った原因は子ども自身にもあり、子ども自身も太らないための意思決定をすべきであるという主張が読み取れる。

筆者のインフォーマントである、ファット・アクセプタンス運動のアクティビストのマリリン・ワンは、一連の広告に対し憤りをあらわにした。オーディションで選ばれた子どもたちを、広告の写真に1人ずつ掲載することによって、あたかも「その」子が持つ悩みとして、固有性を持たせようとしていると批判した。選択行為や意思決定を十分にできるとみなすことのできない子どもまでをも、なぜ、意思決定の主体に仕立て上げ、責任ゲームのなかに放り込んでしまうのか、人びとの不快感はおそらくここに起因する。

(2) 責任主体と累積的リスク

ある個人が、決定者として責任主体に仕立て上げられることよって、その個人の生に「未来の操作可能性」が持ち込まれる。しかしながら、その人が、「真の」決定者と言えるかどうかは、かなり不明朗である。「太ることは、子どもであるかれら自身が選択した結果であり、かれらに責任がある」と言うことは、どこまで妥当なのだろうか。そもそもこれは子どもに限ったことと言えるだろうか。食べ過ぎたから太ったということを、「肥満になる選択／決定をした」とみなすこと自体に、問題の根本があるのではないだろうか。以下では、この問題を検討していこう。

選択した行為がある結果を導くという点について考察を加えるために、ここで、選択という行為を大まかに二つに分けて考えたい。一つは、1度あるいは数回の選択によってその後の結果が大きく左右されてしまうタイプの選択である。もう一つは、日常生活を送るなかで半ば無意識に行われている無数の選択である。例えば、食べる行為は後者の代表例で、一口一口の食べる行為はミクロの決断とみなすことができる。人はある程度、受け入れてもいいリスクと回避したいリスクを瞬時のうちに峻別しながら生きているが、その大部分は、後者のような、無意識のうちに行われている選択である。

ここでは、そうした、無意識のうちに行われているミクロな無数の決断の集まりの帰結として引き起こされる、未来の不利益の可能性を、リスク認知の第一人者である心理学者ポール・スロビック［Slovic 2000］に倣い、「累積的リスク（cumulative risk）」と呼ぶことにする。(9) ただし、少し補足が必要だと考えている。スロビックは、ある危険に長い間をかけてさらされ続ける場合、リスクは累積的な性質を持つとして、それを「累積的リスク」と呼ぶ。例えば、自動車を運転する者にとっての交通事故、喫煙のリスク、地球気候変動、避妊の失敗、ＨＩＶ感染などを累積的リスクとして列挙している。しながら、そこには質的に異なる累積性が混在しており、スロビックはそれを看過している。

筆者は、（肥満の）「累積的リスク」の質的な違いを明確にしておきたい。車の運転による交通事故の例と比較すると分かりやすい。車の運転に長期的・反復的に関わっている場合、交通事故発生のリスクは車の運転をやめるたびにリセットされる。そのため、車の運転に関わることによる「累積的リスク」は、確率論的な意味での未

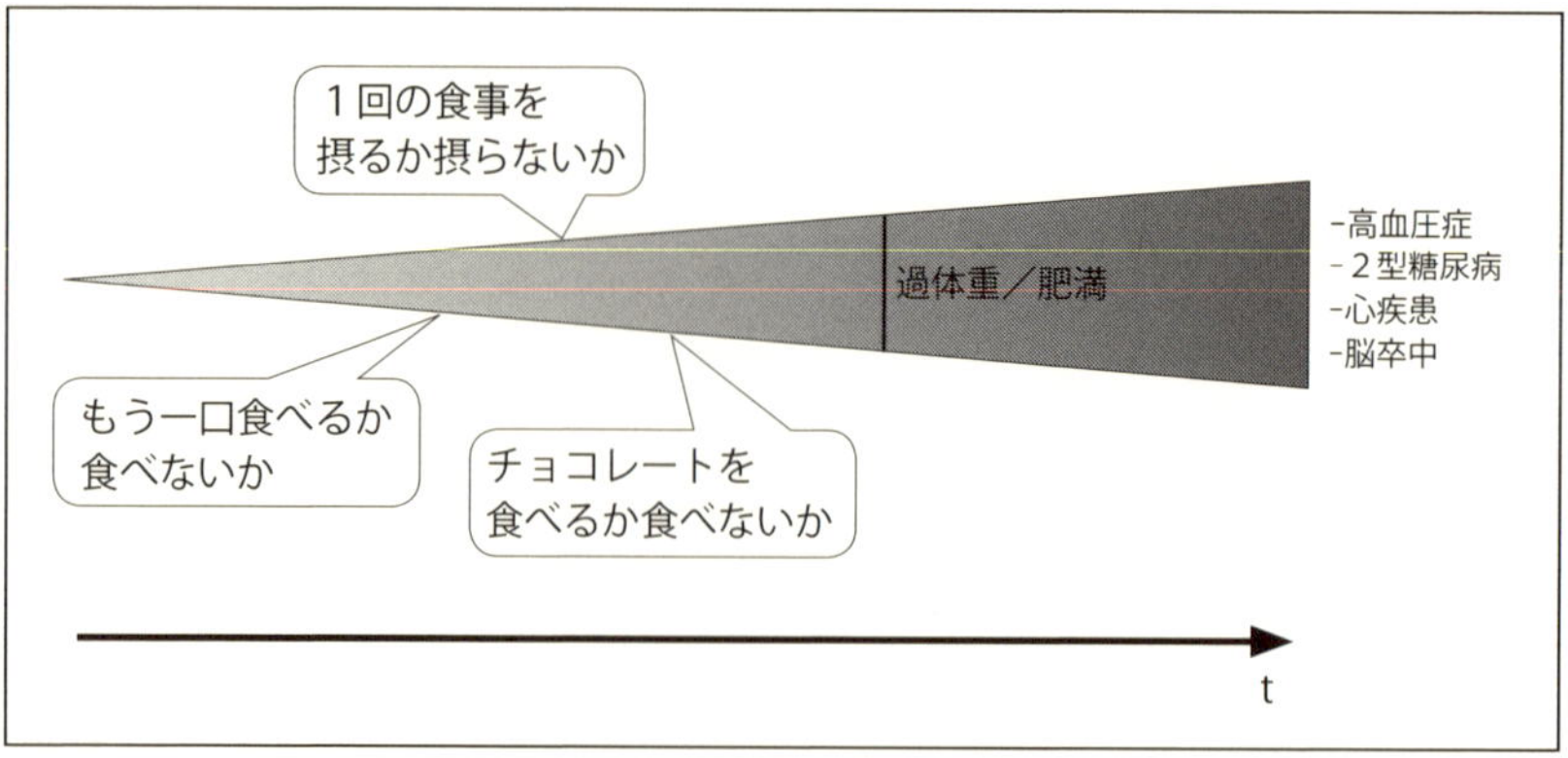

図1−5　累積的リスクの概念図

来の不利益の発生の蓋然性が増大することだと言える。他方で、食べる行為に長期的・反復的に携わる場合、体内に取り込んだ食物の一部は蓄積するとみなされる。そのため、食べる行為に関わることによる「累積的リスク」は、因果論的な意味において、肥満や病気の蓋然性が増大することだと言える(10)。

ここで注意したいのは、われわれは、その食べる／食べないという膨大な決断の集まりを、ある特定の状態になることへの決定として理解しているということだ。こうした思考方法が、われわれにはかなり身についている。しかし仮に、食べ過ぎが肥満を導き、やがて糖尿病を引き起こすという因果関係を時間の連続性のなかに設定するなら、いつの時点で、どのように人は決定者となるのだろうか。チョコレートを食べるか食べないか、もう一口食べるか否か、といったミクロの決断はあるとしても、肥満や高血圧、糖尿病になるかならないかといった決定は存在しないのではないだろうか（図1－5参照）。つまり、その決定は、意思決定を行う主体の累積的な決定に対してメタレベルである。そして、誤解を恐れずに言うならば、それは、現実には存在しない「決定」なのである。しかし、累積的リスクが、メタレベルの「決定」として存在するものとして作り上げられると、個人はその「決定」の責任者という認識を持つようになるだろう。そのとき、「過体重／肥満」というカテゴリーは、もはや単なる分類記号以上の意味を持ち、「肥満者」という責任主体を作り出す。それはまるで、ジョージア州の小児肥満対策キャンペーンで使われた、一人ひとりの子どもたちの写真イメージが喚起するような固有性を持つ。

すでにBMIの小史で概観したように、どの時点でリスクが増大するかという線引き自体は、統計学に内在しているものではなく、極めて人為的なものである。医学的には、いつから肥満になり、いつから高血圧や糖尿病になるのかという、「正常」と「異常」のカットオフ値などはなく、実際は連続している。科学哲学者カンギレム［1987］が、正常と病理の量的な連続性と質的な同一性を説き、統計的事実から平均を規範として捉え、統計的隔たりを病理的なものとして語ろうとすることに疑義を呈したように、ひとたびカットオフの値が決められると、たちまち、人びとの生はそれに基づいて区分され、それに応じた健康の価値規範が生まれる。(11) ジョージア州の広告の事例は、公衆衛生の統計学的知が「正常」「異常」という社会的価値判断として使用されたことにこそ、問題の根本がある。

(3) 交錯する集合のリアリティと個人のリアリティ

統計的なデータによって、大勢の人びとの集合が、社会という名で一定の秩序を持ったものとして構想可能になる。そして、個人は、社会における自分の位置づけを、統計的なデータを通して知ることができるようになる。ハッキングによれば、統計の法則は、集団主義と全体論的傾向が優勢な東ヨーロッパではなく、「経済的自由主義、個人主義、原子論的な人間および国家概念が優勢な西ヨーロッパの社会データの中で発見された」［ハッキング 1999: 7］。また、アメリカの「統計好き」を論じる歴史学者のブアスティンは、物質的幸福の度合いを測定するのに適している統計学は、消費者民主主義から生み出されたと述べる。「自家用車を2台保有する家庭」と自称するカリフォルニアの郊外居住者は、裕福なアメリカ人と特徴を共有する社会の一員として、すでに一つの統計コミュニティのなかに身を置いているのだと指摘する［ブアスティン 1990: 35］。

つまり、個人の自由を担保しながら、社会という名で言い表される大勢の人びとの集合全体を構想しようとする場合、統計的な形をとる社会法則は有用な典拠となる。なぜなら、個々の自由と衝突しない限りで、社会（集合）にある一定の秩序を構想することを可能にするからである。そして、そのとき、個人主義と統計学は、個人の自由と衝突しない限りは、非常に親和性が高くなる。しかしながら、リスクが個人に配分される際には、さまざまなコンフリクトが生じる。

「リスク社会」と言われる現代社会では、リスクに対する決定を責任に引きつけて考えるため、未来に対する不利益はある決定者に帰責される。そのため、現在、不確実性と決定論の間にますます齟齬が生じつつあるのではないだろうか。この齟齬は、序章と本章で提起した「未来の操作可能性」と「未来の非決定性」を両立することの矛盾に等しい。

しかしながら、われわれがしばしば違和感を抱くように、ある者が意思決定者とされるその根拠は、実はそれほど判然としたものではない。未来の損害を被るとみなされた者を、それを決定した主体として決定論的に設定することによって、不確実性に対抗するための落としどころを見つけようとしているようにも見える。それでも人びとは、集合のリアリティと個のリアリティが交錯する場所で、直面する齟齬を個々人の経験や解釈に基づいて克服しようと努めるのではないだろうか。こうした齟齬の克服に努める人びとについての具体的な実践については、改めて第6章で論じることにしよう。

本章では、リスクの個人化によって、肥満になるという「意思決定」を下した責任主体が作られることを説明してきた。ハッキングによると、リスクの引き受け手として分類された人びとは、分類されることによって、個人的な自己意識や集団的な自己意識を形成し、それらの人びとの行為にも影響を与えるようになると述べる［ハッキング 2012: 72］。しかしながら、筆者がこれから問題にしたいのは、ハッキングは、個人的・集団的な自己意識を形成しない人びとの存在については述べていないということだ。肥満のリスク集団として分類される人びとが、全員、肥満であることを自己認識し、その予防改善に向けて自己管理に努めるわけではないだろう。実際、現在のアメリカでは、人口の7割近くが過体重か肥満のカテゴリーに入ることを考えるなら、リスクを気にしない人が多いと言うこともできる。次章では、この問題について、貧困者層における肥満の問題を題材に、肥満予防介入を行う政府のシステムの歴史的経緯、制度で働く人びとや貧困者層の実践などから、リスクを引き受ける責任主体としての自己認識がどのように立ち現れてくるのか、あるいは立ち現れてこないのか、という問いについて検討していこう。

（1）CDCのHPより［http://www.cdc.gov/obesity/adult/causes/index.html］（2018年4月2日最終閲覧）。

（2）これにより、理想体重より重い人には保険の掛け金を高くする仕組みが作られた。しかしこれは、靴をはいたまま、洋服を着たまま、身長体重は自己申告、喫煙と非喫煙の区別をしていない、被調査者の年齢が25～59歳というように偏りがある、など統計の出し方に問題があることが明らかにされている［Kuczmarski and Flegal 2000: 1075］。

（3）ハッキングは、ケトレーが考えた「平均人」の概念によって、平均身長、平均の目の色などがまるで実体であるかのようなリアリティを作り出してしまったと述べている［ハッキング 1999: 164］。

（4）議論の争点は、主に、カットオフ値を決める際に年齢と性別を考慮に入れるか否かに関するものであり、それらについての論議は決着していない。

（5）BMIの不正確さは、筋肉や骨格等の身体組織が考慮されていないことからくる［cf. Romero-Corral et al. 2008］。

（6）子どもは、大人と違い、年齢や性別で大きな差異があるため、BMIによる分類ではなく、年齢性別によるBMIパーセンタイルが使われる。過体重は、同性同年齢の子どものなかで、BMIが85パーセンタイル以上、95パーセンタイル未満の場合を指す。肥満は、同性同年齢の子どものなかで、BMIが95パーセンタイル以上の場合を指す［http://www.cdc.gov/obesity/childhood/basics.html］（2014年1月13日最終閲覧）。

（7）ストロング・フォー・ライフのＨＰより［http://www.strong4life.com/pages/about/ArticleDetails. aspx?articleid=DefiningWhatItMeans&sectionid=overview］（２０１４年1月13日最終閲覧）。

（8）ＯＡＣのＨＰより［http://www.obesityaction.org/weight-bias-and-stigma/bias-busters/georgia- strong4life-campaign］（２０１４年1月13日最終閲覧）。

（9）ここでの「累積的リスク」についての議論は、２００７年日本文化人類学会「人類学的リスク研究の開拓」分科会においてなされた発表に基づく。議論は、分科会代表者である市野澤潤平の指摘に多くを負っている。

（10）車の運転に伴う交通事故のリスクの累積性の他に、避妊の失敗、ＨＩＶ感染などは、主に確率論的な意味での（将来的な不利益が発生する）蓋然性の増大である。それに対し、喫煙リスク、地球気候変動、本章で言及する肥満や生活習慣病に関しては、因果論的な意味での蓋然性の増大が主たる問題となる［cf. 市野澤 2013］。

（11）カンギレムは、健康がどこで終わり病気がどこから始まるか、つまり、正常と病理の境界を判断するのは、究極的には個人なのだと言う。そして、生活のなかでさまざまな不測の事態を許容でき、新しい場面で新しい規範を設定できる幅――例えば、いつものパン屋が臨時休業している場合に遠くのパン屋に足を運ぶこと、終電に乗り遅れた場合に遠くても自分の家まで歩いて帰ることなど――のことを健康と呼ぶ［カンギレム 1987: 160–181］。

第2章　空転するカテゴリー
――福祉・公衆衛生政策から見る「貧困の肥満化」

1．リスクの犯人探し――「貧困の肥満化」という問題

リスクが問題として見出されるとき、予想される将来の不利益が、誰の決定によって生じる可能性があるのか、そして、その決定の責任を誰に帰すべきなのかを明らかにし、リスクの引き受け手を設定する。市野澤は、その際、統計と確率が駆使されることによって、過去のデータと未来の生起可能性についての「読み替え」が起こることを指摘する。例えば、喫煙者の集合と非喫煙者の集合を比較した場合に、喫煙者の集合のほうが肺がん者の割合がより高いという統計的事実が発見されたとする。このとき、ある個人が喫煙者であるならば、その個人は将来肺がんになる可能性が高いとされる。将来肺がんになる「かもしれない」、という現実の描写は、確率という形をとることで未来の生起可能性へと読み替えられるのだ［市野澤 2014: 16］。医者から「喫煙はあなたの肺がんのリスクを増やしますよ」と言われて、あなたは「よし禁煙をしよう」と決意するかもしれない。ハッキングが言うように、リスク集団として分類されることで、個人的自己意識や集団的な自己意識を形成し、それらの人びとの行為にも影響を与えるようになる［ハッキング 2012: 72］。つまり、リスクの引き受け手となるのだ。

しかしながら、ハッキングは、個人的集団的な自己意識を形成しない人びとの存在については述べていない

[cf. Cohn 2000; 新ヶ江 2013]。肥満のリスク集団として分類される人びとが、皆、自己意識を形成し、自己管理に努めるわけではない。そうであれば、とっくにアメリカの肥満者の数は減っているに違いない。本章で問題にしたいのは、肥満のリスク集団としてしばしば引き合いに出される貧困層の人びとが、予防政策などを通して、いかにして自己意識を形成する／しないのかということである。

近年、肥満が貧困層の間で広がっていると指摘されている [e.g. Drewnowski and Spector 2004; Drewnowski 2009]。貧困層の肥満化（以下、「貧困の肥満化」と呼ぶ）には、ステレオタイプな言説がある。すなわち、貧困層が多く住む地域は、新鮮な野菜や果物を手に入れるための物理的・知的アクセスがなく、公園など外で安全に遊ぶことができる場所もない。特に、貧困層に多いシングルマザーは、料理の仕方を知らなかったり、料理をするための時間的余裕もなかったりするため、安くて高カロリーなファストフードに頼ってしまう。そのため、貧困層とその子どもたちの間で肥満率が上がっている。したがって、貧困が及ぼす健康格差をなくし、かれらの肥満を予防しようというものである。こうした言説は、筆者が調査していた公衆衛生の関連施設で働く人びとからもよく聞かれた。

とはいえ、後で詳述するが、データを詳細に見るなら、貧困層に肥満が多いという場合の「貧困層」というカテゴリーは、かなり問題含みなカテゴリーであることが分かる。性別やエスニシティ、年齢などを考慮するなら、一概に、貧困層のみが太っているとは言えない [cf. Ogden et al. 2010]。ラプトンが指摘するように、歴史的にさまざまな非白人のエスニック・マイノリティを抱えるアメリカでは、「優れた」「文明化された」ミドルクラス以上の白人に比べ、「劣った」非白人の移民者やエスニック・マイノリティや労働者階級の貧困層は、身体管理や体重管理ができない人びととしてステレオタイプ化される傾向がある [Lupton 2012: 47]。また、経済的自立ができず福祉に依存せざるをえない人は、しばしば、ネガティブなイメージで表象される。特に、生活保護を受けた母親（welfare mother）、すなわち、未婚で、性行動をコントロールできない「黒人女性」は、福祉依存の典型として語られる傾向があるが［Fraser and Gordon 1994: 311］、それは福祉依存への非難としてお決まりのものである。貧困層に対するこうしたネガティブな固定観念が、肥満が貧困層に広がっているという言説や研究の出現にいくらか影響していると考えることは可能であろう。さらに次節で詳しく取り上げるが、アメリカでは、公的扶助としての貧困対策の一環として、農業政策を司る農務省による食料支援が行われているという経緯もある。このあたりを踏まえると、肥満と貧困の一筋縄ではいかない関係が見えてくる。

本章では、貧困の肥満化が叫ばれるようになった歴史的経緯、そして、肥満予防政策の介入の起点の一つとなっている低所得者層向けの食料支援プログラムの現場を記述することで、貧困の肥満化という現象を多角的に分析していく。貧困層に対する肥満予防政策はどのように成り立っているのか、その際の貧困層とはいかなる人びとなのかを詳しく見ていく。その上で、貧困層の人びとが、肥満のリスクを引き受ける主体として、いかに自己意識を形成する／しないのかということを考察していこう。

次節では、まず、アメリカの貧困対策の歴史を食料支援という観点から概観しておこう。肥満という、貧困とは正反対に見える事象が、どのような過程を経て貧困層の問題となっていったかを知っておく必要があるからだ。

2. 貧困の肥満化

(1) 貧困対策におけるアメリカ農務省による公的扶助の役割

貧困の肥満化について論じるためには、貧困対策におけるアメリカ農務省（United States Department of Agriculture：以下ＵＳＤＡ）の役割を知る必要がある。アメリカでは、国民に最低限度の栄養を保障することは、公的扶助の対象となっている。公的扶助としての食料支援プログラムは、ＵＳＤＡの機関の一つ、食品栄養局（Food and Nutrition Service：以下ＦＮＳ）が管轄している。ＦＮＳは、「飢えと肥満をなくす」ための取り組みを

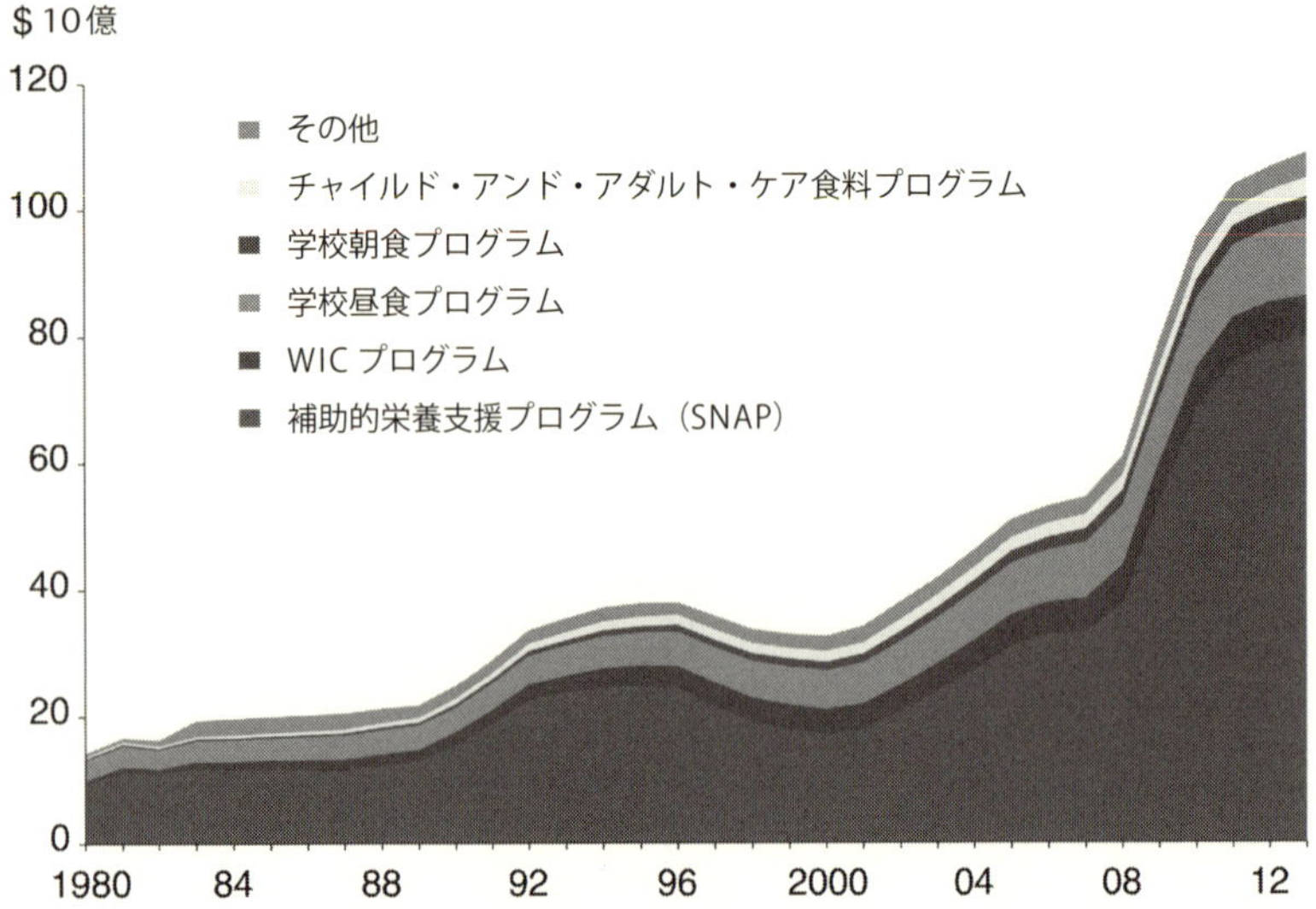

図2－1　アメリカ農務省食料支援プログラム支出 1980–2013

出典：アメリカ農務省食品栄養局より［http://www.ers.usda.gov/data-products/chart-gallery/detail.aspx?chartId=40105#.UwnZz17lrsk］（2014年2月18日最終閲覧）。

行う機関である。かれらの使命は、「アメリカの農業を支援し、国民に信頼を与えながら、子どもと低所得者層に、食料と健康に良い食事と栄養教育へのアクセスを提供し、食料安全保障を確保し、飢えを減らす」ことを目標とする。[1] 本章で扱う乳児と妊婦に対する食料支援プログラムを含め、FNSは低所得者層を対象とした15の食料支援プログラム管理を担っている。図2－1は、1980年から2013年までのUSDAの食料支援プログラムの支出を表しているが、その支出は右肩上がりに伸びていることが分かる。なかでも、「補助的栄養支援プログラム」（前フードスタンプ・プログラム）は、2013年の支出の73％を占めているように、食料支援プログラムのなかで一番規模が大きなプログラムである。[2]

　これらの食料支援プログラムの起源は、1930年代の大恐慌時代にまでさかのぼることができる。当時、貧しい人びとのための飢え（hunger）対策として、USDAによる食料支援プログラムの仕組みができた。しかし、それらは、飢えの対策よりも、農業政策の一つとしての機能が強かった。つまり、主要作物と腐敗しやすい余剰作物を慈善施設や福祉プログラムに提供することによって、それらの価格安定を図っていたのだ［Kerr 1990: 159; Poppendieck 1995: 13–17］。

食料支援プログラムの多くが設立されたのは、１９６０年代になってからであった。この時期、貧困による飢えが、政府の貧困対策の失敗としてアメリカで本格的に問題化された［Poppendieck 1995: 18–23］。以下、そのときの歴史的状況に言及しておこう。

本格的な飢えの問題化は、１９６７年のペンシルバニア州の上院議員ジョセフ・クラークとニューヨーク州の上院議員ロバート・ケネディによる、南部の視察がきっかけとなった［Poppendieck 1995: 19］。かれらは、南部の貧困状況を知るためにミシシッピを訪問したが、そこで南部の貧困による栄養不良の悲惨な状況に衝撃を受けた。この時期、特に南部のミシシッピデルタの地域では、農業の機械化により労働力が余るようになってきていた。地主からの借金により土地に縛り付けられ、都市に出ることもできない多くの南部の田舎の黒人たちの貧困は深刻であった。こうした状況のなかで、既存の食料支援の配給は、カウンティや州によってうまく利用されていた。貧しい人びとをカウンティから追い出す手段として利用されたり（食料配給を行っているエリアに行かせる）、あるいは、労働力が足りないときは食料配給を実施せずに、働かざるをえない状況を作り出し、貧困層に低賃金で労働させることもあった［DeVault and Pitts 1984: 549–551］。

１９６８年にドキュメンタリー「アメリカの飢え」がテレビ放映され、こうした状況が白日のもとにさらされることになる。多くのアメリカ人は、アメリカ国内に依然として飢えが存在するという事実に衝撃を受けた。そして、この時期の公民権運動の影響を受けながら、飢えと貧困の撲滅は国民の関心事となっていった［Poppendieck 1995: 19］。

これ以降、ＵＳＤＡ管轄の食料支援プログラムの設立が相次いだ。メジャーな５つの食料支援プログラムの設立時期を簡単に説明すると、規模が一番大きいフードスタンプ・プログラムは１９６４年に設立された。本章で後述する、低所得者層の女性と乳児、子ども向けのＷＩＣプログラム（Special Supplemental Nutrition Program for Women, Infants, and Children）は１９７４年に設立された。学校昼食プログラム（National School Lunch Program）は一番古く１９３５年には始まっている。学校朝食プログラム（School Breakfast Program）は、１９６６年に実験的プログラムとして認可され、１９７５年には常設プログラムとなった。二つのプログラムは、どちらも低所得者の家庭の子どもに対し、小学校と中学校での昼食と朝食を低価格あるいは無料で提供するための補助金を出している。さらに、チャイルド・アンド・アダルト・ケア食料プログラム（Child and Adult Care Food Program）は１９６８年に開始されている。当初はチャイルド・ケア・センターを対象として低所得者層の家族のための食事に対する補助金を交付していたが、１９７８年には家族のホーム・デイ・ケアにまでその対象を拡大した。このように、１９６０年代以降、ＵＳＤＡが貧困による食や栄養不足への公的扶助を主導してきたのだ。

しかし、こうした食料援助プログラムについては、議論がある。それは、アメリカの農業政策と、福祉政策の一環としての食料支援のいびつな構造である。アメリカの農業補助金は、トウモロコシや大豆などのアメリカの主要農作物に大量につぎ込まれている。(3)農業補助金の額が群を抜いて多いトウモロコシは、家畜の飼料や甘味料の原料として使われる。安価に売られている炭酸飲料は、甘味料としてコーンシロップが使用されている。そのため、多額の農業補助金が、肥満を生み出す元凶になっているのではないかと指摘する人は多い［e.g. DeBono, Ross, and Berrang-Ford 2012; Gibson 2003］。

また、アメリカの農業政策と福祉政策の関係を揶揄した、ガバメント・チーズ（Government Cheese）という言葉がある。これは、ＵＳＤＡによる食料支援プログラムで１９９０年代まで配られていた、種々のチーズが混ぜられたプロセスチーズを指す。乳製品の価格を安定させるために、政府がチーズの余剰生産分を備蓄しており、それらがフードスタンプなどの食料支援プログラムで配られていたのだ。そのため、この言葉は、政府による福祉事業が、医療や年金を手厚くするわけではなく、安価なチーズをただでばらまき、畜産業界を支援する形態になっていることを揶揄している。

このように、農業政策と、福祉制度としての食料支援プログラムには、構造的な問題がつきまとう。このことは明記しておかねばならないだろう。

(2) 貧困の肥満化

おそらく誰もが疑問に思うだろう。貧困層は食物を買うお金がなく、飢えていると考えられるにもかかわらず、なぜ太るのか？　通常、飢えは不十分な食料供給と栄養不足によって引き起こされる。それに対し、太ることは、食物の過剰摂取によって引き起こされると考えられてきた。飢えと肥満は、一見、矛盾しているように見える現象であるため、当初は、食物が十分に確保できないはずの貧しい家庭の人びとに太った人が多い理由がはっきりせず、実は、かれらは飢えてないのではないかと疑問視されることもあった［Townsend et al. 2001: 1738］。これを「飢えと肥満のパラドクス」や「食料不安と肥満のパラドクス」と呼ぶこともある［Dinour, Bergen, and Yeh 2007; Scheier 2005］。

飢えは１９６０年代以降問題化されてきたが、そもそも、飢えとは何かについての統一見解はなかった。１９９０年代になって、貧困と肥満を考える上で重要な三つの概念が登場した。①食料安全（food security）、②食料不安（food insecurity）、③飢え（hunger）である［Wunderlich and Norwood (eds.) 2006: 26］。①食料安全とは、「すべての人が、活動的で健康的な生活のために、常に十分な食物にアクセスできることで、最低限、以下のことを含む。すなわち、(a)十分な栄養がある、安全な食物を入手できること、(b)社会的に容認された方法で、容認された食物を手に入れるための確実な能力があること（例えば、非常食を食べたり、ごみあさりをしたり、盗みなどをせずに）」。そして、②食料不安とは、「十分な栄養と安全な食の安定供給が限られているか、不安定であること。あるいは、社会的に容認された方法で、容認された食品を手に入れる能力が限られているか、不安定であること」を意味する。③飢えは「食料不足によって引き起こされる不安で辛い感覚」として定義され、「必ずではないが、食料不安をもたらす可能性がある」とされた［Anderson 1990: 1560］。これらの定義は、飢えと肥満を説明する際の重要な概念となっていく(4)。それにより、貧困と肥満の関係についての研究も提出されるようになっていった(5)。

貧困が肥満を招く理由の説明として、一つは、貧困による飢えが肥満を招くという解釈がある。すなわち、貧困層の人びとは飢えをしのぐために、値段が安くて、カロリーが高く、結果的に栄養価の低い食品を買う傾向があり、飢餓の状態でそうした食品を食べるため逆に太るのだという。この解釈は、一時的な食不足による飢餓状態のときに食物を摂取すると、身体が生理的な適応として体脂肪を溜め込むという考えに依拠している。

それに対し、貧困層における肥満は、飢えの問題というより食料不安の問題であると考える専門家もいる。貧困層の人びとは、近い将来の食料不足に備えて、食料を過剰に摂取する傾向にあるというのだ。さらに、貧困層の世帯では、食費のなかで果物と野菜の消費の割合が低く、脂肪や糖類をたっぷり含んだ食物を摂取することが多い。精製された穀物、糖類、脂肪などのカロリーの高い食品は安価で、味がおいしい。これらが太る原因になるのだと指摘している［Drewnowski and Specter 2004］。

さらに、貧困層が多く住む場所では、健康的で手頃な値段の食品へのアクセスが限られていること。公園などの運動ができる場所が少ないこと。また、貧困によって飢餓状態と過食が繰り返されること。さらには、生活上の経済的なストレスがあること、肥満を誘引する食品のマーケティング戦略のターゲットとなりやすいこと、満足な医療を受けることができないため、慢性病の診断治療が放置されてしまうことなどがあり、これらが、貧困層の肥満率の高さの要因として説明されることも多い(6)。

それに対し、貧困と肥満の関連性を指摘するこうした研究に矛盾する研究や批判的な研究も存在する［e.g. Chang and Lauderdale 2005; Ogden et al. 2010; Zhang and Wang 2004］。例えば、アメリカ疾病予防管理センター

（以下ＣＤＣ）の調査では、１９８８年から１９９４年の間のデータと２００５年から２００８年の間の国民健康栄養調査（ＮＨＡＮＥＳ）のデータを比較すると、収入と教育によって決められる社会経済的地位と肥満の関係は「性別や人種、エスニシティによって異なる」[7]としながら、男女とも、所得、学歴、人種に関係なく、全人口において肥満率の増加が見られると報告されている。現在７２００万人以上の成人（20歳以上）が肥満であるが、そのうち41％（約３０００万人）が「高所得」（貧困水準３５０％以上）[8]に分類される人びとで、39％（約２８００万人）が「中所得」（貧困水準１３０％から３５０％の間）、20％（約１５００万人）が「低所得」（貧困水準１３０％以下）に分類される人びとであると報告されており、高所得に分類される人びとの間で肥満率が高いことが明らかにされている［Ogden et al. 2010: 3］。貧困層においてのみ肥満が増加したわけではないことを指摘するこのような調査結果は、いくつも出されている[9]。

以上を踏まえると、肥満の増加と貧困の関係は複雑であり、貧困層のみにおいて肥満が増加しているとは一般化できないことが分かる。しかし、アメリカでは、貧困が肥満を引き起こすという解釈は一つの俗説として浸透している。肥満予防対策も健康格差を克服すべき課題として乗り出している。では、実際にどのような対策が行われているのか見てみよう。

３．公的扶助としての食料支援プログラムと肥満対策

(1) カリフォルニア州の「肥満の原因となる環境」への取り組み

サンフランシスコから北東へ車で2時間ほどの場所にある州都サクラメントに、カリフォルニア州公衆衛生省がある。ここにはＣＤＣの資金援助を受けた「カリフォルニア肥満予防プログラム（The California Obesity Prevention Program）」があり、さまざまなプログラムの運営管理を行っている。筆者が調査を行った、食料支援

プログラムの一つであるWICプログラムも、このプログラムのパートナー機関の一つである。新しい肥満予防プロジェクトは数年単位のファンディングによって成り立つ。そのため、制度のなかの各プログラムやパートナー機関同士が連携を図ることが、継続的な予防政策の実施のためには必要である。カリフォルニア州公衆衛生省を中心とするパートナー機関や大学などの研究機関は、各カウンティの公衆衛生部と協力しながら、長期的・短期的なものを含め多くのプロジェクトを進めている。アラメダ・カウンティ公衆衛生部のスタッフによると、プログラムの情報は、学校や医師、あるいは、教会やコミュニティの組織、プレスクールなどによって、親や子どもに提供されているという(10)。

また、「カリフォルニア肥満予防プログラム」の研究機関である、カリフォルニア大学バークレー校「体重と健康のためのセンター（The Center for Weight and Health）」のディレクターは、カリフォルニア州はアメリカにおける肥満研究のリーダー的存在なのだと自負した。なぜなら、一つには、カリフォルニア大学バークレー校、カリフォルニア大学サンフランシスコ校、スタンフォード大学などの研究機関があるから。そして、二つ目には、学校でのソーダ販売禁止に見られるように（2007年当時、シュワルツェネッガー知事は小学校と中学校でのソーダ販売を禁止する法案を通そうとしていた）、アメリカ人の10分の1が住むカリフォルニア州が何かをやれば、食品業界などはそれを無視できないからだという(11)。

カリフォルニア州公衆衛生部局が発行した『2010年カリフォルニア肥満予防プラン――明日への展望、今日の戦略（*2010 California Obesity Prevention Plan: A Vision for Tomorrow, Strategic Actions for Today*）』では、低所得者層の肥満率が高いことが指摘され、かれらが住む環境の改善をする必要性が説かれている。その理由は以下の通りだ。「低所得者層の多くの子どもたちが（子どもの人口の40％以上）、不均衡に、肥満のリスクにさらされている。有色人種、低所得者、低学歴の人びとの間で肥満率が高いのは、健康的な食品を手に入れることなど、安全で健康的な環境へのアクセスにおいて格差があるためだ」［California Department of Public Health, California

Obesity Prevention Program 2010: 5］。このプランのなかでは、肥満増加の要因となる環境、すなわち、安くてカロリーの高い食物が手に入りやすい環境、運動不足にならざるをえない環境が、貧困層に肥満が増加する要因だとされている。この肥満増加を誘引する環境のことを、「肥満の原因となる環境[12]（obesogenic environment）」と呼ぶ。これは、貧困層に肥満が増加している要因を、生物学的に説明するのではなく、環境の変化の結果として理解し、環境改善によって肥満を予防するべきだという考えに基づく［French, Story, and Jeffery 2001; Hill et al. 2003］。低所得者層や人種／エスニック・マイノリティの人びとは、運動や食物選択のリソースという点において、不均衡に不健康な環境にさらされている。健康的なコミュニティ作りをはじめとした健康格差の是正が必要であり、そのために環境を改善することは、環境正義（environmental justice）であると言う識者もいる［Taylor et al. 2006］。

その一方で、環境に介入するのは、成人の個人に介入しづらいためという事情があることも付け加えておかねばならない。筆者がインタビューした低所得者層の青少年向けのコミュニティ・プログラムを組織する第三セクターのスタッフは、肥満を減らすための政策は、個人への介入と環境への介入の２種類があり、環境への介入がメインに行われていると語る。さらに、「子どもの肥満は公衆衛生で介入できるが、大人の肥満は差別の問題やボディ・イメージの問題もある。アメリカは医療システムが混乱していることに加えて、文化的な問題もあって介入できない」と述べる[13]。ただ、成人の食生活や生活改善に介入することは困難だが、子どもを対象にする場合は、介入は教育的観点から行われるため、差別などの問題を回避できるという。そして、子どもへの介入は、必然的に、親（特に母親）がセットとして対象となる。こうした点から、母親とその子どもをターゲットにする食料支援プログラムであるＷＩＣプログラムは、期待されているのである。

次節では、ＷＩＣプログラムを中心とした、低所得者層の食料支援プログラムと肥満予防の取り組みを、フィールドワークのデータから描写していくことにしよう。

(2) WICプログラムの概要

筆者は、A市のWIC施設にて、2006年の11月から2007年の4月、2007年の6月から8月まで調査を行った。本章で扱うデータは、主として、インフォーマントの栄養士レイチェル（仮名）のカウンセリングルームで行った参与観察によって得られたものだ。調査を始めて最初の1ヶ月近くは、誰も使っていない部屋で、WIC施設のスタッフ用のマニュアル本を読んで、その後、マニュアル本の練習問題に答えるという作業を1人で行った。そのうち、施設内である程度の信頼を得られたところで、カウンセリングルームに入れてもらうことが可能になった。その後は、週に2～4回、午後に足を運び、インフォーマントである栄養士レイチェルにつきっきりで調査観察をした。午後は、多くて約5人から6人、少ない日であれば1人、クライアントのカウンセリングを行うため、総計約130人のカウンセリングを見てきたことになる（カウンセリングをせず、フードチェックの受け取りのみのクライアントもいる）。クライアントがいるときに筆者から口を挟むことはまれであるが（クライアントから話しかけられることはたまにある）、クライアントがカウンセリングルームにいない間には、レイチェルとは、日常的な会話のやりとりや、筆者の投げかけた質問をきっかけにした会話を何度も行った。

WICプログラムとは

まず、WICプログラムの概要について説明しておきたい。前節までに説明したように、アメリカの貧困層の食の問題は、USDAが管轄する数々の食料支援プログラムによる公的扶助の対象となっている。その一つであるWICプログラムは、低所得者の妊婦、授乳中の女性、乳児、5歳以下の乳児/幼児を対象としたプログラムである。このプログラムは、「低所得の妊婦や乳幼児やその母親を対象として、栄養価の高い食料の支給、栄養教育の提供、その他の保健医療サービスや社会サービスの紹介を行う制度であり、人の成長や発達における重要な時期に初期介入を行えば、将来、発達面や健康上の問題の発生を妨げる」という考えに基づいて実施されている［橋都 2010: 194］。

カリフォルニア州では、公衆衛生部局が実際の運営管理を行っている。WICプログラムの大きな特徴として、受給資格が絞られていること、栄養カウンセリングが義務づけられていること、支給される食品があらかじめ定められていることがあげられる。これらは、フードスタンプと比較する上での大きな違いだ。現在、アメリカで生まれた乳児のうちの53％はWICのサポートを受けているとされ、プログラム規模の大きさがうかがえる[14]。

表2－1　WICの所得ガイドライン（2006年7月1日から2007年6月30日まで有効）

世帯の人員数	年収	月収
1	$18,130	$1,511
2	$24,420	$2,035
3	$30,710	$2,560
4	$37,700	$3,084
5	$43,290	$3,608
6	$49,580	$4,132
7	$55,870	$4,656
8	$62,160	$5,180
8+	$6,290（1人増加するごとに）	$525（1人増加するごとに）

注：　フィールドワークの記録より。

WIC受給の条件

WICを受給するためには、以下の四つの要件を満たしていなければならない。第一に、受給カテゴリーの、妊婦と産後6ヶ月の女性、産後1年までの授乳中の女性、1歳未満の乳児、5歳以下の幼児であること。第二に、所得が、連邦政府の決める貧困ラインの185％以下でなければならないこと（表2－1参照）。第三に、給付を受ける州に居住していなければならないこと。第四に、栄養上のリスクがあると認定されなければならないこと。調査当時、栄養上のリスクとは、「1．貧血や低体重、過体重、妊娠合併症などの医療をベースとしたリスクがあること、2．食生活ガイドラインを満たさない、あるいは、栄養摂取が不十分な生活上のリスクがあること」とされていた。とはいえ、筆者が見た限り、栄養上のリスクが低いことを理由にＷＩＣのサービスを受ける資格がないと追い返される人はいなかった。

ＷＩＣオフィスでの検査とカウンセリング

ＷＩＣプログラムのオフィスでは、１回のアポイントメントで、体重・身長・血液検査を行い、食習慣のアンケートに答え、栄養カウンセリングを受ける。そして、次回のカウンセリングのアポイントメントを３ヶ月後にとる。通常のアポイントメントとは別に、授乳のためのレクチャーも開かれる。レクチャーを受けた人には、授乳パッドや搾乳器の入った授乳キットが配られる。スタッフには、カウンセリングを受け持つ女性の栄養士が２人、受付（フードチェックの発券などを行う）の女性が２人、マネージャークラスの栄養士が１人いて、母乳のレクチャーを行う人が週に３日程度オフィスに来ていた。英語が話せないクライアントも多いため、カウンセリングを行う栄養士や受付スタッフは英語とスペイン語を両方とも話す。

食品受給の仕組み

クライアントはカウンセリングが終わったあと、フードチェックを発行してもらう。フードチェックで手に入れることができるものは、乳児用ミルク、牛乳、チーズ、卵、シリアル、豆、ピーナッツバター、にんじん、ツナ缶、ジュースなどである。[15] そして、ＷＩＣのフードチェックで買える食品のなかでも、例えば、シリアルやジュースなどは交換できるブランドが指定されている。[16] フードチェックには、どの種類の品物をどれくらい受給できるかが記されている。例えば、牛乳とチーズと卵を例にとってみると、牛乳の場合、「乳牛、液体、低温殺菌されたもの（ガロンのみ）のものを２ガロンまで」、チーズは「チェダー、ジャック、アメリカン、モツァレラを０・７５パウンド（12オンス）以上」を２パウンドまで、卵は「ＡＡ白色、スモール、ミディアム、ラージ」[17]を２ダース（ダース売りのみ）まで買え、この三つは20・９７ドルを超えてはいけないと記載されている。オーガニックのものや、卵だとブラウンエッグやケージフリーのもの、ビタミン強化卵などは買えない。このフードチェックが使える店は、WICストアと、その他、数種の大手スーパーマーケットである。フードチェック以外に、ファーマーズマーケットで野菜と果物を20ドル分購入できるチェックが配られることもあった。

WICが提供している食品のなかにはジュースがあり、フードチェックのなかに必ず含まれていた。筆者はそのジュースの一つを飲んだことがあるが、糖類の含有量が多く甘い。インフォーマントのレイチェルは、「私はジュースを配りたくない」と口癖のように言っていた。彼女に、なぜジュースを配るのかという質問したことがあるが、分からないけど、いろんなポリティクスが絡んでいるのでしょうとあきらめ気味に語った。もちろん、フードチェックをジュースに交換しなければいいのだが、少なくともカウンセリングにおいては、ジュースがいるかいらないかという選択肢はない。

とはいえ、レイチェルによると、WICの良いところは、フードスタンプと違い、食品の選択肢が少なく決まったものしか手に入れられないことだという。選択肢が多い場合、「かれらはもし今5ドルあればファストフード店に行く。今は1ドルでカリフラワーが買えるのに」とレイチェルは言う。なぜなら、「自分の食事が悪いと気づいていても、作り方を知らないから」だと言う。彼女はそのような人のためにレシピブックを配ったり、簡単な調理法を教えるようにしている。

(3) 栄養カウンセリングの現場を中心に

クライアントは、あらかじめ受付で受け取った健康状態や食事についてのアンケートに回答する。それを見ながらレイチェルは、カウンセリングをしていく。カウンセリング中の雰囲気や、クライアントの関心のあり／なしによって、カウンセリングは進め方が変えられる。以下、カウンセリングの事例をいくつか紹介する形で、どのような栄養指導が行われているのか、また、カウンセリングを通して知りうるWICを訪れる人びととの生活の状況などについて説明していく。

食習慣の多様性と「典型的なアメリカ人」像

カウンセリングでは、必要に応じて、デイリーフードガイド（1〜3歳までの子ども、4歳と5歳の子ども、妊娠・授乳中の女性用の3種類がある）のリーフレットを使う。デイリーフードガイドは、1日の推奨食物摂取量が表化されており、摂取すべきフードグループと摂取量に分かれる。フードグループは、「果物と野菜」グループ、「パン、穀物、シリアル」グループ、「乳製品」グループ、「たんぱく質を含む食物」グループの四つに分けられている。こうした分け方は、1992年にUSDAが示したフードガイドピラミッドに従ったものだ。そして、それぞれのグループにはそのグループの食べ物の絵、1日に必要とされるサービング数[18]、各フードグループの食べ物、サービングサイズなどが書かれている。

一口に栄養指導と言っても、これを食べなさい、これは食べてはダメ、というものではない。筆者が観察した限りでは、そういう指導の仕方はほとんどなされていなかった。例えば、妊娠中の高校生の女性が来訪したときには、レイチェルは、デイリーフードガイドのリーフレットをテーブルの上に置いて、このなかでよく食べるものや好きな食べ物は何かと聞き、彼女が言った食べ物に丸印をつけながら、「いいね、ちゃんと摂っているね」とほめた。パスタが好きだと言ったときには、「パスタのソースからもたくさんの野菜が摂れるものね」と答え、どんなものからも野菜は摂れるということを教えようとする。

アンケート用紙、デイリーフードガイドのリーフレットなどは、すべて英語版とスペイン語版があった。また、「穀物」グループのなかには、パンやご飯、トルティーヤなどが例示されている。2004年のデータでは、WICの参加者は、ヒスパニック系が39％、白人系が35％、黒人系の人びとが20％を占めており、エスニシティや人種の多様性がある[19]。そのため、食文化も多様であり、栄養の摂り方も多様性がある。カウンセリングでは、ある食べ物を推奨したり、何を食べなければならないとアドバイスすることには注意深かった。それによって、かえって議論を引き起こすこともあるからだ。

例えば、離乳食の指導についてはしばしば議論になった。「6ヶ月から12ヶ月の乳児へのシリアルの与え方」という紙が施設に回ってきたことがあった。レイチェルと他のスタッフは、多くの文化にはそれぞれの習慣があり、シリアルを潰して乳幼児に与えるというように、形式的に統一することに対して否定的に捉えていた。ある日、8ヶ月の息子を抱えた母親がカウンセリングにやってきたとき、母親は、粉ミルクと潰したシリアルを半々に入れて飲ませていると言った。レイチェルは、彼女が帰った後、子どもにとっては消化しにくくあまり良いことではない、と語った。しかし、医師がシリアルとミルクを混ぜて与えるよう指導しているようで、WICのカウンセリングに来なくなるといけないから強く言えないとのことだった。

レイチェルだけでなく、WICなどの公衆衛生関係で働く人びとは、エスニシティと食の多様性への配慮とともに、「典型的なアメリカ人」像というものも持っているようだった。そして、その「典型的なアメリカ人」像を批判的に捉えていることが理解できた。

レイチェルは、18歳のときにスウェーデンから来て以来、アメリカ人と結婚し、ずっとアメリカに住んでいるため、特にそのような像を強く持っているようだった。筆者との会話でたびたび、彼女がスウェーデンにいたときと比較しながら「典型的なアメリカ人」について話してくれた。スウェーデンでは、彼女は、自転車などを使って買い物に頻繁に行っていたという。それに対し、彼女が思い描く「典型的なアメリカ人」像は、週に1度、広い駐車場を持つ大型スーパーマーケットに車で行き、1週間分の保存がきく冷凍食品、缶詰食品やハイカロリーでお腹にたまる食料を買うのだ。そのため、新鮮な野菜や果物を食べる機会が少ない。それが、彼女の考える「典型的なアメリカ人」だった。また、前述の「体重と健康のためのセンター」のディレクターは、最近アメリカでは、料理をしない人が増えていると語る。保存がきく冷凍食品や缶詰食品などを買う人が多いため、調理器具を持たない家庭もある。缶切りが不要なプルタブ式の缶詰が売り出されるようになったのもその証だと述べた。低所得者層に限らないだろうが、仕事や育児に忙しい人にとっては、毎日スーパーに行けるわけではないだろう。確かにクライアントのなかにも、１ヶ月に１度しか買い物に行かないという女性がいた。この「典型的なアメリカ人」は、ある種、アメリカの食習慣や肥満を問題化するときに定型的に語られる仮想敵でもあるのだ。

ある日の午後のカウンセリング

さらに具体的なカウンセリングを描写していくことにしよう。あるとき、12ヶ月と４歳の息子２人を連れた黒人女性がカウンセリングルームに入ってきた。レイチェルが別室で長男の身長と体重を測る。その後カウンセリングルームに戻ってきて、チャートを母親に見せ、「少しだけ過体重ね。でもダイエットはさせたくないの。増えないようにするといいわ。そのうち身長も伸びるから」と言う。彼女は母親が答えたアンケート用紙の「１日に何時間テレビ（ビデオゲーム、映画、ゲームボーイを含めて）をつけていますか?」という項目を見ながら、「テレビをつけっぱなしにするのはやめたほうがいいですよ。お腹が空いたと思わせるような誘因がたくさんあるでしょう。シリアルのＣＭとかね」と助言した。母親は、「ふーん」とそれほど関心なさそうに返答する。

その後、母親が、子どもにバニラヨーグルトやフルーツヨーグルトを与えているのよという話をする。レイチェルが「ヨーグルトだからって健康に良いわけではなくて、バニラヨーグルトなんかは砂糖がたくさん入っているから、無糖ヨーグルトと半々に混ぜて食べるといいわよ」と助言する。アメリカのヨーグルトはたいてい甘く味付けされているが、母親は、ヨーグルトが必ずしも健康に良いわけではないと言われ、この話には関心を示し、たいそう驚いていた。

また別の日、黒人の夫婦が子どもを連れてやってきた。カウンセリング中に子どもにソーダを飲ませてもいいかと聞いてきた。レイチェルは、「ソーダには砂糖がたくさん入っていて虫歯ができるから、子どもにはあまり良くない。ソーダに歯を24時間つけておいたら溶けるのよ」と答える。母親は、「本当に？」とびっくりした様子で、おいしいけど飲むのを控えようといったんは言った。その後、彼女は、ダイエットソーダならいいか、と聞いてきた。レイチェルは、ダイエットソーダもあまり良くないと答え、子どもが見えるところにソーダは置かずに、親がソーダを飲むときには、コーヒーカップで飲む（コーヒーを飲んでいるように見せる）といいよと笑いながら助言する。クライアントは、それは良い考えだと納得していた。

以上の描写から分かるように、多くのクライアントは、個々人それぞれ、食や栄養に関する「健康的なもの」についての知識を持っている。ヨーグルトであれば砂糖の含有量とは無関係に健康的である、レギュラーのソーダではなくダイエットソーダを飲むほうがいいなどがそれである。レイチェルのアドバイスに対し、同じ人でも、ある部分には無関心だったり、またある部分にはたいそう驚きを示したりする。当然ではあるが、人によって、食や栄養についての知識はまだらだと言える。

乳幼児検診としての役割

調査中の悩みで多かったのが、子どもの体重や母乳についての悩みである。その意味で、ＷＩＣは、育児中の母親に対する、乳幼児検診のような役割も果たしていた。

ある日の午後、ラティーノの母親が2歳の子どもを連れて入ってきた。子どもは体重が36パウンド（約16キロ）あった。母親は「この子はちゃんと食べないから痩せているんじゃないかと心配している」と告げたが、レイチェルは問題ないと答えた。後に、その体重は3歳児の平均体重だとレイチェルは筆者に教えてくれた。

別の日には、東南アジア系らしき女性が2歳の息子を連れてカウンセリングルームに入ってきた。その母親はパートタイムの仕事で月４００ドルぐらいを稼いでいるという。母親が一番心配しているのは、子どもが痩せ過ぎなのではないかということであった。だから、毎日夕食後にアイスクリームは食べさせていると付け加える。

子どもが痩せ過ぎなのではないかという相談は、しばしば聞いた。特に、母乳で育児する親は、母乳がうまく出ていないかもしれないという母乳不足感から、子どもが痩せているという思い込みを持ちがちである。それだけでなく、母乳に関してはさまざまな習慣があり、どれが正しいのかが分からず迷う親も多い。それに対し、母乳の与え方は習慣の問題だと助言する。とはいえ、母乳育児を強いるわけではなく、クライアントの生活体系に合わせて、搾乳器や粉ミルクを配る。

また、子育てをする上で、子どもに食事の時間を決め生活のリズムをつけさせることの必要性を何度も繰り返して助言していた。こうした習慣を身につけるためには、自分自身を頼るのではなく、時計に従って行動しなさいと指導する。例えば、赤ん坊が夜寝ないからといってミルクをあげるのではなく、泣いても我慢させるという習慣をつくる。また、子どもがある程度の年齢になったら、食事のときはテーブルにつかせること。そして、コップから飲み物を飲ませることによって、口の周りの筋肉を鍛えると同時に、容器から物を口に含むということを覚えさせるといい、と助言する。こうしたアドバイスに対し、クライアントは聞き入る。以上の簡単な描写からもわかるように、WICは、子育てに悩む母親たちの相談の場にもなっていた。これは、次に説明するように、家庭が孤立しがちで、相談する場がないことが一つの要因だと考えられる。

孤立した家庭――「まるでバブルよ」

一般的に、WICに来るクライアントは、家庭環境や生活環境が複雑な傾向にある。そのため、カウンセリングでは、栄養教育だけでなく、クライアントの家庭環境や生活環境についての悩みに耳を傾け、できる限りアドバイスをする。英語がまだうまく話せない移民の人には、英語を無料で学ぶことができる施設を教えたり、妊娠している女性には妊婦のためのコミュニティを紹介したりする。また、高校生の妊婦が来ることもあり、彼女らには子育てと勉学の両立について促す。

相談したり頼ったりできる人がおらず、孤独に育児をしている人は、カウンセリングルームに来ると堰を切ったように話す。ある日、父親が子ども2人を連れてきたことがあった。母親が妊娠中に軽いドラッグ中毒になり、3歳の下の子どももその影響を受けていることが、その子の様子から分かった。現在その母親とは離婚して、父親には新しい婚約者がおり、親権についてもめているのだと話した。実母や、父親の婚約者との関係を考えると、子どもの家庭環境はあまり良い状態ではない様子だった。父親はカウンセリングに来るなり、そうした状況を一気に話し始めた。レイチェルはそれを親身になって聞く。彼女には、聞く以外のことはできない。しかし、彼女が親身に話を聞くと、父親は少し安心した様子で帰っていった。

産後うつの問題も、WICに来る女性が抱える大きな問題の一つだった。産後に、何のやる気も起きず、子どもの相手をすることもきつく、理由も分からず慢性的な疲れを感じる女性たちが一定数存在する。ある日の午後、痩せた黒人女性がカウンセリングルームに来た。彼女は、レイチェルが話しかけても、心ここにあらずという感じだった。何のやる気も起きないと述べたきり、ときおり、クスッと笑って返すのみだった。レイチェルは、その女性に対して、カウンセリングの翌日、「調子はどう？」と電話を入れ、「あなたの力になりたいのよ」と伝えて元気づけた。

両親やコミュニティのサポートは子育て中の親の大きな助けになるが、WICに来る多くの人は、子育てをする上での悩みを打ち明ける場がないようだった。レイチェルは、かれらにはコミュニティもなくかわいそうだと述べ、「まるでバブル（bubble：泡）よ」と言い表した。つまり、WICに来る人たちは、さまざまなサポートや地縁、血縁などの関係が希薄化しており、まるで、泡のなかにいるようにそれぞれが孤立しているという意味である。泡という言葉には、いつはじけるとも分からない不安定な立場にいる、という意味も込められていたのかもしれない。

クライアントがＷＩＣに来る一番の動機は、フードクーポンをもらうことであろうが、それでもやはり、上記に示したような人びとに対して、ＷＩＣはそれ以上のさまざまな機能を果たしているように推察された。

経済的に困難な状況

経済的な問題が、生活上のストレスになっているケースも少なくない。ある日、東欧から移民してきた夫婦が子ども4人を抱えてやってきた。部屋に入るなり、両親は、一番下の子どもは16ヶ月だが発達が遅く、耳も聞こえていないかもしれない、と心配そうに告げる。体重も低いし、貧血気味で、カロリーが足りなさそうね、とレイチェルが言う。ＷＩＣで配る食べ物を、すり潰すか裏ごしによって子どもに与える方法を手短に教える。かれらは医療保険に入っていなかったため、レイチェルは、カリフォルニア州の低所得者層向けの公的医療保険であるメディカル（Medi-Cal）の人とすぐにコンタクトをとり、かれらが病院に行けるよう手はずを整える。「他にもいろんな問題がくっついている可能性があるから、すべての対応を素早くやらなければいけないの」とレイチェルは機敏に動き回っていた。

ＷＩＣで緊急を要するこうした例はそれほど多くはないが、ＷＩＣプログラムがなければ、この子どもの問題は放置されていたかもしれない。移民であるがゆえに、言葉の問題などによって情報を得ることが難しいこともあるだろう。これに加え医療保険には加入していなかったことから、経済的な不安を感じ、子どもを病院に連れて行けなかったと考えられる。

調査中に見た限りでは、月収が１０００ドルぐらい、あるいは、それ以下のクライアントも少なくなかった。一番低くて世帯の月収が５００ドルという人もいた。シングルマザーで、母親の手を借りながら育児と仕事をする女性もいた。ＷＩＣはフードスタンプに比べ、参加者の所得基準は高めであるが、それでもやはりさまざまな状況を抱えたなかで子育てをしており、かなり厳しい生活を強いられていることは想像に難くない。

アンケート用紙には、「食べ物を買うためのお金やフードスタンプを使い果たすことはありますか？（Do you ever run out of money or food stamps to buy food?）」という質問項目があるが、見た限り全員が「はい（Yes）」に丸をつけていた。そういう人びとにとっては、ＷＩＣでもらうフードチェックが、家計の一助となっているだろう。

カリフォルニア州アラメダ・カウンティの公衆衛生部局が主催する「ソーダ・フリー・サマー」（２００８年６月14日）

「カリフォルニア肥満予防プログラム」のパートナー機関の一つで、カリフォルニア州公衆衛生省と同じビル内にある、カリフォルニア・プロジェクト・リーン（California Project LEAN）は「肥満とそれに関係する慢性病を予防するため、学校とコミュニティの栄養と運動についての政策を向上させる」ことに取り組むジョイント・プログラムである。そこで働くペギーは、栄養士の資格を生かしながら、法案に示された栄養摂取量のチェックを行ったりしているという。彼女は、アメリカの学校はコストを削減するために食品産業と手を組むケースが多いため、ソーダやジャンクフードが当たり前のように学校にある状態なっていると語る。子どもがマーケティングの対象となっていることを、うんざりした様子で話した。ジャンクフードや炭酸飲料などの食品にあふれた状況をどのように変えていくかが、肥満予防政策の鍵となると、政策に関わる人びとは口を揃えて言う。なかでも、アラメダ・カウンティ公衆衛生部局が２００７年から主催している、炭酸飲料に対する取り組み「ソーダ・フリー・サマー・キャンペーン」は注目を集めていた。

２００８年６月14日、筆者は、ＷＩＣのスタッフが教えてくれた、そのキャンペーンのイベントに参加した。「ソーダ・フリー・サマー」とは、「炭酸飲料を飲まない夏」という意味になる。イベントは、オークランド市から少し南へ下ったヘイワード市の低所得者層向けの団地の中庭で行われた。団地に住む子どもたちが約30人参加していた。大人も含めると、イベントには１００人近くが参加していたのではないだろうか。このイベントは肥満予防を目的としていて、「炭酸飲料のなかにどれほどの砂糖の量が含まれていて、それがいかに不健康である

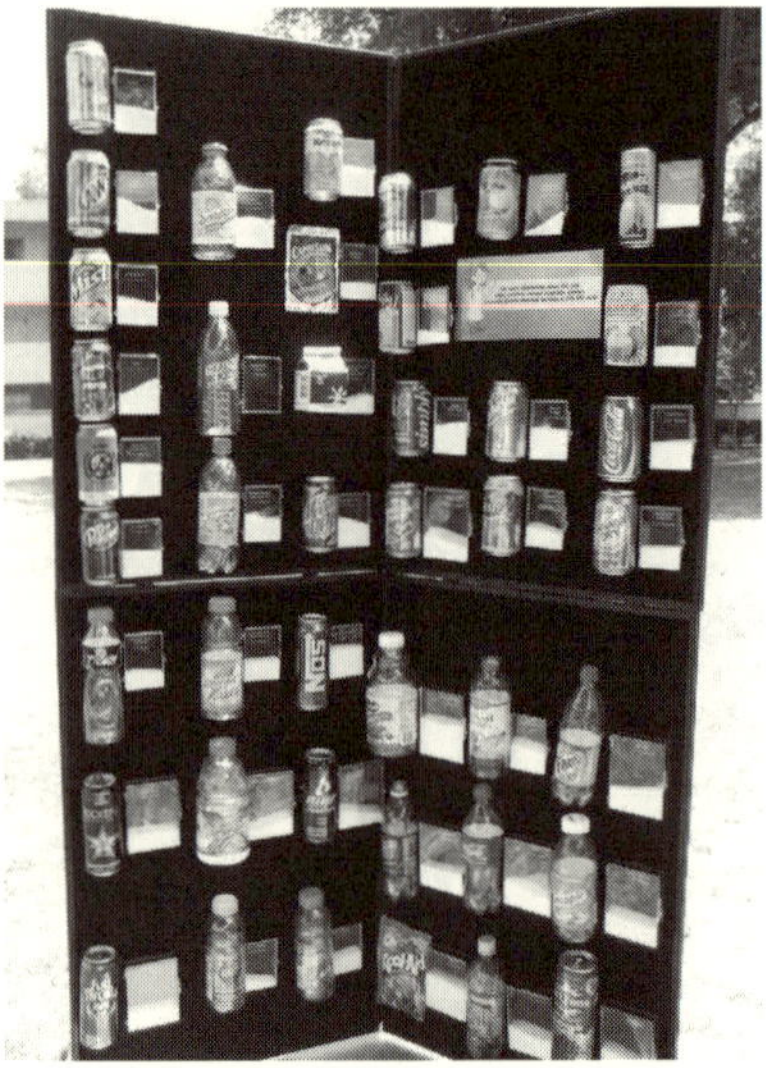

図2－2　炭酸飲料とその砂糖含有量を示したパネル

かに人びとの注意を向けさせ」、炭酸飲料を飲まない日をつくるように促すことだとイベントを主催するスタッフが説明してくれた。キャンペーンで配られるパンフレットには、左側に10週間分の表があり、炭酸飲料を飲まなかった日を記入する。

中庭には、炭酸飲料の弊害を示すパネルが並べられている。なかでも各ブランドの炭酸飲料の横にそれが含有する分量の砂糖が並べられたパネルは目を引いた（図2－2参照）。イベント担当者によると、アラメダ・カウンティはペプシコーラの会社から助成金をもらっているため、会社は自社のジュースの砂糖含有量を示すことについて、反対しているのだという。そのため、ペプシコーラの製品はパネルにはなかった。

この日のイベントの最大の目玉は、家にある炭酸飲料を持ってきて、それをみんなで捨てるというものだった。捨てるソーダを持ってくれれば、「Soda Free Summer」というロゴの入ったTシャツが1枚もらえる。子どもたちは、全員そのTシャツを着ていた。イベントが始まると、子どもたちからは「わーい」というような感嘆の声が上がった。「ソーダフリー！　ソーダフリー！　ソーダフリー！　ソーダフリー！（Soda Free! Soda Free! Soda Free! Soda Free!）」というかけ声とともに、子どもたちは「有毒廃棄物（Toxic Waste）」と赤字で書かれた巨大な青色の缶に、自宅から持ち寄った炭酸飲料を次々と流し捨てていく。ジュースの水しぶきが上がり、子どもたちは興奮する。そして、その後、レモン水が配られる（図2－3参照）。このやや芝居がかった催しの後、ビンゴゲームが用意されていて、勝った人には景品が配られる。チャリティ福引きでは、スケボー、ミキサー、キッ

図２−３　炭酸飲料を巨大な缶に流し込んで捨てた後、レモン水を飲む子どもたち

クスクーター、フォンデュセット、コーヒー豆、料理用温度計、アメフトのボール、フラフープ、縄跳びなど、さまざまなおもちゃや健康グッズが景品として配られた。子どもの母親が景品を両手に抱え、自宅に戻る様子が印象的だった。近くにいた子どもに「これからはもうソーダ飲まないの？」と聞いたら、うつむいて「ノー（飲まない）」と小さな声で答えた。

このイベントは、キャンペーンを周知するために低所得者層の子どもたちをターゲットにして開催されたものだったが、ソーダ・フリー・サマーのキャンペーン自体は広い層をターゲットにしていた。

４．引き受け手のないリスク

(1) 貧困層の肥満対策の複雑な構図

本章の企図は、冒頭で述べたように、貧困の肥満化をめぐる状況を、貧困層に対する政府の支援システムの仕組みや現場の実践から多角的に捉え、貧困層の肥満問題がどのように構成されているのかを知ること。そして、その上で、貧困層の人びとが、肥満のリスクを引き受ける主体として、いかに自己意識を形成するかを考察することだった。描写から分かったいくつかの事柄を指摘しておこう。

政策レベルのリスク管理

第2節では、貧困層の食と栄養不足解消に尽力してきたＵＳＤＡが、肥満問題にも深く関わっていることを確認してきた。貧困層への食料支援プログラムをＵＳＤＡが担っているために、農業補助金などをめぐり、さまざまな利害関係の対立がある。すでに述べたように、貧困者支援であるはずの食料支援プログラムが、逆に、貧困層の肥満や健康問題を作り出しているのではないかという懐疑的な意見も存在する。カリフォルニア州の公衆衛生部局で働く栄養士が語ったように、企業から州へのファンディングがプログラムの弊害となることもある。そうした複雑な利害関係のバランスのなかで、肥満政策が成り立っていると言えよう。

肥満予防介入施策は、しばしば差別の問題にもつながるが、「肥満の原因となる環境」の改善や子どもの肥満予防対策という形をとれば、それらの問題を回避しながら、予防施策を行うことができる。そこでターゲットにされるのが、低所得者層が住む地域である。低所得者層、特に、エスニック・マイノリティの子どもとその親、とりわけ母親である女性が介入の対象となる。第3節で描写した食料支援プログラムの一つであるＷＩＣは、その意味で、「肥満エピデミック」に歯止めをかけるために最適なプログラムとして期待されている。

カウンセリングに来る人びととの実践レベルのリスク管理

ＷＩＣのカウンセリングの現場に目を移すと、クライアントとして来訪する人たちには、生活上のさまざまな困難を抱えている人たちが多い。食品にかけるお金をやりくりし、とりあえず当分の食べ物を確保しなければならない。貧困は食料不足や栄養不足としてのみ顕在化するわけではない。食料や栄養は生きていくために必須であるが、かれらが直面しなければならない問題は、それに付随して、子育てや家族関係、学業、仕事、健康など、広範囲にわたる。もちろん、それらの問題は、貧困層に限らずすべての収入レベルの人びとが生きていく上で抱える問題でもあるだろうから、低所得者層のみに特徴的な事象を抽出することは困難なようにも思われる。それでもやはり、かれらに特有だと思われることを指摘するなら、移民者などがそうであるように、他の集団と比べて、地縁や血縁のつながりが希薄で、さまざまなセーフティネットが少ない状況で生きていかねばならないことではないだろうか。

科学ジャーナリストとして、ニューヨーク・タイムズ紙などにも記事を寄稿するグレッグ・クライツァーは、肥満増加の政治的・文化的・経済的要因について分析した自著のなかで、貧困層の肥満について以下のように述べる。「貧困層の生活は、富裕層よりも、いろいろな要因に左右されることが多い。健康管理が行き届かないこともあれば、収入がとぎれることもある。食物や、食料品の購買力も、同じようにいいときと悪いときがある――気前よく買ってしまうときもあれば貯蔵庫が空っぽになりそうなときもあるのだ。明日はどうなるのか分からないのだから、今食べておかないと、とかれらは思う」［クライツァー 2003: 158］。「明日はどうなるか分からないのだから、今食べておかないと」という状況では、将来に起こるかもしれない病気を回避するために、今、減量することや、肥満予防のために健康管理に励むことは、生活のなかの優先順位としては低くならざるをえないのではないだろうか。

公衆衛生や女性学の研究者のなかには、貧困層の女性や有色人種の女性の肥満率が高い現状を受け、「肥満はフェミニストの問題である」と捉える研究者もいる［cf. Probyn 2008; Yancey, Leslie, and Abel 2006］。例えば、カリフォルニア大学ロサンゼルス校公衆衛生学科に所属するヤンシーらは、アメリカでは、食料品の購入や食事の準備、子育てなどのジェンダー役割、新鮮な食物の入手や公園へのアクセスの地域による格差などの要因によって、貧困層や有色人種の女性が、肥満の原因となる環境の犠牲になっていると指摘する［Yancey, Leslie, and Abel 2006: 432］。

これに反対する逆の意見もある。つまり、肥満問題を貧困層のなかに見出し、その層に対して肥満予防介入することは、人種差別や女性差別を助長したり、エリート主義を押しつけ、白人的な規範的身体へと同化させていくことに等しいのではないかと危惧する見方である［e.g. Azzarito 2008; Kirkland 2011］。例えば、アザリトは、健康格差の是正のために非白人のエスニック・マイノリティの人びとをターゲットにすることによって、逆に、人種化されたカテゴリーが再強化されるため、人種差別の危険性があると述べる［Azzarito 2008］。また、カークランドは、肥満問題を貧困層の女性の問題として定義しようとする態度に反論する。貧しい女性の生活状況を改善しようとする善意の努力は、結局は、かれらの人生にエリートの規範や道徳を押しつけることになり、それに反する人に対しては懲罰的なものとなってしまうと述べる［Kirkland 2011: 464］。さらには、貧困が原因で肥満を引き起こすのではなく、その逆で、太っていることが結果的に貧困を招くのではないかと指摘する論者もいる。つまり、肥満者に対する差別やスティグマを受けることによって、失業や低賃金の仕事にしかつけない状況や結婚できない状況を招くため、貧困層の女性に太っている人が多いのだと［Ernsberger 2009: 26; Fikkan and Rothblum 2012］。

ただここで、一つ指摘しておきたい。貧困が肥満を引き起こすという考えを持つ人びとも、それに批判的な論者たちも、「白人エリート（による権力）」と「マイノリティや女性などの貧しい人びと」という構図を想定しがちである。確かにこのような構図はある。しかし、筆者の考えでは、本章で描いたように、現場においてこうした対立があからさまに立ち現れるわけではない。そのため対立の構図をイメージさせるこうした議論は、当の貧しい人びとの生活の実情を置き去りにするきらいがあるのだ。

肥満予防の政策は、ＷＩＣなどのすでにある制度や枠組みを利用しながら、継続的な予防政策の実施が目指される。食料支援を運営するＵＳＤＡにとっては、食料支援制度は歴史的にも農業政策としての役割も果たしてきた。そして現場の栄養士は、クライアントの食習慣や生活状況を包括的に判断しながら、栄養だけではなく生活のアドバイスも行う。一方で、クライアントである貧困層にとっては、支援を受ける目的は肥満予防ではなく食料を得ることである。つまり本章で明らかにした「貧困層の肥満問題」は、それぞれが各々の目的を達成するために組織され、動くなかで、輻輳的に構成されていると言えるのではないだろうか。

(2) 引き受け手のないリスク

冒頭で述べたように、リスクが問題化されるプロセスでは、確率統計の技術が駆使されながら、未来の不利益が誰の決定によって生じる可能性があるのか、そして、その責任は誰に帰すべきなのかをめぐり、利害関係者の駆け引きや論争が繰り広げられる。そのとき、ある集合の統計的データは、確率という形をとることで、未来の生起可能性へと読み替えられる。貧困と肥満の関係で説明してみよう。低所得であるという属性を持つ集合が肥満者を含む割合が高い、という統計的なデータがあるとする。その統計的なデータは、その集合に属するある個人が、現時点では肥満でなくても、将来において肥満やそれに関連する病気になる可能性が高い、という未来の生起可能性へと読み替えられる。そして、低所得者の集合に属している個人は、将来において、肥満や病気になる確率が高いと読み替えられる。こうしてかれらはリスクを引き受ける責任主体とされ、さまざまなリスク言説や予防言説によって、そのことを認識させられる。

しかしながら筆者は、貧困層の肥満問題においては、リスクの引き受け手はいないのではないかと考えている。このことを論じて本章を終えたい。まずはその理由を、①環境管理と個人の意思決定、②貧困者救済という考え方、の二点から説明していこう。

「肥満の原因となる環境」の改善という介入方法は、肥満のリスク集団の一員であるという個人的・集合的な意識の形成を不要なプロセスとしてしまう。こうした環境管理は、東浩紀が、ジル・ドゥルーズの管理社会論を継承し、「新しい秩序維持の方法」と呼ぶような管理方法だと言える。すなわち、東は、一人ひとりの内面に規範＝規律を植え付ける「規律訓練型権力」に対し、人の行動を物理的に制限する権力として「環境管理型権力」が台頭しつつあると述べる。例えば、ビッグ・ブラザーが「食事は30分で終えろ」と命令する社会と、椅子が硬くて座り心地の悪さから何となく30分で食事を終えてしまう社会は、どちらも食事を30分で済ませるという同じ効果が得られる。しかも、「環境管理型権力」では、規則を個々に内面化せずとも管理が可能なのだ［東／大澤 2003: 32-34］。「肥満の原因となる環境」の改善は、これと同じ原理に基づいている。貧困層が住む区域に多い「肥満の原因となる環境」を整備することによって、貧困層に健康的な生活の「自然な」選択を促すことが試みられている。いわば、貧困層の無意識の選択を促すのだ。この方法のもとでは、かれらは、第１章で論じたような、意思決定主体としての集団的・個人的な意識を形成する必要はなくなる。

そして、このような環境管理が公衆衛生施策に取り入れられた背景には、貧困者救済についての以下のような了解があるからだ。すなわち、貧困者は、何らかの助けを必要とした救済されるべき人びとであり、かれらに未来の不利益の決定者としての責任を押しつけるわけにはいかないというものである。アメリカの福祉の研究者・渋谷博史によれば、アメリカの経済社会構造は、自由な市場経済における厳しい競争と、透明性の高い民主主義的な秩序で構成される「社会的階段」を軸とする。アメリカ社会では、その社会的階段を前提として、常に「上を向いて闘う」ことによって、個人の自由と自立を獲得していくことが至上の価値と位置づけられている。そして、その社会的階段を登ることができない自助や自立が困難な「アメリカの経済社会の外部にいる人びととの内部化を促進する」ために、次善の策として福祉のメカニズムが登場する。それが、アメリカ型福祉である［渋谷 2010: 6］。社会的階段にたどり着けない人や、登れない人びと、すなわち、老齢や疾病などに加え、資本主義経済の犠牲となった貧困層の人びとは、救済されなければならないのだ[20]。福祉プログラムであるＷＩＣも、こうした典型的なアメリカ型福祉制度のもとに成り立っている。つまり、「単なる栄養補給や母子の健康維持という目的だけでなく、それらを主たる内容とする福祉パッケージの実施を通して、母子が『健全なアメリカ・モデルの生活や人生』に入門できるように指導する意図」があるのだ［渋谷 2010: 14］。その意図のもとでは、福祉に依存する間、かれらは、自らの意思決定の責任を引き受ける主体となることは求められない。

これらのことを考慮するならば、貧困層の人びとは、リスクの意思決定主体にはなりえない。さらに、すでに述べたように、本章で扱った貧困層に対する肥満予防の政策において、それぞれのアクターは、各々制度の目的を達成するために組織されていた。その目的とは、厳密に言えば、「肥満を予防する」ことではないのだ。以上の理由から、貧困層に対する肥満予防対策という枠組みにおいては、リスクの引き受け手は不在である。そのため、帰責先のないリスクが浮遊していると言えるのではないだろうか。

5. リスク・コンシャスなのは誰なのか――第2部に向けて

肥満急増に対し、アメリカの保健医療やマスメディア、ダイエット産業は、懸命に減量を働きかけている。しかし、その取り組みに反して、「過体重／肥満」者数が減少する兆しはない。ラプトンはこの状況について、面白い問題提起をしている。これまで、フーコーの生権力論や統治性の議論では、健康は規範として人びとに内面化されると指摘されてきた。現代社会では、健康とは、どのように生きるべきかという道徳的命令を含み、そのことによって自発的に自己の健康管理に励む、従順で責任ある主体が構成されるというものだ［Lupton 1995; Petersen and Lupton 1996］。しかしながら、現在の肥満の急増を目の当たりにすると、こうした「責務としての健康」というこれまでの解釈では、全く説明がつかないとラプトンは指摘する。肥満に関わるリスクについての情報は広く知られているにもかかわらず、なぜ、人びとは生活習慣の改善や体重管理を提唱する保健医療に従わないのかとラプトンは問う［Lupton 2012: 96–97］。ラプトンは、その理由として、人びとは痩せることに抵抗しているのではないかという考えを提示している。面白い考えではあるが、筆者は「痩せることに抵抗している」

というようには考えない。

　肥満者の増加は、貧困層だけでなく、すべての社会階層において見られると言われている。にもかかわらず、貧困層と肥満との関連が大きく取り上げられることが多い。これはつまり、本章で述べてきたように、特に貧困層においては、自らが肥満のリスク集団に含まれているという認識もないままに、肥満予防の対策に組み入れられているのだと考えられるということだ。つまり、「痩せることに抵抗」するどころか、全く意識していないと言える。カークランドは、「貧困層の肥満問題」の背後に「白人エリート」たちの欺瞞が隠れていると糾弾する。「エリートは、自分たちの生活習慣のおかげで健康に生きているが、貧しい人びとは太っているから悲惨だという根拠のない考えに依拠して、もしも努力をすればわれわれエリートは極めて順調に身体をコントロールできると見せかけているだけなのだ」と［Kirkland 2011: 480］。そうであるならば、規範的身体という考えに縛られ、リスクへの意識を強く内面化しながらリスク・コンシャスになっているのは、むしろ、貧困の肥満化を作り上げているいわゆる「白人エリート」と言われる人びとなのかもしれない。

（１）ＦＮＳのＨＰより［http://www.fns.usda.gov/about-fns］（２０１４年2月18日最終閲覧）。
（２）フードスタンプ・プログラム（Food Stamp Program）は、２００８年に名称を変更しており、現在は、「補助的栄養支援プログラム（Supplemental Nutrition Assistance Program: SNAP）」が正式名称となっている。本章では、フードスタンプ・プログラムという名称を採用する。
（３）１９９５年から２０１２年の間で、農業補助金がつぎ込まれた作物のトップ5は、トウモロコシ、麦、綿花、大豆、米の順である。なかでもトウモロコシは群を抜いて補助金が投入されている。Environmental Working Group のＨＰより［http://farm.ewg.org/region.php?fips=00000］（２０１４年8月21日最終閲覧）。
（４）ＵＳＤＡは、２００６年に、「飢え」という言葉を、「食料不安」という言葉と明確に区別した。食料不安は、世帯レベルで十分な食料へのアクセスが制限されている不安定な経済的・社会的状況であり、飢えは食料不安によって引き起こされる個人レベルの生理的な現象（例えば、不快感、疾患、衰弱、苦痛など）であるため、この二つは異なる状態として区別すべきだとしている。［http://www.ers.usda.gov/topics/food-nutrition-assistance/food-security-in-the-us/measurement.aspx hunger］（２０１８年3月28日最終閲覧）。

（５）肥満と社会経済的地位の関係を指摘した初期の研究［Sobal and Stunkard 1989］や、エスニック・マイノリティの低所得者層に肥満率が高いことを指摘する研究［Kumanyika and Grier 2006］、低所得と教育水準の低さが肥満に関係することを指摘する研究［Drewnowski and Specter 2004］など、貧困と肥満が関連づけられる研究が提出されていく。

（６）Food Research and Action Center より［http://frac.org/initiatives/hunger-and-obesity/why-are-low- income-and-food-insecure-people-vulnerable-to-obesity/］（２０１４年2月18日最終閲覧）。

（７）さらに、この調査によって明らかになったことは、「非ヒスパニック系の黒人とメキシコ系アメリカ人の男性については、高所得者のほうが、低所得者よりも肥満の傾向がある。高所得者の女性は、低所得者の女性よりも、肥満ではない傾向がある。男性については、肥満と教育の間に有意な関係は見られないが、女性については、大卒者のほうがそうでない者と比べると、肥満ではない傾向がある」とされている［Ogden et al. 2010: 6］。

（８）２００８年、貧困水準（貧困基準収入：Poverty Income Ratio）３５０％とは４人家族で世帯の年間所得が７万７０００ドル、貧困水準１３０％とは４人家族で世帯の年間所得が2万９０００ドルにあたる［Ogden et al. 2010: 6］。

（９）その他にも、国民健康栄養調査（ＮＨＡＮＥＳ）のデータを分析した結果、１９７１年から２０００年の30年の間で肥満者の数は急増しているにもかかわらず、社会経済的地位と肥満の関係は弱くなっているという報告もある［Zhang and Wang 2004］。また、別の調査では、これまでの調査では貧困と肥満が関連づけられていたが、ここ30年間は、貧困層においてのみ肥満者が増加したわけではなく、すべての収入レベルで増加している。増加率で見ると、黒人の女性は中間所得者層の間で肥満が27・０％増加しているが、低所得者層の間では14・５％の増加であった。また、黒人男性で見ると、高所得者層の間で21％増加していたが、貧困に近い層では４・５％、貧困層では５・４％の増加であった。社会経済的地位というあいまいなカテゴリーを使うことによって、性別や人種、経時的な変化が関係していることが見逃されてきたと指摘されている［Chang and Lauderdale 2005］。
（10）２００８年２月13日に行った、アラメダ・カウンティ公衆衛生部の疫学を専門にコミュニティ・アセスメントを行うスタッフへのインタビューから。
（11）２００７年12月19日に、カリフォルニア大学バークレー校の彼女のオフィスで行ったインタビューより。
（12）「肥満の原因となる環境」とは、具体的に、以下のような特徴があげられるとされている。まず、健康的な食品（新鮮な野菜とフルーツ）の値段は比較的高く、低所得者層に手の届く値段の新鮮な食品が売っていないこと。特に地方の低所得者層でマイノリティ・コミュニティに住む人びとは、近隣にスーパーマーケットがなく、新鮮な食物へのアクセスが困難な環境であること。炭酸飲料などの砂糖入り飲料が他の飲料に比べて非常に安価で手に入りやすい環境であること。公園、歩道や自転車用道路がなく、特に低所得者層やマイノリティ・コミュニティは治安の悪さや交通の危険によって子どもの安全な遊び場がない環境であること。不健康な食品や飲料の広告が多い環境であること［California Department of Public Health, California Obesity Prevention Program 2010: 2-4］。
（13）２００７年12月20日バークレー市内にあるプログラムオフィスで行われたインタビュー。
（14）ＦＮＳのＨＰより［http://www.fns.usda.gov/wic/aboutwic/wicataglance.htm］（２０１８年４月１日最終閲覧）。
（15）ただし、これらの食料品目は、２００７年に改訂され、２００９年10月から新制度に移行したこともあり、食品の種類も拡大している。従来の食品に加え、豆腐やトルティーヤ、ブラウンライスも含まれるようになった。
（16）調査当時、シリアルは「General Mills」「Kellogg's」「Malt-o-meal」、ジュースの場合、ボトルのアップルジュースは「Hansen's」、冷凍の濃縮アップルジュースは「Langers」など、というようにブランドが指定されていた。
（17）ＡＡは卵の鮮度のグレードを表す。ＡＡはグレードが一番高く、続いてＡ、Ｂとなる。
（18）一般の人が、家庭などで１回に食べる量のこと。サービングは、重さや体積の単位ではなく、牛乳コップ何杯、卵何個などという表示の仕方をする。
（19）ＦＮＳのＨＰより［http://www.fns.usda.gov/wic/wic-racial-ethnic-group-enrollment-data-2004］（２０１５年３月14日最終閲覧）。

(20) もちろん、その一方で、アメリカ社会では「福祉依存」は、経済的自立ができていない人びとを指し、ネガティブなイメージを喚起する。フレイザーとゴードン［Fraser and Gordon 1994］は、「依存」の系譜学をたどり、所得を得ることができない意味で依存状態にある「子育てに集中する母親」は、１９００年代中頃までは認められていたが、現代は、それらの人びとの福祉への依存も承認されなくなりつつあると述べている。

第2部　ファット・社会運動・科学

▽▽▽ 第2部導入

2008年7月、私は、全米ファット・アクセプタンス協会（National Association to Advance Fat Acceptance：以下NAAFA〈ナファと発音〉）の年次大会に初めて参加するために、ロサンゼルス国際空港に降り立った。ファット・アクセプタンス運動とは、身体サイズや体重を市民権として訴え、身体サイズや外見への偏見や差別に対する制度的な改変と社会的な意識の変革を目指す社会運動である。NAAFAは、ファット・アクセプタンス運動を牽引する団体で、1969年に設立された。NAAFAの年次大会は、毎年夏に5日間程度開催され、全米から200人から300人のNAAFAメンバーたちが集い、メンバー同士が交流を深め、運動を展開していくために政治的に団結する場となっている。

私は、その日、初めての大会参加にとても緊張していた。NAAFAの大会がいったいどういう雰囲気なのかも分からなかったし、太っているとは言い難い私が大会に参加することをどう思われるだろうかなど、さまざまな不安が渦巻いていた。大会会場があるホテルの地下1階までエスカレーターで降りて、そのままエスカレーターで1階に戻るということを2回ほど繰り返した記憶がある。エスカレーターが降下するにつれ、次第に、大きな身体を揺らしながら歩く人や、電動椅子で移動する人、談話する人たちの楽しそうな様子が見えた。参加者の多くは、体重100キロ以上はあると思われる人たちで、そのほとんどが白人女性だった。私は、その場の雰囲気に圧倒されていたが、なんとか大会会場の入り口に設置された登録カウンターへ向かった。登録を済ませ、まず、サンフランシスコで活躍するファット・アクティビストであるマリリン・ワンによる、ニューカマーのメンバー向けのワークショップを受けることにした。「ファット・ポリティクス」というタイトルのワークショップだった。初めて会ったその日は、彼女が後に私の調査に深く関わるようになるとは思いもしなかったが、彼女はその後、私のメインのインフォーマントになる。インタビューだけでなく、彼女がどこかで講義をすると言えばついて行き、彼女に誘われれば一緒に食事をしたり、スポーツをしたりと、何度も会って、話をした。

第2部で対象にするのは、この1969年にアメリカで誕生した、太った人びとの市民権を求める社会運動であるファット・アクセプタンス運動とその運動に参加する人びとである。かれらは、肥満者として「医療化され、標準化され、管理されるような種類に属する人びと」〔Hacking 2007: 311〕であり、それを正当化する医学的知識や法制度に抗する人びとである。かれらの運動の動向や仕方に注目することによって、肥満やファットというカテゴリーがどのように意味づけられてきたのか、また、運動にどのような変化をもたらしているのかを探っていくことにしよう。

第3章　ファット・アクセプタンス運動の展開に見る「ファット」カテゴリーの特殊性

1．遅れをとるファット・アクセプタンス運動

マリリン・ワンは、筆者がフィールドワーク中に最も親交を重ねてきたインフォーマントであり、運動を代表するファット・アクティビストでもある。サンフランシスコ市内のコーヒーショップで話しているときに、彼女は太った人への差別の特質について以下のように語った。

1990年代初期にファット・アクセプタンス運動に参加し始めた頃、彼女は、太った人びとの権利を認めるべきだというときに、他のマイノリティ・カテゴリーとの類似性を指摘していたと回顧した。例えば、人種差別と太った人に対する差別の類似性を指摘して、だから太った人の権利も同じように認めるべきというロジックだ。しかし、「現在は、それは違うのではないかという気がしている」と述べる。そして、「太った人に対する差別は、例えば、フェミニズムの問題でもあるけれど」と言いながら、そのとき座っていたコーヒーショップの肘掛け椅子を指して、「この椅子はフェミニズムの問題ではなくて、建築の問題」だと説明した。椅子に肘掛けが付いていることによって、椅子に座ることができない人が出てくるからだ。[(1)]彼女の発言は、他のマイノリティ・カテゴリーとの類似点の指摘にとどまることが、ファット・カテゴリーの輪郭を逆に不鮮明にしていることを示唆して

いる。他のマイノリティ集団の特性と部分的に共通することはあるが、むしろ共通しないところにファットの特徴があり、そこに運動を進めていく上での困難があるのだ。

１９６９年、アメリカでファット・アクセプタンス運動という社会運動が誕生した時期、当地では、１９６０年代のキング牧師を中心とする公民権運動の隆盛を皮切りに、それらに触発されてさまざまな社会運動が展開した。エスニック・マイノリティの運動や第二波フェミニズム運動、障害者運動、さらに１９６９年のストーンウォール暴動(3)は同性愛解放運動の起爆剤となった。これらの運動の参加者たちは、人種や性、身体の差異によって機会や権利が剝奪されてはならないと訴え、アメリカ社会の市民として受け入れられることを目指してきた。差別の廃絶や政治的権利の獲得を求めるこれらの運動は、やがて独自のコミュニティや文化の確立、肯定的なアイデンティティの構築を促した［ギトリン 2001］。

こうした一連の社会運動のなかに、本書で扱うファット・アクセプタンス運動も位置づけられる［Sobal 1999: 234］。肥満差別は、見かけによるステレオタイプの付与が差別に結びつくという点で、人種差別、性差別、障害者差別などと類似する点が多くある。

しかしながら、公民権運動やフェミニズム、障害者運動などがある程度の成功を収めてきたのに比べ、ファット・アクセプタンス運動は遅れをとっていると言われる。社会学者のカークランドは、ファット・アクセプタンス運動は人種差別や女性差別の廃絶を訴える社会運動に倣って、身体サイズや体重を市民権として認知させることを目的として運動を展開しようとしてきたが、ほとんど成果を出していないと指摘する(4)［Kirkland 2003: 27］。また、社会学者のサゲイらは、運動に関わる人びとが「ファット」という言葉の持つネガティブな意味を否定するにとどまり、マイノリティ集団として独自の肯定的なカウンター・カルチャーを展開させるには至っていないと述べる［Saguy and Ward 2011: 69］。運動の遅れが指摘される背景には、これまで、アメリカでは肥満差別が問題とみなされてこなかったという認識がある。ところが、最近になって、それが最後に残された容認されている差別として問題化され始めた［Puhl and Brownell 2001］。そして、それが減量で解決できるようなものではないことを、人びとは徐々に認識しつつある。

運動がなぜうまく展開してこなかったのかを理解するには、冒頭のマリリンの発言にあるように、ファット・カテゴリーの特殊性に注目する必要がある。本章では、ファット・カテゴリーを、他の社会運動で論じられてきたマイノリティ・カテゴリーとの関係において精査することを通じて、それがいかなる特徴を持つのかについて検討しよう。特に、１９７０年代の第二波フェミニズムとの共鳴、そして１９８０年代以降の法的カテゴリーとしての「障害」の適用を通して、[5] ファット・アクセプタンス運動が女や障害というカテゴリーとの「連携」を求め、そして「失敗」したことに注目する。運動参加者が、ファットというカテゴリーのバウンダリをどこに求め、運動を展開させようと格闘してきたのかを明らかにしていこう。まずは次節で、社会運動におけるアイデンティティ・カテゴリーの議論を踏まえた上で、本章の問題意識を明確にしておく。続く第３節では、ファット・アクセプタンス運動の歴史を概観し、第４節では「ファット」カテゴリーの特殊性について考察を加える。

2．ファット・カテゴリーを精査するために

(1) 社会運動とカテゴリー

社会運動とは、社会制度を変革し社会的目標を達成するために行う集団行為である。なかでも、社会の周辺的存在であった人びとが、自己の生存の意味を問い、承認を求めて、独自の価値観や生活様式を実現するためにオルタナティブなコミュニティの構築などを目指す運動を、産業社会の階級闘争や労働運動などの社会運動と区別して、新しい社会運動と呼ぶ。そして新しい社会運動のなかでも宗教、人種やエスニシティ、ジェンダー、性的志向、障害などに特化して、承認を求める政治について論じてきたのが、多文化主義やアイデンティティ・ポリ

ティクスと呼ばれる分野である。

社会運動論では、後期産業社会に出現してきたこうした新しい社会運動が、いかにして集合性を獲得するのかについて精査してきた。アメリカでは、１９６０年代以降、公民権運動、フェミニズム、ゲイ／レズビアン解放運動などのアイデンティティ・ポリティクスが次々と興隆し、１９８０年代になると、大学カリキュラム、マルチカルチュラリズムやアファーマティブ・アクションが、アイデンティティ・ポリティクスとして登場した。こうした時代状況から、集合的アイデンティティがどのように形成・維持されていくのか、また、個人的アイデンティティとの違いなどを理解しようとする研究が提出されていく［e.g. Polletta and Jasper 2001; アッピア 1996; テイラー 1996; メルッチ 1997］。

ところが、アイデンティティについての議論が交わされるにつれて、しばしばそれが過度に物象化されたり、アイデンティティの形成や共有が自明視されたりするようになった。特に、アイデンティティ・ポリティクスにおいては、集合的行為のためには、その基盤となる集合的アイデンティティを表すための明確なカテゴリーが必要だとされてきた。しかしながら、アカデミアにおいて、構築主義的な傾向を持つフェミニズムやゲイ解放運動では、女やゲイといった解放のためのカテゴリーが固定化してしまうことが危ぶまれてきた。なぜなら、同質的で統一的なアイデンティティが想定されてしまい、人種や階級による差異がないがしろにされたり、あるいは、複数のアイデンティティが交錯し影響し合って生まれるような、人間の経験の複雑さを無視したりしてしまう危険性があるからである。また、他者との差異が強化され、逆にそれが抑圧的に働いてしまうことや、差異が無視され新たな排除や抑圧をもたらしてしまうこともあった［cf. Narayan 2004; Rich 1980］。つまりバウンダリ構築やアイデンティティの交渉を行いながら、グループは、その境界を明示し政治的に結束する。しかし、その結束が抑圧を招くのであれば、アイデンティティは自己破壊的なものにならざるをえないという疑義が提出されたのだ［Gamson 1995］。

こうした問題に人類学者も無関心ではいられなくなった。その背景には、1980年代以降、人類学者が研究対象を特定の地理的な場所に住む人びととその文化として措定し、明確な境界と集合性を持つ対象として描くことに対して疑念が提出され始めたことがある［Clifford 1988; Gupta and Ferguson 1992］。そして、人類学の対象が、民族誌の記述以前にすでに存在するのではなく、カテゴリーを通して存在しうることについて内省的に強く意識されるようになってきたのだ［Boellstorff 2007; 森山 1996］。こういった集合性やカテゴリーについての議論の背後には、「かれら」とは誰のことなのか、という研究対象の名指しをめぐる問題がある。つまり、どのような言葉を使って「かれら」は名乗るのかということと、どのような言葉を使って「かれら」は名指しされるのかという二つが交錯する地点において、重層的な問題を内包する。そして、人類学は、カテゴリーが問題になる場面の重層性に注目しながら、対象を描く必要性に向き合わなければならなくなったのだ。

1990年代に新しく作られたトランスジェンダーというカテゴリーは、こうした問題に新たな問いを突きつけている。トランスジェンダーは、既存のジェンダー区分に当てはまらない、多様な人びとを組み込むためのアイデンティティの包括的なカテゴリーとして作られた。そこで、人類学者デビッド・バレンタインのトランスジェンダーの民族誌『トランスジェンダーを想像する――カテゴリーの民族誌』［Valentine 2007］を参照することで、「ファット」カテゴリーについて、何が問われるべきかをより明確にしておきたい。

デビッド・バレンタインは、1990年後半にニューヨーク州のマンハッタンにおいて、トランスジェンダーのコミュニティ・センターや異装パーティなどで調査を開始してから、以下の重大な事実に気づく。すなわち、コミュニティ・センターなどでは「トランスジェンダー」という言葉が使われ、制度的にも「トランスジェンダー・コミュニティ」が存在する。それにもかかわらず、「トランスジェンダー」に分類されるはずの当人たちは、「女の子」「女」「ゲイ」「ブッチ・クィーン」(6)などさまざまなラベルを使って自己を語ったり、さらには、トランスジェンダーという言葉自体を知らなかったりするという事実に直面したのだ。これが彼の問題意識の出発点である。つまり、当事者が「トランスジェンダー」というカテゴリーを使わないのであれば、トランスジェンダー・アイデンティティとは何なのか。トランスジェンダーというカテゴリーが指し示す対象がはっきりしていないならば、制度的に「トランスジェンダー」に分類される人はどのような自己理解をしているのか。言い換えるならば、彼がフィールドで出会った人びとは、既存の研究枠組みではトランスジェンダーという集合性からこぼれ落ちてしまうのだ。そこから、かれらの存在や経験をどのように分析の対象に入れるべきなのかという問題が出てくる。

もちろん、トランスジェンダーというカテゴリーを通して、規範から逸脱するようなジェンダーのあり方が説明可能になっただけでなく、そのように呼ばれる人びとの経験の理解の仕方にも影響を及ぼしている。そして、バレンタインは、その社会的・政治的な複雑なプロセスを、民族誌のタイトルでもある「トランスジェンダーを想像する（imagining transgender）」プロセスだとして注目している［Valentine 2007: 15］。

「トランスジェンダーを想像する」社会的・政治的なプロセスでは、アイデンティティ・ポリティクスが往々にしてそうであるように、カテゴリーの意味内容やカテゴリーが指し示す人びとが誰なのかは、他の差異を消し去ることによって同定されていく。トランスジェンダーにおいては、ＬＧＢＴというグループとしてのまとまりを持つことが可能になった。性的指向としての同性愛と、生得的な身体の性と性自認が一致せず身体的な性とは逆の社会的性を生きるトランスジェンダーは異なる。にもかかわらず、知識のある「ミドルクラスの白人男性」トランスジェンダーのアクティビストたちは、ゲイ／レズビアンというカテゴリーの枠組みを新たに拡大するのではなく、ＬＧＢＴという一つのグループとして包摂されることで制度的な立ち位置を確保しようとしたのだ［Valentine 2007: 180, 187］。この包摂は、有色人種や非アメリカ人や労働者階級などといった、人種、階級やジェンダーの差異が、ミドルクラスの白人が主導するゲイ／レズビアンのアクティビズムのなかに包含されることによって達成されたものであったのだ［Valentine 2007: 201］。

バレンタインが描く、トランスジェンダーというカテゴリーとアイデンティティや集合性の複雑な関係を理解すれば、カテゴリーが作られ、人びとの経験や行為の理解の枠組みが作られるという相互作用のプロセスが、単純なものではないことがわかる。すなわち、それは、カテゴリー内の差異を消し去ることや、他のカテゴリーに所属するグループとの同盟関係によって成り立つ政治的社会的なプロセスなのだ。

(2) マイノリティ・カテゴリーとしてのファット

本章が対象にするファットは、ファット・アクセプタンス運動においては、ジェンダーや人種、エスニシティ、性的指向などと同様、痩せていることが理想とされる社会において社会的抑圧を受けるマイノリティ・カテゴリーとして位置づけられている。運動の中心的な団体であるNAAFAの規約序文には、「何百万もの太ったアメリカ人（中略）は、（中略）他のマイノリティ集団の特性を同じように持つマイノリティ集団である。その特性とは、例えば、低い自己像、罪悪感、雇用差別、商業的利益の犠牲者、嘲笑の対象などである」とある。(7) フェミニズムの立場から体重と身体について研究するロスブラムは、医療用語としてのホモ・セクシュアルが、ゲイやクイアという言葉に取って代わられたゲイ・プライドの歴史に倣い、理想的な体重があることを示唆する「肥満（obese）」や「過体重（overweight）」という医療的な用語ではなく、「ファット」を記述的な用語として用いることを目指すと述べている(8)［Rothblum 2012: 4］。

また、ファット・アクティビストのマリリン・ワンは、大きい（large）、肉感的な（voluptuous）などの「婉曲表現」は、太っている状態に対する否定的な見方を無理に肯定的に評価しようとする姿勢が見られるため使用しないとし、「ファット」こそ政治的なアイデンティティを表す用語として有効であると述べる［Wann 2009: xii］。

しかしながら、同時に、マリリンは、「ファットを嫌悪する社会では、皆がファットなのだ。ファットは、身体の大きさにかかわらず、権力関係に沿って、浮遊するシニフィアンとして個人に取り付きながら機能する。どんな体重の人でも、ファット・オプレッションを感じることがあるだろう」とも述べる［Wann 2009: xv］。つまり、「ファット」は、マイノリティ・カテゴリーでありながら、同時に、誰もがそこに入ることが可能な包括的で汎用性のあるカテゴリーでもあるのだ。

ここで、バレンタインの議論とマリリン・ワンの言葉を参照することによって引き出される二つの課題を確認しておきたい。まず一つ目は、カテゴリーが指し示すものについての課題だ。ファット・カテゴリーの包括性と汎用性を考慮すれば、トランスジェンダー・カテゴリーと同様、それが誰を指し示すのか、そして、カテゴリーの意味内容がいかなるものであるのかをめぐって、さまざまな対立があることは想像に難くない。そこで、運動が展開する上でどのような困難があったのかについて、ファット・アクセプタンス運動の歴史的展開を見直し、カテゴリーの意味内容を検証していく。

二つ目は、カテゴリーをめぐるさまざまな困難を経て、ファットという差異カテゴリーは、どのように提示されようとしているのかという問いである。アイデンティティ・ポリティクスや社会運動では、一つのアイデンティティ・カテゴリーを称揚することによって、内部の差異を消し去ってしまうことが問題となってきた。それは、トランスジェンダーのアクティビズムにおいても例外ではなかった。ところが、マリリン・ワンが認めているように、ファットというカテゴリーが、マイノリティ・カテゴリーでありながらも、社会的抑圧を感じていればどんな体重の人でもそのカテゴリーに当てはまる、つまり、「ファット」になりうるのであれば、カテゴリー内は多様な身体サイズを抱えることになる。これはつまり、ファットであることが身体サイズに規定されないということを意味する。だとすれば、ファット・アクセプタンス運動は、差異を示すためのファットというアイデンティティ・カテゴリーを、いかなる根拠や布置において設定しようとしてきたのだろうか。このことが問われなければならない。

これらの問題に意識を配りながら、本章の大きな問いの答えを探していこう。ファットというカテゴリーが、これまで社会運動で論じられてきた人種、女性、エスニシティ、障害などのマイノリティ・カテゴリーとは異なる特徴を持つのではないかという問いである。

3．ファット・アクセプタンス運動の歴史

(1) ファット・アクセプタンス運動の誕生――1969年

1969年に、ビル・ファブレイという男性によって、全米ファット・アメリカン援護協会（National Association to Aid Fat Americans）という名の組織が設立された。それがファット・アクセプタンス運動の始まりだとみなされている。現在の組織名は全米ファット・アクセプタンス協会（National Association to Advance Fat Acceptance）に変更されているが、旧組織名も現在の組織名も、略称はNAAFAである。創設者のファブレイは、白人男性で、性的に太った女性を好むファット・アドマイヤラー（Fat Admirer）であると自認している。彼は設立の動機を、太っている自分の妻が日々の生活のなかで受ける差別にとても怒りを感じていたためだと語っている［Fabrey 2001］。

1970年8月18日付のニューヨーク・タイムズ紙の記事からは、当時のNAAFAの性別の割合、身体サイズ、ダイエットに対する考え方は、現在とは異なっていたことが分かる。現在のNAAFAのメンバーはほぼ太った女性が占めるが、当時はメンバー100人のうち、半数が男性で半数は女性であること、そして、半数は太っていて半数は痩せていることが記されている。あるメンバーは、NAAFAは「NAACP（全米有色人地位向上協会）みたいなもの。参加するために黒人である必要はないのと同じ」だと語っている。また、メンバーは減量することや太ったままでいることを強要されるわけではなく、それらはかれらの判断に任されていると記事のなかでファブレイは語っている。記事のなかで、メンバーの1人は「われわれが変えたいことはただ一つ、

太った人びとに往々にして見られる自尊心の低さなのです」と述べている。当時29歳のファブレイも、「もし誰かが言ってくれさえすれば、太っていることは美しいと信じたいと思っている人はたくさんいるのです」と語っている［Klemesrud 1970］。

妻のため、太った女性のために、ファブレイは、社会的に排除された太った人びとのための社交の場としてＮＡＡＦＡを設立し、プラスサイズのファッション・ショーを企画したり、太った者同士の出会いの場を提供していった［Fabrey 2001］。ファット・アドマイヤラーとして太った女性に性的魅力を感じる彼は、同時期の他の運動が持つマイノリティ運動の意識を共有していたわけではなかっただろうが、先行研究では、ＮＡＡＦＡの設立をもってファット・アクセプタンス運動の誕生と見ている[9]［Rothblum 2012: 3］。

(2) 第二波フェミニズムのなかの「ファット」——１９７０年代

他方で、ファット・アクセプタンス運動には、ＮＡＡＦＡとは異なる意識を持っていた人びとによる異なる流れがあった。それは、フェミニズムとの密接な関係によって生み出された、ファット・フェミニズムと呼ばれる活動である［Cooper 1998; Stimson 1994a］。ファット・フェミニズムは、ラディカル・フェミニズムのなかで起こったラディカル・セラピーにおいて展開された活動だった［Mayer 1983a: x］。

こうしたファットとフェミニズムの出会いは、１９６０年代から１９７０年代にかけて高まりを見せたアメリカの第二波フェミニズムがその背景にある。第二波フェミニズムは、保守的なリベラル・フェミニズムと急進的なラディカル・フェミニズムという二つの勢力を持った運動であった。中絶やセクシュアリティに対し保守的な考えを持つ前者は、第一波フェミニズムの流れを受け継ぎ、ベティ・フリーダンを中心に全米女性機構（National Organization for Women：以下ＮＯＷ）を結成し、大きな影響力を持った。後者のラディカル・フェミニズムは、レイプやポルノグラフィーなどは女性に対する暴力だと抗議し、男性による搾取を可能にする資本主義、性差別

Photos by Shirl Buss

L.A. WOMEN'S SWITCHBOARD

The L.A. Women's Switchboard is a feminist information and referral service. It provides phone numbers of non-sexist physicians, attorneys, tradeswomen, therapy groups, etc., informs women on how to join consciousness raising groups and tells what events are taking place in the Women's Community.

ALTERNATIVE INSTITUTE

Alternative Institute is an information and skills sharing program for women on subjects which are not generally available in establishment schools. It also offers a chance for women who wish to teach but do not necessarily have the validation of the establishment to teach and to earn some money with their skills and knowledge.

ORIENTATION

As part of its commitment to the study and teaching of radical feminism, the Women's Center staff has created a bi-weekly program of discussions on basic feminist issues to be led by women having specialized knowledge in these areas. The discussions scheduled at this time include:

–Feminism Old and New
–They Call It Assault Against Women
–Politics of Women's Health Care
–Women and Psychiatry
–Witchhunt: 1675-1975
–The Politics of Figure Control
–Is Lesbianism Political
–Women's Culture
–New Women's Communications

For more information, call 223-1549.

The Women's Center
P.O. Box 597
Venice, CA 90291

THE WOMEN'S CENTER

Photo by E.K. Waller

237 Hill Street
Santa Monica

The Women's Center is both a meeting place and a legal entity which was created to serve the needs of the radical feminist community in Los Angeles. "Radical Feminist" implies to us the assumption that women's liberation will be achieved through basic structural change in our society. The building and the non-profit tax exempt status are available to women's groups whose politics are in harmony with this assumption. Currently, the following groups are members of the Women's Center:

CONSCIOUSNESS RAISING

C-R is the exploration of women's oppression through examination of our personal, social, and sexual roles. Each week a topic concerning women is discussed first from a personal, experiential viewpoint, then the topic is submitted to a political analysis in an attempt to understand the conditions which cause and perpetuate our oppression.

FEMINIST HISTORY RESEARCH PROJECT

Because we have been denied our past, and even the records from which we can fully reconstruct it, the FHRP has begun the work of collecting oral history interviews from women about their lives and experiences in the early part of the 20th Century.

L.A. RADICAL FEMINIST THERAPY COLLECTIVE

We see women's emotional problems as due to oppression rather than to "personal inadequacies" or "sickness". Through contact raps (drop-in groups) and ongoing problem-solving groups, we offer help and support for women who are struggling to re-define themselves and to take personal and political action against their oppression.

SISTER

Sister, the widest read feminist newspaper on the West Coast covers local, national and international news of interest to women which is not available in the male-dominated press. We are also a forum for the exchange of ideas and information within and about the women's movement, and we encourage women to submit articles.

LESBIAN RAPS AND SOCIALS

We are a diverse group of lesbians coming together out of a desire to share with others the energy and power of women working for and with women. We provide, through our raps and socials and in our collective, a forum for all members of the Lesbian Community to exchange ideas on various topics in order for us all to expand our lesbian/feminist consciousness and awareness.

ASPASIA, WEST COAST FEMINIST SPEAKERS BUREAU

Continuing the tradition of women's oratory, we speak of women; individual women, women in groups, all women. We speak of our hopes, our achievements, our interests, our joys and our struggle. In addition to speaking, our services include teaching, consulting, mediating, facilitating, moderating and performing.

THE FEMINIST VIDEO OUTLET

The Feminist Video Outlet provides public access to videotape equipment for the Los Angeles women's community. We are implementing video services to the community including: documentation of women's events, video skills workshops, media coordination and a videotape library.

L.A. COMMISSION ON ASSAULTS AGAINST WOMEN

The Los Angeles Commission on Assaults Against Women is a group of feminist women from all over the greater Los Angeles area, with different backgrounds, who share a common commitment – TO STOP RAPE, and to stop the humiliation which rape victims meet at the hands of the police, hospitals, courts and society at large.

LESBIAN FEMINISTS

We see our Lesbianism as inherently political in this oppressive, sexist society. We meet weekly to do consciousness raising, have political discussions, and socialize.

THE LESBIAN TIDE

The Lesbian Tide is a feminist lesbian magazine with the news features, reviews and poetry of Lesbian Nation. The magazine is maintained by the pride, time and efforts of a working staff of lesbians. Subscriptions are $7.50 per year.

FAT UNDERGROUND

The Fat Underground confronts the double oppression of fat women in society through our nutritional, psychological and politically radical analyses of our condition which disputes all present myths about fat. Through media appearances, consciousness raising and informative written materials we provide a support group for fat women who are *not* dieting and we provide outreach to those who wish to politically align themselves with their fat sisters.

図3－1　ロサンゼルスのラディカル・フェミニスト・コミュニティの活動内容を紹介するパンフレット
右下に、ファット・アンダーグラウンドの活動について言及がある（GLBT 歴史協会（GLBT Historical Society）のジュディ・フリースピリット（Judy Freespirit）アーカイブ・コレクション所蔵）。

に異議を申し立てた。この頃、コンシャスネス・レイジングと呼ばれる活動がフェミニズムの草の根運動として各地で盛んに行われた。女性たちが集まり、互いに経験を語り合うなかで意識を変革していく試みである。その一つであるラディカル・セラピーでは、「個人的なことは政治的である」というフェミニズムのスローガンに共鳴しながら、不安、内気などの個人的な問題を、より政治的な公正と結びつける治療方法がとられた。

　後にファット・フェミニストとして活動を展開し始める者たちは、ロサンゼルスの女性解放センターで開かれていたラディカル・セラピーを通して出会っている。当時は、女性である上に太っている場合、二重の意味で社会的地位を貶められた。彼女らは人格やセクシュアリティに問題があるとされ、減量とともにそれらの問題を治すことが求められた。太った女性たちが受ける抑圧を政治的な問題に転換するためには、ラディカル・セラピーが必要だった、とファット・フェミニストのヴィヴィアン・メイヤー（別名サラ・アルデバラン、サラ・フィッシュマン）は述べる。しかし、そのラディカル・セラピーにおいてすら「１９７２年当時、太った者に対する抑圧はまだ問題として認識されていなかった」という[10] [Mayer 1983a: x–xi]。そこで、メイヤー（当時の名前はアルデバラン）らファット・フェミニストは、太った女性の新しい肯定的な自己像の確立のために、減量という方法ではなく、ファット・リベレーションというアイデアを、ラディカル・セラピーのなかで展開していった。そして、１９７２年には、すでにあったＮＡＡＦＡのロサンゼルス支部に加わった。社交の場としての傾向が強かったＮＡＦＡは、彼女らの参加により、次第に政治性を強めていった。彼女らは、太るのは食習慣のせいではなく、遺伝的素因が関係していると主張し、太っていることを「解決」するためのダイエットは、心臓病や摂食障害などさまざまな病気を引き起こすとして、減量を推奨する保健医療やダイエット産業を糾弾し、対立的態度を示した [Mayer 1983a: xii–xiii]。しかし、そのラディカルさゆえに、ファット・フェミニストたちは間もなくＮＡＡＦＡから分離することになる。

　分離後の１９７３年、ファット・フェミニストのジュディ・フリースピリットとサラ・アルデバランらは、ロサンゼルスに「ファット・アンダーグラウンド（Fat Underground）」を設立し、当時、ロサンゼルスで活発だったラディカル・フェミニズムの一部として活動を開始した（図３－１、図３－２参照）[Mayer 1983a: xiii; Stimson 1994a]。同年、「ファット・リベレーション・マニフェスト」を起案し、太った女性に対する抑圧は性差別であり、資本主義による搾取であると位置づけた [Freespirit and Aldebaran 1983 (1973)]。この運動は法の整備や改正を要求するものではなく、ワークショップや抗議活動などを通じて、太った女性に対する価値観の変革を求めるような運動であった。この意識変化こそが、結果的に法律の制定にもつながり、人びとの日常的なコミュニケーションにも影響を与え、さらには、劣等感を持つ自己イメージを克服し、ダイエットなどの自己破壊的な行為をなくすことにつながるという信念があったという [Fishman 1998]。

１９７０年代半ばになると、ファット・アンダーグラウンドの女性たちは、当時、女性解放の求心力になっていたレズビアン・フェミニズムに強い影響を受けるようになる [Fishman 1998]。当時のレズビアン・フェミニズムは、性差別と対峙するというより、フェミニストの女性同士の愛情に満ちた深い絆に基づいたコミュニティを創出しようとしていた。彼女たちは女性のパートナーを求め、男性社会から押しつけられる美と健康の規範を拒否し、性差別を超えようとしていた。普通の基準では、醜いとされる太った彼女たちも、レズビアン・フェミニズムのコミュニティのなかでは、外見ではなくその知性や性格を愛されるような環境がそこにはあるはずだっ

図３－２　ファット・リベレーションの活動を報じるロサンゼルスのラディカル・フェミニストのニュースペーパー *Sister*（1974年10月号）
（サンフランシスコ市内にあるGLBT歴史協会（GLBT Historical Society）のジュディ・フリースピリット（Judy Freespirit）アーカイブ・コレクション所蔵）。

た。そして、太った女性が自らの女性性を肯定し、ときには自分が太っていることを忘れてしまうような、そんな安息の空間を提供してくれるはずだった。

しかし、「現実は違った」とメイヤーは語る。痩せているレズビアン・フェミニストたちから理解を得られていないことが、次第に明らかになってきたのだ［Mayer 1983a: xiv］。あるレズビアン・ファット・フェミニストは、サンフランシスコの女性解放新聞で訴えている。彼女は、自分が最も愛するレズビアンの友人に、自分が太っているために差別されていることを告げたときに、その友人が発した、「（痩せるという）選択肢があるんじゃないの？」という言葉にひどく心を痛めた。彼女にとっては、レズビアンであることも、太っていることも、どちらも彼女に抑圧をもたらすものでありながらも、自身の本質に関わることだった。友人の言葉は、彼女にとっては、人種差別を避けるために、肌の色を白色に「漂白する」という選択肢を迫っているに等しかった。「私を愛してくれる人に自分をさらけ出すことが、こんな気持ちにさせるのであれば、私を好きではない人に対しては、いったいどう立ち向かえばよいのだろうか？（中略）レズビアンのサポートを失うのなら、私には何も残らない」［Lepoff 1975］。太った女性が外見の差別を受けることの問題性について表面上は理解があったようだが、ラディカル・フェミニストたちは、基本的には太っていることは個人的な病理だと捉えていたようだ［Mayer 1983b: 3-4］。そのような状況のなかで、ファット・フェミニストたちは、「依然として『性的魅力のないファット・ガール』というステレオタイプの位置にいた。つまり、みんなの親友で、誰の恋人でもないという位置」である［Fishman 1998］。

１９７６年の夏に、活動の内部で争いが起こり、ファット・アンダーグラウンドの活動は次第に衰えた。ファット・アンダーグラウンドを引っ張ってきたメイヤーは、当時、どの程度の数のファット・フェミニズムが全米で起こっていたのか、誰も把握していないと述べる。ボルティモア、フィラデルフィアなどで太った女性のグループがあったという噂はあったが、本当に存在しているのか確かな証拠もないまま、忘れ去られるのが常であった。「太った者に対する抑圧の三重苦、すなわち、孤独、無関心、そして敵対視」によって、ファット・アクティビストたちは、お互いに不満をぶつけ合い、活動が根付く前に関係をぶち壊し、お互いを理解し合う術もなかったと語っている［Mayer 1983a: xv–xvii］。

ラディカル・フェミニズムだけでなく、リベラル・フェミニズムにとっても、太った女性は積極的に受け入れられる存在ではなかった。ファット・アクティビストたちの働きかけの末、ＮＯＷで「サイズによる差別」についての反差別決議案がようやく通ったのは、１９９０年のことだった［Stimson 1994a］。フェミニズムのなかの同性愛嫌悪については、女性学のなかで言及がある［cf. Rich 1980］。しかし、当時のフェミニズムのなかで太った女性に対する偏見や差別が存在していることについては、ほぼ論じられてこなかったとロスブラムは指摘している［Rothblum 1994］。女性の外見や体型をめぐる女性の身体の社会的文化的拘束性、すなわち、女性たちが太ることを避けようとする事態はフェミニズムにとっての一つの問題ではあった。１９７０年代以降、摂食障害を患う女性が急増していたという背景も手伝って、フェミニズムはそのことに目を向け始めていた［cf. オーバック 1994］。しかし、その問題とは、誰が女性の身体をコントロールしているのかということに焦点が当てられたものだった。すなわち、女性が太るか痩せるかは男性によって決められるべきものではなく、女性自身が選択し決めるべきだという信念に基づいていたのである。そのなかで、太った女性は「食べ過ぎる女」として病理化され、積極的に救済される対象ではなかった。むしろ、「女」「フェミニスト」「レズビアン」という複数のカテゴリーにうまくフィットしない残余のカテゴリーとして置き去りにされてきたのである。

かたや白人男性の支援のもとに集うＮＡＡＦＡの女性たちと、かたや自分たち自身で声を上げようとしたファット・フェミニストたち。どちらも、当時の女性の外見や身体サイズに対する社会的な抑圧を感じ、ファットというカテゴリーのもとに集ったことに変わりはない。この両者が出会い交錯していくなかで、１９８０年代、ＮＡＡＦＡは略称をそのままに、組織名を全米ファット・アメリカン援護協会（National Association to Aid Fat

Americans）から、全米ファット・アクセプタンス協会（National Association to Advance Fat Acceptance）に変えている。この改名の背景には、白人男性が太った女性を「助ける」という態度から、女性たち自身が声を上げるという態度へのシフトが見て取れる［Farrell 2011: 148–149］。

(3)「障害」との連携——１９８０年代～１９９０年代

ファット・アクセプタンス運動の障害者運動との連携は、フェミニズムとの連携のときと異なり、法的主体としての立場を確保することを企図した、より戦略的なものである。しかしながら、他方で、障害カテゴリーを用いることに賛同しないメンバーたちからは、多くの反感を買うことにもなった。

アメリカでは、文化的多様性や差異は１９６４年に制定された「公民権法（Civil Rights Act of 1964）」や１９９０年に制定された「障害を持つアメリカ人法（Americans with Disabilities Act of 1990：以下ＡＤＡ）」など、一連の反差別法で保障されている。前者は、雇用、公共施設、教育における、人種、肌の色、宗教、性別または出身国に基づく差別を禁止している。他方、ＡＤＡは公民権法には規定がなかった障害を持つ人を保護対象に、雇用、公共サービス、公共施設、通信における差別を禁止している。

ＡＤＡが制定される以前の１９７３年に、障害による差別を禁止したリハビリテーション法５０４条が施行された。これによって、リハビリテーション施策に利用者の主権を認め、障害者に実質的な権利性が付与された。杉野によると、この法律が障害者運動を公民権運動の一環として捉えることを可能にし、障害学のなかでは障害者権利獲得の成果の転換点とみなされるようになったという［杉野 2007: 162–163, 188］。

このリハビリテーション法５０４条がきっかけとなり、１９８０年代初頭、サイズや体重が法律で保護されるべき差異として公民権法に定められていないことに問題意識を持ったファット・アクティビストらが、障害者運動と連携しようとする動きを西海岸で展開し始めた。彼女らが求めていたのは、太った身体を法的に保護されるカテゴリーとして認めさせることであった。ファット・アンダーグラウンドのメンバーの1人であるスティムソンは、太った人びとと障害を持つとみなされる者が経験する差別は、問題の本質を共有していると述べる。どちらも身体的・精神的に不健康で無能な集団といったステレオタイプによるスティグマを付与される。また、身体サイズがある程度以上に大きくなると、車いすの人が直面するのと同じ物理的な障壁に直面する。よって、障害を持つとみなされる者と同様、太った人びとも、法的な便宜を主張する権利がある、という理屈に基づく［Stimson 1994b: 1］。

障害者運動との連携を強く望んだアクティビストに、ファット・アンダーグランドの創始者の1人であるジュディ・フリースピリットがいる。フリースピリットは、バークレーの自立生活支援センターに勤めながら、障害者運動との連携に従事した[11]［Love 2006: 160］。しかしながら、障害者運動と連携を図るというフリースピリットらの活動は多くの批判にあった。NAAFAのあるメンバーは、当時、フリースピリットやファット・アンダーグラウンドによってエンパワーされたNAAFAの若手のメンバーたちが、フリースピリットが提案する障害者運動との同盟に関しては参加を渋っていた様子を回顧している［White 2010］。かれらは、障害とフレイミングすることによって、太っていることは不健康な状態であるというステレオタイプな見方が助長されることを危惧したのだ。

1993年11月22日、ファット・アクセプタンス運動にとって歴史的な判決が下された。ボニー・クックというロードアイランド州立の知的障害者のための病院で働く、身長5フィート2インチ（約157センチ）、体重320パウンド（約145キロ）の女性が、彼女を障害者とみなし再雇用を拒否したとして病院側を提訴した事案に判決が下され、女性が勝訴したのだ。彼女はその病院で過去に2度の雇用更新を経ており、仕事ぶりも問題なかったとされる。それにもかかわらず病院側は、彼女が「病的肥満」であるために、緊急時に患者の対応ができないだろうとみなし、再雇用を拒否した。

この「みなし障害（Perceived Disability）」が、裁判でどのように扱われるかが、ファット・アクセプタンス運動のなかで注目されていた。ＡＤＡの障害の定義には、主要な生活における活動を実質的に制限するインペアメント、あるいは、そのようなインペアメントを持つとみなされる場合が含まれる。「みなし障害」とは後者の定義によるもので、実際には仕事上の能力において問題がないのにもかかわらず、間違ったステレオタイプや偏見によって障害があるとみなされることを指す［Kirkland 2008a: 33; 杉野 2007: 200-201］。これが、肥満差別にも適用可能ではないかということが注目されていた。その際に、インペアメントをどう判断するかが争点となった。

病院側は、病的肥満は変化可能な状態であり、クックが減量すれば障害も取り除くことができるため、彼女は法的には障害者ではないと主張した。しかし、判決では、「病的肥満」という生理的な状態は代謝不全によって引き起こされ、断食したり食事の量を減らしたとしても、代謝不全というインペアメントは永続的なものであり、またそれはクックのコントロールを超えたものであるとされた(12)。

彼女が勝訴したという事実は、長い間太った者の権利を主張してきたアクティビストにとっては画期的な出来事であり、サイズの権利を主張する上で歴史的に重要な前進であると受け止められた。しかし、「ファット」と障害が同一視されることによって「ファット」が病理化されることを恐れる者にとっては、この判決は、受け容れ難いものであった。スティムソンは、障害との同一視を拒絶する者たちは、その拒絶が、自分を「ファット」だと認識することを恐れる、多くの太った人の内面の葛藤と同じ構造を持つことに気づかなければならないと述べている［Stimson 1994b: 3］。

しかしながら、ファット・アクセプタンス運動の参加者の多くは、太っていることが障害として定義されることを望まない。例えば、ＮＡＡＦＡは、ＡＤＡの適用について、「多くの太った人たちは、自分に障害があるという見方を嫌うので、かれらに対してＡＤＡを適用することは、被害者を糾弾することになってしまう。また、体重だけに基づいてＡＤＡを適用することは、法の現場ではめったに成功しない」としている(13)。

かれらは、障害ではなく「ファット」という差異を求めるのだ。イギリス人ファット・アクティビストのシャーロット・クーパーは、「太った女性は自分自身を障害者と呼べるか」というセンセーショナルなタイトルの論文のなかで、太った女性の微妙な立ち位置について、真正面から論じている。彼女は、論文のなかで、障害を持つ人びとは自分にとっては「他者」であったと切り出す［Cooper 1997: 33］。クーパーは、確かに自分の身体には欠陥があり、それは変えられないものであると言う。また、障害を個人に降りかかった悲劇として捉え、障害が障害者の身体の欠陥や欠損にあるとする障害の個人モデルから、障害者を貶める社会的抑圧に焦点化した社会モデルへとシフトしていった障害者運動や障害学の流れは、そのままファット・アクセプタンス運動の展開にも適用できると説明する。しかし、ファットと障害を同一視することは、障害を持つ人びとから強い反発が起こるだろうと予想する。そしてやはり、自身にとっても障害は自分が属することができるグループではないと明かす。なぜなら、障害学とは正常性（normality）に対する態度が違うからだ。「私は、太っていることは正常な状態だと思う。他の身体の形やサイズに比べて健康的だとか不健康だとかいうことではなく、驚くほどの多様性を持った身体として、そう思うのだ」と説明している(14)［Cooper 1997: 35］。

次節では、これまで概観してきた運動の歴史を踏まえ、ファット・カテゴリーの特異性について考察を加えていく。

4．ファット・アクセプタンス運動のジレンマ

(1) 名乗りにおける齟齬

ここまで、ファット・アクセプタンス運動による、肯定的なアイデンティティ構築のための「女」、法的主体としての「障害」という二つのカテゴリーとの接続の歴史を概観することによって、以下のことが明らかになっ

た。

まず、太った女性たちは、連帯を組む仲間としても性的対象としても、第二波フェミニズムのなかで差異化され排除されてきた。なぜなら、太っていることに対する自己肯定感の乏しさに加え、フェミニズム内部の理解とサポートが欠如していたために、個人的・集合的アイデンティティとしての「ファット」を名乗るための土壌が育ちにくかったからである。

次に、「障害」との連携は、法的主体として「ファット」を擁護する必要性から出てきたものであったが、仮にＡＤＡが適用された場合、本人たちの意に反して、太った身体は医療化された身体として吟味されることになる。それを嫌がる者たちの間では、ファット・カテゴリーと障害カテゴリーとの間に齟齬が生じ、その二つのカテゴリーの差異化を図るような立場が表出した。そのため、フェミニズムや障害者運動との連帯や、それらの運動の一つのサブ・カテゴリーとして包摂される動きも起こりづらかったと言える。このことは、先行研究で説明したトランスジェンダーの事例とは対照的である。トランスジェンダーのアクティビストたちは、運動を成功させるために、カテゴリーを制度化しＬＧＢＴコミュニティのなかでポジションを確立しようとした。それに対し、ファット・アクセプタンス運動においては、活動の枠組みを他の運動と共有することができなかった。

さらに、ファット・アクセプタンス運動を既存の社会運動のなかに位置づける際に、その特異性を際立たせている点を二つ指摘しておきたい。第一に、カテゴリーの本質性をめぐる見解である。つまり、性別、人種、国籍のカテゴリーなどと違い、一般的に、体重はコントロール可能で、可変的であるとみなされている[15]。ところが、ファット・アクセプタンス運動では、体重は遺伝的素因が関係し、個人の意志でコントロール可能なものではないという立場をとる。こうした体重についての生物学的事実の認識の違いゆえに、人びとからの理解が得にくい。

そして二点目に、このことは、「名乗り」の代表的な行為としてのカミングアウトをめぐるファットの特異性と関係してくる。ファット・アクティビストは、ゲイやレズビアンが自らの性的指向をカミングアウトするように、「ファット」であることをカミングアウトする［Saguy and Ward 2011］。一般的に、人は、太っている人を、減量に失敗している状態、あるいは、ダイエットをしている最中だとみなす。ゆえに、ファット・アクティビストがカミングアウトするということは、ダイエット中だという素振りをやめること、すなわち、「ダイエット中だと言ってパッシングするのをやめる」[16]ことなのだ［LeBesco 2004: 95］。しかし、このことが、ゲイやレズビアンのカミングアウトと根本的に異なるのは、太っている事実は隠されていることではなく、外見から誰の目にも明らかだということだ［LeBesco 2004: 95; Saguy and Ward 2011: 54］。鶴田は、外見を捉える仕方には、（肌の色やユニークフェイスなど）本人にとって非のない「状態としての外見」と、本人に説明責任を課すような「行為としての外見」という2種類があると言う［鶴田 2009: 68–69］。この見方に従えば、「体重はコントロール可能」だという認識が根強いアメリカ社会で太っていることは、「なぜそのような外見をしているのか？」という説明責任が課されるような行為とみなされる。ファット・アクティビストによるカミングアウトは「行為としての外見」を「状態としての外見」へと切り換える意図を持つが、「体重はコントロール可能」だという「われわれ」の認識に基づけば、「ファット」は依然として、道徳的な非難の対象となる行為なのだ。

こうした「われわれ」の認識と「かれら」の認識の違いが、「ファット」カテゴリーの特殊性を成り立たせる。フェミニズムとの関係においてそうであったように、太っていることをわざわざ「名乗る」という点で無理解や齟齬を引き起こすのだ。こうした齟齬を、次に述べる反差別法という文脈のなかで考察すると、公民権法が想定する個人観とADAが想定する個人観の違いという形で問題を抽出することができる。

(2) 公民権法が想定する個人観とADAが想定する個人観とその両立
——「集合としての差異」と「集合のなかの差異」

アメリカの反差別法には、前述したように、人種、肌の色、宗教、性または出身国に基づく雇用差別を禁止する公民権法と、障害を持つ人びとに対する差別を禁じたADAがある。保護されるべき対象のカテゴリーが反差別法のなかに列挙されることによって、差異は制度化され、それらの差異を理解するための仕組みが提供される。カークランドによると、この2種類の法には注目すべき違いが二点ある。

一点目の違いとは、二つの法で想定されている人間像が根本的に異なるということだ。カークランドによると、公民権法のなかで想定されている個人観は、機能的個人（functional individual）に基づいている。公民権法では、肌の色、性別、目の色などの外見は人間の能力に関係ないとされる。個人は、その人の仕事や役割における能力によって評価されなければならず、集団のステレオタイプを当てはめず、個別性が重視される。他方で、ADAでは、障害を、生活における主たる活動を妨げるような医学的な定義による肉体的・精神的なインペアメントと定義する。そして、障害を持つ人の身体、例えば車いすを使う人の足に問題があるのではなく、車いすの利用を阻む階段に問題があるとされる。そこで、公共施設や職場で障害を持つ人に対し合理的な便宜を図ることが法で定められている。機能的個人とは異なり、障害を持つ人の外見を能力とは無関係だと無視することはできない［Kirkland 2008b: 401–402］。すなわち、公民権法が想定している機能的個人主義観と、障害法が想定している個人観は両立しえない。

二点目に、誰がどのような障害を持っているかということは、雇用の現場においては、雇用者と被雇用者の間の非公式的で対話的な交渉プロセスによって決められる。法的な訴訟になった場合、障害という法的なカテゴリーは、既知の事実として当該人物に当てはめられるわけではなく、そのことを証明する必要がある。雇用均等委員会（Equal Employment Opportunity Commission）は、1990年のADAの施行に応じて、ADAについての解釈ガイドラインを公布した。そのなかで、仕事場の妥当な施設環境を望む障害のある被雇用者の要望に応じて、雇用者は適切な便宜を図る努力をする必要があり、双方が参与する柔軟で対話的なプロセスを通じて、適切な便宜を図るための最適な方法を探ることと規定されている(17)。注目すべきは、障害法が保護している差異カテゴリーは、集合的なカテゴリーというより、交渉を通じて特定されていく個別的で非本質的なカテゴリーだということだ。それに対し、公民権法が列挙している差異カテゴリーは、最初に述べた「集団のステレオタイプではなく個別性を重視する個人観」に矛盾するようにも思えるが、個人的な偏差よりも集合的なカテゴリーとしての一枚岩的な説明を好む［Kirkland 2008a: 141］。

以上の二点を踏まえ、二つの法律をそれぞれ「ファット」に適用した場合、どのような問題が浮かび上がってくるのかについて、以下二点に絞って考察していく。第一に、前節で述べたように、一般的には「体重はコントロール可能」なものという事実認識が根強いため、人は、太った人を見るときに、自己管理能力の欠如を自動的に読み取ってしまう。その点で、肌の色や性別などの外見が個人の能力に関係しないという公民権法の前提にはなじまない。さらに、「体重はコントロール可能」だという認識からすれば、太ったことは個人に降りかかった不幸ではなく、食べ過ぎがもたらした自業自得の結果となり、障害法の個人観にもなじみにくい(18)。

第二に、仮に、「体重はコントロール可能」というフレームを外して、機能的個人主義観を前提とする公民権法で保護しようとするなら、今度は、太った身体が、物理的な意味で人間の所作や作業のやり方を大きく左右するという事実に向き合わざるをえなくなる。腕を伸ばせる範囲、持久力、歩くスピード、どのくらいのスペースに入れるかなどの適応能力は、仕事の効率や成果にも関わってくる［Kirkland 2008b: 402］。例えば、ジムのインストラクター(19)やキャビン・アテンダントなどのように俊敏な身動きや限られたスペースでの作業が要求される仕事の場合、身体の大きさによって動きや作業が妨げられる可能性もある。そのせいで仕事の効率や成果が出せないとしても、公民権法の個人観のもとでは能力不足とみなされる。

しかし、このことを身体的な差異を前提とする障害法の個人観のもとで読み直せば、何ができて何ができないかなどの適応能力は個人によって異なるということになる。障害という差異が対話的なプロセスで決められるのと同じように、身体サイズについても、太っている／太っていないという二項対立の間には、実際には、クーパーが言うように「驚くほどの多様性がある」。そのため、身体サイズの多様性に応じて、個人の適応能力の多様性の幅も広がる。しかしながら、この多様性は、太った身体が医療化された上での、かれらが望まない形での多様性として保障される。

このように、「ファット」をどちらかの法律で保護しようとしても、そこに回収できない特異性が出てくるのである。このことは、どちらか一つの法律の適用によってマイノリティが保護されることを想定している、アメリカの反差別法の落とし穴とも言える。

こうした公民権法とADAが想定する個人観の違いは、第3節で描いた、アイデンティティ・カテゴリーとしての「ファット」と、法的主体としての「ファット」の違いとして理解できる。そして、このように見ていくと、ファット・アクセプタンス運動は、この二つの個人観を同時達成しようとする運動であると理解できる。現在のNAAFAが掲げる運動の理念「多様性と包摂（diversity and inclusion）」では、「すべての形態の多様性と連帯することによって、あらゆる差異を表現しながら、メンバーとNAAFAを支持する人びととの一致団結を図る。われわれは、あらゆるサイズのスペクトラムの人びとが評価され、尊重されるように、サイズの多様性を差異の概念として付け加えることに尽力する[20]」と記されている。

ここで使われている多様性には、二つの意味が読み取れる。一つは、①差異集団としての多様性であり、もう一つは、②個々人の身体のサイズの多様性である。つまり、①の多様性のもとで、ゲイやレズビアンなどと同様、「ファット」というカテゴリーのもとに一つの集団として一致団結していく。そして、②の多様性は、集団内外における個人のサイズの多様性を認めるためのものである。ここには、クーパーが太った身体を「驚くほどの多様性を持った身体」と形容したように、物理的な意味で人間の所作や作業のやり方を左右するような、多様性を持った身体が含まれるのではないだろうか。

このNAAFAが掲げる二つの多様性の違いと、公民権法とADAがそれぞれ想定する二つの個人観の違いは、類似のものだ。いずれも、集合としての差異（差異を持つ各々の集団としての多様性）と、集合のなかの差異（個々人の身体のサイズの多様性）の違いと言える。そして、この二つの差異を架橋することは、すでに見てきたように、運動の上でも法律上でも大きな困難を抱えてきた。[21]

ファット・カテゴリーが、これまで社会運動で論じられてきた人種、女性、エスニシティ、障害などのマイノリティ・カテゴリーと異なるのは、ファット・カテゴリーには以上のような特異性があったためだと指摘できる。ファット・カテゴリーが、アメリカの反差別法によって保護されるためには、公民権法が想定する個人観とADAが想定する個人観を両立させなければならない。ファットであることには複数の差異カテゴリー（女や障害が交差している。すなわち、女や障害といった複数のマイノリティ・カテゴリーに加え、身体サイズの多様性によってカテゴリー内にも差異を抱え、カテゴリーが二重三重に交錯しているのだ。ファットと他のマイノリティの差異カテゴリーとの違いはそこに起因するという結論を導き出すことが可能ではないだろうか。

5．「ファット」とインターセクショナリティ

次章で説明するように、１９９０年代以降、フェミニズムの影響を受けたさまざまなファット・アクティビストが全米で活躍し始めた。そして、２０００年代には「身体のサイズと外見に対する社会的な意識の批判的検討を行う」[Rothblum 2012: 3] ために、ファット・スタディーズという学問分野が誕生し、[22]『ファット・スタディーズ（*Fat Studies*）』ジャーナルが２０１２年からようやく刊行され始めた。また、新公衆衛生的な日常生活の微細な生の管理のあり方に対する警戒感から、「肥満」をめぐる科学的知識にも批判的な検討が行われ始めている [e.g. Gard and Wright 2005; Wright and Harwood (eds.) 2009]。『ファット・スタディーズ』ジャーナル編集者のロスブラムは、ジャーナル刊行にあたり、体重はジェンダー、人種、エスニシティ、社会経済、性的指向といった

コンテクストのなかで吟味されるべきだと述べている［Rothblum 2012: 4］。こうした問題意識は、フェミニズムのバックグラウンドを持つ研究者たちによって共有され、現在、階級、ジェンダー、セクシュアリティ、人種などの、複数の差異の形態が交差するインターセクショナリティが先鋭化する事象として精査され始めている［e.g. Fikkan and Rothblum 2012; Saguy 2012］。

他方で、法的な権利を確立するための動きとして、ファブレイは、１９９１年にファット・アンダーグラウンドやＮＡＡＦＡの一部のメンバーらとサイズと体重差別についての審議会（The Council on Size & Weight Discrimination）という非営利委員会を立ち上げ、医療、雇用、メディア・イメージにおけるサイズと体重差別の廃絶に向け本格的に取り組んでいる。２００９年8月3日には、ＮＡＡＦＡのメンバーたちは、ワシントンＤＣの連邦議会議事堂を訪問して陳情活動を行い、ヘルスケア改革法案に医療制度の成功や健康の尺度のために「減量」を使用しないよう、そして、身体サイズによる差別に終止符を打つよう嘆願した。この陳情活動は、ＮＡＡＦＡ設立40年を記念して行われ、ＮＡＡＦＡの歴史において初の政府へのロビー活動だった。こうした動向を見ると、差別の廃絶に向けた法的・制度的なカテゴリーには「体重（weight）」を使用し、アイデンティティ・カテゴリーには「ファット」を使用することで、使い分けをしようとしているように見える。

本章では、ファット・カテゴリーが、これまで社会運動、特にアイデンティティ・ポリティクスで論じられてきた、人種、女性、エスニシティ、障害などの、既存のマイノリティ・カテゴリーとは異なることを明らかにしてきた。では、こうしたファットの特異性は、運動参加者に何をもたらすのだろうか。ファットは誰のことであり、ファットにとっての他者は誰であり、ファットとは何であるかについて、どのような理解をもたらすのだろうか。言い換えるならば、運動参加者は、どのような他者との関係で自己を語るのか。実践のなかで、どのような自己が立ち上がってくるのか。これらの問いを、第4章と第5章を通して明らかにする。

まず、第4章では、ファット・アクセプタンス運動の人びとの、フェミニズムに対する態度やその関係性を説明しながら、ファットであることと女であることが、どのような葛藤や対立を起こすのか、そして、フェミニズムとの関係において、ファット・カテゴリーのもとではどのような自己が立ち現れてくるのかを検討しよう。

（1）ファット・アクセプタンス運動という呼称の他にも、サイズ・アクセプタンス運動、ファット・リベレーション運動、ファット・ライツ運動、ボディ・リベレーション運動などさまざまな呼称が共存している。

（2）２０１2年2月2日、サンフランシスコ市内のコーヒーショップでの会話。

（3）１９６９年、ニューヨークの「ストーンウォール・イン」というゲイバーに立ち入り捜査に入った警察に対し、バーに居合わせた同性愛者らが、初めて警官に立ち向かって抵抗をしたと言われる。

（4）現在に至るまで、肥満差別に対し、連邦政府での保護方針がないのはもちろんのこと、ほとんどの州でも法制化の動きはない。唯一ミシガン州だけが、宗教、人種、肌の色、国籍、年齢、性、身長、婚姻関係とともに、体重に基づいた差別の禁止を法律で定めている（Elliott-Larsen Civil Rights Act）。その他に、ワシントンＤＣが外見による差別を、カリフォルニア州サンフランシスコ、カリフォルニア州サンタクルーズ、ニューヨーク州ビンガムトン、イリノイ州アーバナ、ウィスコンシン州マディソンの五つの都市が体重による差別を禁じているのみである。

（5）ただし、この年代区分は便宜的なものであり、緩やかな時代的つながりがあることは断っておきたい。

（6）ブッチ・クィーンとは、「日常生活は異性愛者の男性として『パッシング』しているゲイの男性、あるいは、公共の場では文化的に女性らしいとみなされる振る舞いや仕草をしないゲイ男性」のこと［Valentine 2007: 80］。

（7）規約によると「ファットとは、医学的な基準を当てはめた場合にその基準を超える者、あるいは、一般的に体重過多とみなされる者」とされる。ＮＡＡＦＡのＨＰの「Constitution for the National Association to Advance Fat Acceptance, Inc.」より［http://www.naafaonline.com/dev2/about/byLaws/Constitution-VER09.pdf］（２０１３年8月21日最終閲覧）。

（8）「肥満」というカテゴリーの科学的根拠に疑義を呈しているファット・アクセプタンス運動の人びとは、文章において「肥満」について言及する際には括弧でくくる。また、口頭で言及する場合は、かぎ括弧を意味するフィンガー・クォートを使う。

（9）１９６７年、ニューヨークのセントラルパークにて行われた「ファット・イン（Fat-In）」をファット・アクセプタンス運動の始まりだと見る研究者もいる。ラジオ・パーソナリティの呼びかけにより５００人が集まり抗議活動を行ったとされる［Cooper 2008］。

（10）メイヤーは、「過体重（overweight）はラディカル・セラピーのトレーナーが少し触れるぐらいであった。トレーナーは、抑圧への反動として過食を導き太るのだと言う。私は、そのことが馬鹿げていると思ったし、傷ついたことを覚えている。（中略）当時は、太った人びとはその問題を『ラディカル』な方法――例えば断食――で解決するように勧められていた」と記している［Mayer 1983a: xi］。

（11）物書きでもあったフリースピリットは、「ファット」と「障害」というカテゴリーを横断するような登場人物を描写するショートストーリーをいくつか執筆している［e.g. Freespirit 2003］。

（12）*Cook v. State of Rhode Island, Department of Mental Health, Retardation, and Hospitals, 10 F.3 d 17* (United States Court of Appeals, First Circuit. 1993) より。

（13）ＮＡＡＦＡのＨＰより［http://www.naafaonline.com/dev2/education/faq.html］（２０１３年8月21日最終閲覧）。

（14）障害学の杉野は、カークランドやクーパーの論文を取り上げ、「肥満の障害学」を紹介している。障害の定義をさまざまなマイノリティにまで広げていくことも、障害文化運動の一つであり、現在の障害者運動が必要としている社会教育活動であると述べている［杉野 2007: 204］。こうした障害学からのアプローチは、今後注目すべきものであろう。

（15）体重はコントロールが可能であると考えられていること、身体サイズが可視的であること、この二点によって太っている者に対する差別は強化されると言われている［Puhl and Brownell 2003; Wang Wang, Brownell, and Wadden 2004］。

（16）パッシングとは、スティグマを持つ人が、自己に関する信用を傷つける情報が他人に明らかにならないよう情報管理・操作すること［ゴフマン 2003］。

（17）「Interpretive Guidance on Title I of the Americans with Disabilities Act, 29 C.F.R. 1630 (1990). Appendix to Part 1630」p. 402 より。

（18）ヴェイドらは、同じように自業自得だと思われがちな酔っ払い運転による事故の場合、事故を起こした運転手が車いすの利用者になった場合には障害法が適用されるのに対し、太った人が障害法で守られないのは矛盾していると指摘する。すなわち、どちらも自業自得の結果とみなされるのに、「ファット」に対しては自己コントロールができたはずという認識が根強い［Vade and Solovay 2009: 170］。

（19）身長5フィート8インチ（約１７３センチ）、体重２４０パウンド（約１０９キロ）のジェニファー・ポートニックは、太っているという理由で、ジャザサイズというフィットネス・プログラムを提供している会社のインストラクターとしての雇用を拒否された。彼女は、サンフランシスコの体重と身長の反差別条例に基づいて訴訟を起こし、２００２年に勝訴した。サンフランシスコの体重と身長の反差別条例については、注（21）を参照。

（20）ＮＡＡＦＡのＨＰ「Diversity and Inclusion, Our Goal」より［http://www.naafaonline.com/dev2/about/diversity.html］（２０１８年4月6日最終閲覧）。

（21）「サンフランシスコが２００１年に発布した体重と身長の反差別条例（San Francisco Human Rights Commission. Compliance Guidelines to Prohibit Weight and Height Discrimination）」は、反差別法と障害法の合理的便宜が融合しており、ファット・アクセプタンス運動の人びとによって注目されている。この条例のもとでは、障害法のようにインペアメントを医学的な証拠として申し立てをする必要はなく、個人に対応した施設のアクセスや平等な待遇を主張する権利が認められる［Kirkland 2008a: 144］。

（22）ニューヨーク・タイムズ紙の記事では、ファット・スタディーズはいまだ周辺的ではあるが勢いを増しつつある分野と評されている［Ellin 2006］。

第4章　ファット・アクセプタンス運動とフェミニズムの「ぎこちない」関係
——ファットである自己、女である自己、その自己規定の困難

1．女であるからファットなのだ

肥満差別や偏見を経験するのは、圧倒的に女性が多い。それにもかかわらず、そのことにはあまり関心が払われていないと言われる［Fikkan and Rothblum 2012］。序章でも説明したように、女性は、否が応でも太った痩せたと自分の身体を評価せざるをえない社会的状況に遭遇することが多い。そして、実際に肥満と言われる体型かどうかにかかわらず、そうした状況に繰り返し出合うなかで、自らの体型を意識し、理想とのギャップに苦しむようになる人も多い。これは、ファット・アクセプタンス運動の参加者に女性が圧倒的に多いことからも分かる。

では、ファットとは何なのか。ファットとは誰のことを指すのだろうか。ファット・アクティビストのシャーロット・クーパーは、ファットとは何なのか、ファットとは誰のことかについて、ＢＭＩや服のサイズで定義できることもあるだろうし、ファット・オプレッションを感じた経験があるかないかで定義できるかもしれないとしながらも、決定的な定義はないことを認めている［Cooper 1998:10］。また、すでに引用したように、マリリン・ワンは「ファットを嫌悪する社会では、皆がファットなのだ。ファットは、身体の大きさにかかわらず、権力関係に沿って、浮遊するシニフィアンとして個人に取り付きながら機能する。どんな体重の人でも、ファッ

ト・オプレッションを感じることがあるだろう」と述べる［Wann 2009: xv］。両者が述べるファット・オプレッションとは、「太っている」者に対する抑圧のことである。社会文化的に、痩せていることが「達成可能」な理想として受け入れられているために、その理想を達成できないことによって、自己の身体に劣等感やコンプレックスを抱き、「太っている」と感じる。そのことをファット・オプレッションと言う。ＢＭＩの数値が標準以下の「痩せた」人であっても、ＸＸＸＬサイズの洋服を着る「太った」人であっても、ファット・オプレッションを感じる人であれば誰でも、「ファット」であるということになる。

ファット・オプレッションを感じる人は、圧倒的に女性が多い。身体サイズについて、男性なら許されることでも女性には許されないことや（例えば、男性であれば、どんな身体サイズでも、成功したり人を惹きつけたりすることがある）、男性にとっては必要がないことでも女性には義務づけられていることがある（例えば、女性は、減量によって身体を細くするなど、非現実的な美の基準に合わせる努力をしなければならないと感じさせられることが多い）からだ。つまり、女であるからこそファット・オプレッションを感じ、「ファット」になる。女であるからファットなのだ。クライスラーは、こうした問題を、フェミニズムは扱わなければならないと主張する。つまり、「ファットはフェミニストの問題であるべき」なのだ［Chrisler 2012: 613］。

ファットがフェミニズムの問題であるということを、おそらく初めて世の中に問うたのは、１９７８年に出版された、イギリス人フェミニスト心理療法家のスージー・オーバックによる『ファットはフェミニストの問題だ（*Fat is a Feminist Issue*）』という本である。詳しい本の内容は後述するが、この本は、ファット・アクセプタンス運動とフェミニズムとの間に不穏な関係を生み出すきっかけになったと言っても過言ではないだろう。前章で述べたように、フェミニズムが太った女性に対する偏見や差別に無関心であることが明らかになるにつれ、そのことがファット・アクセプタンス運動の人びとの間に失望をもたらした。当時の、そして、おそらく現在でも、フェミニズムが扱ってきた「女」とは、摂食障害を患い病的に痩せてしまった女性か、あるいは、平均的サイズの女性であったのだ。そのため、「極度に」太った女性は「食べ過ぎる女」として病理化され、フェミニズムが扱う対象ではなかった［Cooper 1998; Rothblum 1994］。サゲイは、「ＸＸＸＬサイズの服を着る女性や臨床的に肥満とされる女性」に対しては、フェミニズムは減量をすることを暗に容認してしまっていたのだと指摘する［Saguy 2012: 601］。

ところが、近年、オーバックの本のタイトルをもじって「ファットはフェミニストの問題か？」という問いを、精査していこうとする動きが再び出始めている［e.g. Chrisler 2012; Fikkan and Rothblum 2012; Hartley 2001; Saguy 2012］。フィッカンとロスブラムは、「ファットはフェミニストの問題である」のであれば、細い女性や平均的サイズの女性だけではなく、実際に太っている女性が受ける、さまざまな体重差別にも目を向けるべきだと論じる［Fikkan and Rothblum 2012］。

これを踏まえて本章で以下のことを問いたい。すなわち、女であるからファットなのだ、という事実が、ファット・アクセプタンス運動の参加者に、具体的にどのような軋轢をもたらすのか。ファットとしての自らの経験や行為を、フェミニズムの枠組みのなかで理解することが、ファット・アクセプタンス運動に参加する人びとに、どのような葛藤や対立を起こすのか。そして、その軋轢によってどのような自己が立ち現れてくるのか。こうした問題について、１９７０年代から今に至るまで、時代横断的に検討していくことにしたい。

本章の構成を説明しよう。第２節では、１９７０年代以降フェミニズムからの影響を受けた人たちが、美的・性的身体としての太った身体に注目することによって、フェミニズムを乗り越えようとした様子を、資料とインタビューデータなどから明らかにする。第３節と第４節では、フィールドワーク中に起こった二つの出来事を紹介し、ファット・アクセプタンス運動にフェミニズム的思考を介入させることによって、どのような不和が生じたのかを説明し分析する。

2．フェミニズムを乗り越えようとする人びと

(1) なぜフェミニズムは太った女性が受ける差別や抑圧に無関心なのか

女性の身体性を論じるフェミニズムにおいて、瘦身を良しとする社会的・文化的価値観が、いかに女性の身体を蝕んでいるかについて取り上げる研究は多い［e.g. Bartky 1990; Bordo 1993; オーバック 1994; ウルフ 1994］。しかし、瘦せた女性を女性の身体性の議論の対象にする一方で、太った女性の身体についてはほぼ無視されてきた［Hartley 2001; Rothblum 1994］。ファット・アクセプタンス運動はフェミニズムから影響を受けている。また、摂食障害や過度な瘦身願望、また、体重差別は女性固有の事柄として問題化されることが多い。それにもかかわらず、フェミニズムは、なぜ太った女性が受ける差別や抑圧に無関心であり続けてきたのか。これは、ファットについて研究する多くの（女性）研究者がぶつかる問いである［e.g. Chrisler 2012; Fikkan and Rothblum 2012; Hartley 2001; Saguy 2012b］。

クライスラーは、特にアメリカで、なぜフェミニズムは太った女性が受ける差別や抑圧に無関心なのかという問いに対し、以下のように答える。自己コントロールに価値を置くアメリカでは、太った女性とフェミニストの間には類似性があるとされ、ネガティブなステレオタイプが付与される。どちらも男性から見れば、感情をコントロールできず、魅力的でなく、自分の外見にこだわっていないといったものだ。このようなステレオタイプを拭い取るために、フェミニストたちは、太った女性と距離をとろうとするのではないか［Chrisler 2012: 612］。

また、ローリングは、太った女性が受ける差別や抑圧にフェミニズムが無関心である理由について、フェミニズムの歴史と絡めて興味深い視点を提示している［Roehling 2012］。フェミニズムは、三つの時代区分に分けられるとされる。ローリングによると、19世紀後半から20世紀にかけて起こった第一波は、参政権や就労権などの獲得をめぐり盛り上がったという。1960年代に始まり約20年間続いた第二波は、ベティ・フリーダンを中心

に結成された全米女性機構（National Organization for Women）に代表されるように、女性であるがゆえにキャリアをあきらめざるをえなかった白人のミドルクラスの女性たちによって構成され、就労や賃金の男女平等を求めた。しかし、レズビアニズムやラディカル・フェミニズムの登場によって、第二波フェミニズムは分断を深めていく。また、内外から、白人ミドルクラス以外の女性の経験を無視しているという批判も大きくなっていく。そして、男女平等憲法修正条項が１９８２年に不成立になると、第二波フェミニズムは急激に終息した。１９９０年代から現在まで続く第三波フェミニズムは、白人ミドルクラスの女性たちによって構成された第二波を否定し、それを乗り越える形で、人種や階級、性的指向、エスニシティなどの多様性を包摂することを志向する。白人ミドルクラスの女性は、白人男性、さらには、黒人やヒスパニックの女性に比べ、体重による差別を受けやすいという報告がある［Fikkan and Rothblum 2012］。そして、ファット・アクセプタンス運動を牽引してきた人たちの多くは、第二波フェミニズムを引っ張ってきた、体重差別や偏見を受けやすいとされる白人女性である。ローリングは、こうした事実を踏まえ、女性に対する体重差別の問題は、白人ミドルクラスの女性が格闘してきた問題であり、第二波フェミニズムが闘ってきた課題の範疇に入ると指摘する。しかし、現在のフェミニズムは、アメリカ国内の白人女性の問題だけを扱っていた時代と異なり、例えば、移民女性の問題、トランスジェンダーの問題など、これまでの第二波フェミニズムが対象にしてこなかった、より多様な問題を課題にしている。そのため、フェミニズムは、もはやファットには関心がないのではないかと述べる［Roehling 2012: 597–598］。

確かに、このローリングの主張は、第二波と第三波の間の違いと、それらとファット・アクセプタンス運動の関係を説明していて、一理あるように思える。しかし、ファット・アクセプタンス運動がフェミニズムによって鼓舞されたとはいえ、二つの運動の政治的目的や理念は同じではない。何より、第3章で結論づけたように、ファット・アクセプタンス運動における「ファット」カテゴリーの特異性が無視されている。本章でこれから説明していきたいのは、ファット・アクセプタンス運動の人びとの自己理解は、フェミニズム的思考を介入させることで、むしろ阻まれてしまっているのではないかということだ。

(2) 美的・性的な身体としてのファット
——1970年代から1990年代前半におけるフェミニズムからの影響、そして、フェミニズムとの距離

フェミニズムに影響を受けた人びとは、何に惹かれ、そして、何を理由に距離をとろうとしたのか。以下では、1960年代から1970年代にフェミニズムから強い影響を受けたファット・アクセプタンス運動の参加者が、実際にどのような影響を受け、またどのような理由でどのように距離をとったのか、読み解いていこう。

フェミニズムからの強い影響——バーガードの場合

臨床心理士のデブ・バーガードは、現在、ファット・アクセプタンス運動に関わりながら、カリフォルニア州サンノゼ市に近いロス・アルトス市で摂食障害者のセラピーを行う。彼女は、NAAFAに所属するファット・アクティビストであるが、他のメンバーと比べると、それほど太っているとは言えない体型だ。彼女は、筆者によるインタビューのなかで、どのようにしてファット・アクティビズムに関わるようになったのかという筆者の質問に対し、フェミニズムの話をし始めた。

私は1960年代に大人への階段を上り、アメリカの黒人運動で何が起こったかを見たのよ。1970年代の女性たちの生に起こった、とてつもない変化を経験してきたの。自分の人生のなかでドレスコードの変化も経験した。女子はパンツをはいちゃダメというドレスコードから、女子でもパンツははいてもいいけどジーンズはダメっていう中学時代も経験した。男子ははいてよかったんだけどね。大学に行くときまでに「男女共用のトイレ」があった。ハーバード大学に入学したときは、男女比を考慮に入れない、つまり、性

差別をしない入学試験を合格した初のクラスだったのよ。だから、人生のなかで非常に大きな変化をいくつも経験した。1970年代のゲイ・ライツ運動もたくさん見てきたし、障害者運動もね。（中略）公民権運動は人びとの意識を高めていったの。身体のサイズに性格を読み込んだり、身体のサイズからその人の実践を読み取るということの政治性や社会的問題に若い頃から敏感だった。学術書からも学んだし、ハーバードで心理学を学んでいたときはフェミニストの文献をたくさん読んだ。（2009年9月10日彼女のオフィスにて行われたインタビューより）

このように語る彼女も、10代の頃はダイエットに励んでおり、19歳の頃は30パウンド（14キロ近く）の体重の増減を3回繰り返したという。そして、自身はかろうじて摂食障害にはならなかったが、摂食障害に苦しむ母親とダイエットをする父親の姿を見ながら育った。

インタビューから分かるように、彼女は、1970年代の女性のライフスタイルにもたらされた劇的な変化のなかで生き、公民権運動、フェミニズム運動、ゲイ・ライツ運動など時代のさまざまな変動を見てきた。当時のフェミニズムが、身体をめぐるポリティクスや外見の差別と闘うためのエンパワメントになっていたと肯定的に評価している。インタビュー中に自認していたことだが、彼女は、ファット・アクセプタンス運動の参加者のなかでは、相対的に痩せている部類に入る。また、インタビュー中に何度か言及するように「ハーバード大学」出身である彼女は学歴もある。総じて見れば、運動のなかで「特権的」地位にいたと考えられる。

彼女のように、フェミニズムにインスパイアされて、ファット・アクセプタンス運動に入った人は多い。しかしながら、これから紹介していくように、資料やインタビュー調査から分かるのは、当時の多くのファット・アクティビストたちは、フェミニズムとの距離のとり方に苦悩していたということだ。特に言及しておかねばならないのは、第3章で取り上げたファット・アンダーグラウンドを代表とするラディカル・フェミニズムの流れをくんだ人たちの苦心である。

「フェミニストになりたい」――リンの場合

ファット・アンダーグラウンドが作成したビデオが、サンフランシスコにあるGLBT歴史協会（GLBT Historical Society）に残されている。30分弱のそのVHSビデオは、短いものではあるが、当時のメンバーの声が収められた貴重な資料である。(1) ビデオの冒頭に、「このビデオテープは1975年に撮影され、ファット・アンダーグラウンドの活動においてプレゼンテーションを行う際に、人びとの意識改革を促すために使用された」というテロップが流れる。そのなかに、ファット・アンダーグラウンドのメンバーの1人であるリン・メイベル＝ルイス（Lynn Mabel-Lois、現在の名前はLynn McAfee）による10分近くにわたる独白が収められている（図4－1参照）。本章に関わる重要だと思われる独白の冒頭部分を、少し長いが引用してみたい。

図4－1　ビデオで語るリン・メイベル＝ルイ

私は、ファット・アンダーグラウンドのリン・メイベル＝ルイスです。自分の苦悩と自分の名前のなかに、過去を刻んで生きています。メイベルは、私の祖母の名前です。彼女は婦人参政権の運動家でしたが、失望を抱えたまま亡くなってしまいました。ルイスは私の母の名前で、彼女は太った女性で、ダイエットが原因で亡くなってしまいました。私はフェミニストです。フェミニストとしての歴史があります。そして、苦悩の歴史を経験してきました。私が母の名前を引き継いだのは、私の苦悩の大部分が、太っていることからくるものだったからです。〔このビデオを見ている〕ニューヨークにいる人やその他の都市の人が、今、どんな風に反応しているかは分かっているのです。本当に興奮して気が狂いそうなのですが、おそらく皆さんのなかには、私の腕を、あざけるかのようにくすくす笑いながら見て、私自身を見ないようにしている人もいるでしょう。私は、私の腕を見てほしいのです。私があなた方の仲間（sister）であると、あなた方自身が自分自身に語りかけてほしいのです。そして、そのことを信じてほしいのです。私が望むのはこれだけです。

これから私が言うことのなかには、聞きたくないと思うこともあるでしょう。なぜなら私に目を向けることができないから、私が太っているからかもしれません。しかし、そのことで私は怒りを覚え、悲しい気持ちになります。どうか私の話を聞いてほしいのです。（中略）初期のフェミニズムは、自分自身のために闘うのだと言っています。もうこれ以上、男性のために闘わない〔と言っている〕のです。私は自分のために闘うから、あなた方にも私と一緒に闘ってほしい。私のために闘うなら、あなた方のためにも闘います。この10年近くの間、私は男性が大嫌いだと言い回ってきました。彼らには耐えられないのです。男が嫌いです。女性と一緒にいるほうがいい。そしてこの10年の間、ほとんどの場合言う機会もなかったのですが、誰も私に「あなた、レズビアン？」と言ってきた人はいませんでした。誰も聞いてこなかったのです。かれらには思いもつかなかったことでしょうし、私も自分がレズビアンかもしれないとは思いもしませんでした。選択肢としてもなかったのです。なぜなら、もし男性が私のことを嫌うなら、もし男性にとって私が魅力的に映らないなら、もし男性が私に嫌悪感を持つなら、女性も同じように思うでしょう。女性は男性より品位に厳しいですから。（中略）女性は、それはもう、男性の倍は私に嫌悪感を抱くでしょう。だから、私は自分の人生において、ここまで独身（celibate）を貫いてきたのだと思います。そして、それは私が選択したことではないのです。私には選択肢はありません。もし私に恋人が見つかれば、それは例外にすぎないのです。例外として生きていくことは、もうこれ以上できません。これ以上、誰かのために取り繕うことはやめます。私が望むことを、すべての太った女性のためにも望みます。道で出会うすべての女性、その人がフェミニストであろうとなかろうと、太った女性のために。誰かの太った友達としてしかあり続けられないことに、うんざりしているのです。私は女性になりたい。コミュニティの一員として、フェミニストになりたい。皆さんに、ダイエットソーダを飲む女性に対し、「それが私の仲間たちを苦しめるのだ」と声を上げてほしい。その声を聞きたい。皆さんに、ダイエット話をしている人から立ち去り、「それが私の太った仲間（fat sisters）たちを苦しめるのだ」と声を上げてほしい。そして、そういう姿をこの目で見たい。皆さんが、ファットについての情報を集め、それに耳を傾け聞いて理解する姿を見たいのです。（傍線部筆者強調）

Radiance という太った女性のためのフェミニズム系の雑誌の１９９９年冬号のインタビュー記事によると、彼女の両親は、赤ん坊のときから太っていた彼女に対し、減量のためにあらゆる手を尽くしたという。彼女の小児科医はアンフェタミンなどのいくつかの危険な薬を処方し、彼女はそれらを飲み合わせて、「気が変になる」ことでいっときは痩せることができたという。しかし、数ヶ月経つと薬に耐性ができ、リバウンドをし、彼女はどんどん太っていった。15歳の頃には、彼女は「生きているもののなかで、一番太っていて、一番醜い」と思っていたという [Shanewood 1999]。リバウンドを繰り返し、減量は実現可能なものではないと気づいた末、１９７３年にファット・アンダーグラウンドに加入した。

ビデオのなかで「レズビアン」としての自己認識はこれまでなかったとしながらも、激しく男性を嫌悪するその様子から、当時のラディカル・フェミニズムの影響を強く受けていることが分かる。しかしながら、彼女が「私があなた方の仲間である」「私は女性になりたい。コミュニティの一員として、フェミニストになりたい」と、改めて呼びかける姿からは、フェミニズムから全く協力を得られていない当時のファット・アンダーグラウンドの状況が見て取れる。彼女は、自身に向けられる「あざけるかのよう」な視線、あるいは、目を向けないようにしている女性たちの太った身体への嫌悪感は、男性以上に厳しいと述べる。そして、彼女は、ビデオの前にいるフェミニストたちに、脂肪の塊がつく自分の腕を見てほしいと訴える。ここから推察できるのは、彼女が闘おうとする他者には、ラディカル・フェミニズムの嫌悪の対象である男性だけではなく、自己の身体を嫌悪する女性も含まれているということだ。

現在もファット・アクティビストとして活躍しているリンは、この当時のことを以下のように振り返っている。「私がファット・アンダーグラウンドにいるとき、私が世界に対し間違いを伝え、その間違いがわれわれを傷つけていることを示せば、世界は変わると思っていた。そうではなかった。そうではなかった。（中略）世界が素早く動いてくれるだろうと私が期待し過ぎていたことに気づいたのです。ＡからＺへと、１〜２歩の跳躍でね。（中略）人をＡからＢへと動かすことに専念しようと決めたのです」と語っている［Shanewood 1999］。彼女は、自身の他者とのコミュニケーションの姿勢について、以下のように続けている。

私は、常に、人びとはまともである（People aren't crazy）という原理に基づいて動いています。医師や肥満研究者、アメリカ食品医薬品局（ＦＤＡ）でさえも。かれらには、何をやり、何を信じるかについてのかれらの道理がある。かれらは、その道理が良いものであり、論理的であるから信じている。その道理は、われわれにとっては常に分かりやすいものではないけれど、人の言動には内部の論理があるのです。われわれは、皆、コミュニケーションをするものとしての責任があって、他者が根底にもつ論理を見つけ、それを理解し、尊敬しなければならないのです。そのロジックを理解した上で、それを批判できるのです。何をリアリティとして理解するかについて、怒鳴り合ったり、お互いに頭がおかしいなど決めつけたりせず、われわれは対話することができるのですから」［Shanewood 1999］。（傍線部筆者強調）

彼女は1991年に「サイズと体重差別についての審議会（The Council on Size & Weight Discrimination）」という非営利の委員会をNAAFAの一部のメンバーと立ち上げ、現在も、医療、雇用、メディア・イメージにおけるサイズと体重差別の廃絶に取り組んでいる。

フェミニズムと距離を置き始めた人たち――リンダ、シャーリー、キャロルの場合

次に見ておきたいのは、現在ファット・アクセプタンス運動に関わる人で、当時、フェミニズムと徐々に距離を置いたと語る人たちについてである。彼女らは、フェミニズムとの関係や太った身体についてどのよう捉えていたのだろうか。

NAAFAメンバーの栄養士のリンダ・ベーコンは以下のように述べる。1980年代に彼女自身が摂食障害で苦しんでいたときにフェミニズムと出会い、「女性の身体を不安定にする性差別的な文化のなかで、いかに自分の身体と折り合いをつけるかを学び、私たちは1人じゃないのだということを気づかせてくれた」。しかし、フェミニズムのアプローチで彼女自身が摂食障害のセラピーを行ったときに、このアプローチでは逆に「悪影響を与える」ことに気づいたという。なぜなら、フェミニズムは食物と身体の健康的な関係を持てば、結果として痩せることができるという合意のもと、結局は太った身体を病気のように扱ってしまっていたからだ。多くの患者は、摂食に関わる感情面での問題にうまく取り組むことはできたが、減量がついてこなかった。結果的に、逆に、自分の身体を受け入れる能力を狭め、太っている他者に対する偏見を生み出したという［Bacon 2009］。

ファット・アクティビストのシャーリーは、1960年代に経験したフェミニズムをきっかけに、ファット・アクセプタンス運動に関わるようになったと筆者のインタビューに対し語った。太った女性で構成されたシンクロナイズド・スイミングのグループ、「パデット・リリーズ（Padded Lilies）」の創設者である。彼女は、太った身体に対する抑圧は、フェミニズムでは解決しえないということに早くから気づいていた。

私にとっては、〔ファット・アクセプタンス運動は〕フェミニズムから枝分かれしたのです。私は、1960年代に大人になって、そのときちょうどフェミニズムがまさに起こりつつあったのです。そして、フェミニストたちは、そのことを、つまり、ファットはフェミニストの問題である（fat is a feminist issue）ってことを、理解していないってことが分かったのです。そういう題名の本があるけどね。でも、彼女たちは分かっていなかったのですよ。それは、明らかに彼女たちが取り上げるような問題ではなかった。彼女たちは、自分たちの身体やイメージをとても貶めていたのです。身体サイズとかの問題ですらなくて、ただ単に、女性は自分たちの身体を好きじゃなかった。だから、私はある意味、これはフェミニズムを超えなければいけない、もっと他のことを含む何かなんだと言って、反抗したのよ。だって、人が身体のサイズや外見によって、自由を制限されたり、抑圧されたりするべきではないでしょう。（中略）寛容であること、自由であること、差異を受け入れること、いや、受け入れるというより大切にすること、そういうことに向かって進んでいく必要があると思うのです。（２００９年10月20日にオークランド市のカフェで行ったインタビュー）（傍線部筆者強調）

ここで彼女は、当時のフェミニズムは、「ファットはフェミニストの問題」であるということを、真に理解していなかったと語っている。フェミニストたちは「自分たちの身体やイメージをとても貶めていた」「自分たちの身体を好きじゃなかった」と。だから彼女は、「フェミニズムを超えなければいけない、もっと他のことを含む何かなんだ」と考え、ファット・アクティビズムは、ファット・アクティビズムを始めたというのだ。

彼女の話によると、当時カリフォルニア州バークレーには「イマジズム（Imagism）」というグループがあり、そのグループは、サイズ、見た目、年齢などによる差別に反対していた。彼女はそのグループに参加したり、「ファット・リップ・リーダーズ・シアター（Fat Lip Readers Theatre）」という太った女性で構成される劇団に入って、演劇の脚本を書いたり、パフォーマンスをしたりしていたという。「ファット・リップ・リーダーズ・シアター」の演劇は、彼女にとって、「セクシーで面白くて、解放的」で、「本当にわくわく」するような、「とても自由な気持ちになった」経験だったという。セクシーな服に身を包んだ太った女性たちが、ステージに上って、猥談（dirty talk）したりセックスのことを話したりしていたのだという。(3)

同じく「ファット・リップ・リーダーズ・シアター」で活躍したキャロルは、自己の身体を「美しい」と感じたときのことを以下のように語る。彼女は、１９８０年代初期、身体の大きな人のためのダンスクラスに通い始め、「１日１０００キロカロリーの食事と水」という、「完璧なダイエット」をスタートさせた。「ダンスをする自分たちの前には鏡が並べられていて、自分たちがよく見えるようになっていた。もちろん、私は鏡に映る自分をきちんと見たことはなかったけどね。常にだぶだぶの服を着ていたし」と述べる。ダンスが上手な1人のクラスメイトが踊るのを見ながら、彼女も次第に踊ることを楽しみ始めていた。そして、あるとき、クラスを見回した際に、「彼女たちの動きの美しさに気づいた。もちろん昔は、自分を見ると、そこには醜いデブ（ugly fat）しか見えなかったんだけど、徐々に、自分の動きも美しいんじゃないかと思って見始めるようになった。あまり揺れない硬い身体とは違って、私たちがダンスをすると、身体の一部の動きを止めてもなお揺れ続ける、お腹や胸、二の腕がある。これは思いがけない事実だった(4)」と回顧した。

性的魅力がないと言われる太った女性が、性的な欲望や性に関する事柄を話すこと、大きな身体でダンスを楽しむことは、不適切だとされていたのだろう。ダンスの最中に気づいた「身体の一部の動きを止めてもなお揺れ続ける、お腹や胸、二の腕」といった肉としての個々の身体の「美しさ」は、シャーリーが言うような「フェミニズムを超えなければいけない、もっと他のことを含む何か」だったのかもしれない。すなわち、それは、既存のフェミニズムが語ることができなかった、性欲を持つ女性、肉体の美しさやセクシュアリティに関わるような事柄であったのではないだろうか。このことについて、レズビアン・フェミニストのゲイル・ルービンは、ある問題がジェンダーだけではなくセクシュアリティにも関わるものの場合、フェミニストの分析は誤った解釈を生じやすいと述べている［ルービン 1997］。フェミニズム研究では、従来、性差を相対化するために、身体を規定する言説についての分析が主流であり、肉や物としての個別の身体について語ることには禁欲的な態度をとってきたのだ。腕の肉を見てほしいと訴え、「レズビアンかもしれない」自己を承認してほしいというリンの願い、フェミニズムを超えたもっと他のことを含む何かがファット・アクティビズムにはあるはずだと気づいたシャーリー、さらに、ダンスの最中の個々の身体の動きを「美しい」と形容したキャロル。彼女らの試みや気づきは、女性の太った身体を、フェミニズムを超えたところで捉え直そうとする、ファット・アクティビストたちの第一歩だったのかもしれない(5)。

この後、いわゆる第三波フェミニズムの影響を受けていると言われるファット・アクティビストたちが活躍し始める。サンフランシスコを中心として、フェミニスト・レズビアン、バイセクシュアル、クイアと自称する太った女性たちのグループが現れ、演劇などを通じて、太った身体を美的・性的な対象として評価しようとする試みがなされた(6)［Saguy 2012: 55］。また、１９９４年から１９９７年にかけて刊行された、ファット・レズビアン向けの雑誌 *FaT GiRL: a Zine for Fat Dykes and the Women Who Want Them* は、今でもアクティビストたちにとって伝説的な雑誌となっている。

インフォーマントのマリリンは、かつて筆者に、ファット・アクティビズムは「怒れるフェミニズム（angry feminism）」（第二波フェミニズムを指すと思われる）の影響を受けていると言う人がいるが、それは違うと語った。ファット・アクティビズムは、第三波フェミニズムに関係のあるパンクロックに影響を受けたライオット・ガール（Riot Grrrl）ムーブメントに影響を受けているのだと言った(7)。

しかし、筆者が見たところ、いわゆる第二波フェミニズム的な「怒れるフェミニズム」の影響がなくなったわけではないようだった。むしろ、「怒れるフェミニズム」と第三波フェミニズムが、「フェミニズム的」なものとして混在し、それが、ファット・アクセプタンス運動のなかにうごめいている。その混在が出来事として発現した事例を、第3節と第4節で取り上げ、「フェミニズム」との関係に苦心する、現在のファット・アクセプタンス運動の人びとの様子を説明しておきたい。

3．スージー・オーバックとの同盟をめぐって

(1) フェミニズムとの同盟が招いた騒動——年次大会のゲスト・スピーカーをめぐる出来事

2009年4月から8月にかけて、NAAFAで起こったある出来事を契機に、ファット・アクセプタンス運動に参加する人びとの間のフェミニズムに対する立場やファットの捉え方の違いが明らかになった。それは、イギリス人フェミニスト心理療法家で、摂食障害などの治療に取り組んできたスージー・オーバックとファット・アクセプタンス運動の同盟関係をめぐって起こった出来事だ。

彼女が1978年に書いた『ファットはフェミニストの問題だ』という本は、「ダイエットをやめよう」というスローガンを掲げ、女性たちから熱狂的な支持を受けた。1970年代当時、若い女性の間で増加していた摂食障害は個人的な病理とみなされる傾向が強かった。それに対し、彼女の本は、社会文化的な文脈から説明しようとした点で画期的であった。

以下、その内容を少し要約してみよう。彼女は、強迫的摂食が女性に多いという事実があるが、強迫的摂食によって太るのは自制心が欠けているとか、意志が弱いとかいうことではないと述べる。男性中心の社会で常に「他者」である女性は、たくさん食べることによって自分の空間を物理的にも精神的にも満たし、女性という性別による社会的ステレオタイプから自由になろうと試みているのだと述べる。つまり、太っている人びとは、「女は痩せていなければならない」という西欧社会の女性の美の規範をめぐる社会的要請に対し、肥満という形

で抵抗しているというのである。ゆえに、太っていることは女性が声を発するための抵抗のための手段になりうると述べるのだ。しかし、同時に、強迫的摂食は、心に問題を抱えていることのシグナルでもある。そして、彼女は、女性に押しつけられる美の規範や社会的役割に、太るという形で抵抗するのではなく、自己を見つめ直し再評価することを勧める。そうすれば、健康的・自然的な体重になると述べる［オーバック 1994］。

肥満は抵抗であるという分析や、ダイエットをやめようという提案は、当時は斬新なものであった。しかしながら、ファット・アクセプタンス運動の人びとからすれば、彼女の議論は問題含みである。なぜなら、第一に、太ることを強迫性摂食という病理的なものとみなしているという点。第二に、太ることと食べることを過度に関連づけているという点。第三に、太ることによって女性的な美のイメージや魅力に抵抗できるということは、暗に、太っていることが魅力的ではないと意味しているという点があげられる［Cooper 1998; Gard and Wright 2005］。また、「正常」な摂食をすれば自然に痩せるのだという彼女の論理は、太っているのは「異常」な摂食をしているからだということと同義である。そして、その論理こそが、「女は痩せていなければならない」という社会的要請を暗に強化してしまうものであった。こうした批判的な意見は、すでにファット・アクティビストのなかでもある程度知られていた。

それにもかかわらず、サイズ・ダイバーシティと健康協会(8)（Association of Size Diversity and Health：以下ＡＳＤＡＨ）とＮＡＡＦＡが合同で開催する年次大会のキーノート・スピーカーに、スージー・オーバックを招聘する計画が持ち上がった。その情報は、２００９年4月23日に、ＮＡＡＦＡのメンバーやファット・アクティビストたちが参加する「fatstudies」というメーリングリストで流された。２００９年8月に開催する合同年次大会にオーバックを招聘し、フェミニズムと同盟関係を結ぶことによって、今後のファット・アクセプタンス運動の活動を大きく展開する契機とする戦略であると、その趣旨が述べられていた。

それから2ヶ月近くにわたり、オーバック招聘に対する議論が交わされ、嫌悪感や困惑、怒りがメーリングリストに続々と投稿された。その多くは、太っていることを病理であるとみなす人物をなぜ招聘するのか理解できない、というコメントだった。オーバックの招聘に対する反発は、ファット・アクセプタンス運動の組織の分断やファット・アクティビストと専門家の分断をも引き起こしかねなかった。マリリンは筆者との会話のなかで、「ＡＳＤＡＨは減量をしないアプローチを推進する専門家の集まりであったはず。だからこそ、ＮＡＡＦＡのメンバーは、年に1度のＡＳＤＡＨの大会を楽しみにしている。肥満を嫌悪している人のスピーチなんて聞きに行きたくない」「オーバックは、基本的には肥満者を病理的な人びととして見ている。なぜ彼女を招聘するのか分からない」と招聘の決定を強く批判した。そして、招聘に対する抗議として、マリリンは5月初めにＡＳＤＡＨを退会した。

他方で、招聘に賛成する人びともいた。かれらは、世界的に著名なオーバックと同盟を組むことは、自分たちの活動を知ってもらうために極めて重要なことであると賛同した。彼女にファット・アクセプタンスの考え方を教える良い機会だと述べる者もいた。

結局、オーバックはキーノート・スピーカーとしてではなく、ゲスト・スピーカーとして招聘されることとなったものの、その講演は予定通り行われる運びとなった。

２００９年8月1日当日、筆者が会場に着くと、オーバックは白いタイトなワンピースを着て、ステージの上段に足を組んで座り、やや緊張しているように見えた。彼女の赤いマニキュアは白いワンピースを際立たせていた。会場には、ＡＳＤＡＨの専門家やファット・アクティビストたち１００人弱が聴衆として集まっていた。フェミニズムに影響を与え、同時に、太っていることを病理的なものとして扱った人物を前に、場内は少し興奮状態にあったように思う。

彼女のスピーチは、新しく出版される彼女の本の内容が中心だった。そのスピーチが終わり、司会者のフェルが、皆が聞きたがっている質問を投げかけた。「現代社会の身体に対する脅迫観念を批判したり、ＢＭＩを批判したり、身体の多様性が大事だと言いながら、あなたは著書のなかで肥満は問題であると、太っていることを病理的なものとして扱っている。二つには矛盾があるのではないでしょうか」。それに対し、オーバックは「助成金をもらうためにやった」と答え、「私の唯一の望みは、女性に幸せに食べてもらいたいということ」であり、それを不可能にしているのが今の食品産業のあり方なのだと語った。そして、「食べ過ぎたり、摂食のコントロールができない肥満者もいるけれど、そうではない人もいる」。むしろ、「摂食に問題を抱えている多くの人は、太ってはいない」と答えた。質疑応答の間ずっと、メンバーたちの質問の意図は微妙にずらされ続けた。そして、彼女は一貫して、肥満が問題であるか否かは重要ではなく、楽しく食べることを困難にしている食品産業のあり方が問題なのだという答えに終始した。会場には、議論を正面から受け止めないオーバックへの不満が立ちこめているようにも感じられたが、全体として、筆者が思っていたよりも穏やかに終わった。

後日、筆者は、司会を担当したフェルにインタビューを行い、スージー・オーバックの招聘について、彼女の意見を聞いた。彼女は、確かにオーバックは過去の著作でも最新の著作でも、肥満を一種の病理として扱い、肥満問題に取り組まなければいけないと公言しているが、他方で、摂食障害を個人的な病理としてではなく、文化的な問題として取り上げた人物として、30年以上もこの問題に関わってきており、その点は評価すべきだと述べた。そしてオーバック自身の問題がどこにあるかについては、「摂食障害の研究の助成金をもらうために、『肥満は問題だ』と言うことによって、問題の一部に彼女が入り込んでしまっている」ことだと指摘した。つまり、摂食障害者を助けるために身体の多様性が大事だと言うのであれば、本来、太った身体も多様性として包含すべきだということだ。しかし彼女は、太った身体を身体の多様性から排除することによって、自身の手で肥満の問題化を推し進めてしまっているのだ。さらにフェルは、アクティビストのなかには彼女の話など聞きたくもないという態度をとる人もいるが、ここでダイアローグを断つのではなく、同盟を組むことのほうが大事だと思うと語った(9)。

(2) フェミニストの「特権」

ファット・アクセプタンス運動を支える栄養士のリンダ・ベーコンは、同時期に行われたNAAFAの年次大会での、「特権から学んだ教訓（Lessons Learned from Privilege）」と題するスピーチのなかで、スージー・オーバックをめぐる一連の出来事について言及した。彼女はオーバックという名前を出さなかったものの、それは明らかに今回の論争で起こったことを念頭に置いたものだった。長いスピーチだったが聴衆は惹き込まれ、スピーチのあと会場は大きな拍手に包まれた。少し引用したい(10)。

特権というのはしばしば吟味されることがないものです。私は、HAES〔Health at Every Size という体重管理をしない健康プローチのこと。第6章参照〕の専門家が参加するASDAH内での最近の論争について、このことを思いつきました。あるスピーカーが招聘されました。彼女の仕事は、多くの面でHAESと調和する部分がありますが、彼女の最近の著書や執筆物を読むと、彼女の考えはわれわれと違ったものであることが分かります。彼女は、ファットを病理化し、太った身体を摂食の問題の証左として、太った身体は文化が誤った方向に進んでいることを示すものと捉えています。あるメンバーは、彼女がスピーカーに選ばれたことを受けてASDAHのメンバーを辞め、他のメンバーたちも——痩せている人も太っている人も——懸念を表明しました。この論争の根底にある真の問題は、特権です。説明しましょう。何人かのASDAHメンバーは彼女の講演を聞き、そこから何を学び、何を切り捨てるかについて判断することができるでしょう。他の特権——例えば、痩せている、あるいは、学歴がある、立派な社会経済的な階級にいるなど——があるから、そのようなことができるのでしょう。他方で、ASDAHのメーリングリストに投稿した、とても太っているある人物の経験を考えてみましょう。彼女は、本屋、映画館、レストランなど、どこへ行っても、じろじろと見られ、嘲笑や冷笑を受け、まるで心を攻撃されているかのように感じると言います。彼女がこうした世界に直面するときの精神的エネルギーを考えれば、肥満に嫌悪を表す人の発表に対し、彼女がそれを聞かぬふりをしたり、傷つけられたと感じないようにやり過ごしたりすることがどれだけ困難なことか理解できるかもしれません。（中略）このスピーカーが歓迎されていることは、あるメンバーにとっては、信頼への裏切りにも、かれらがホッとできる安息の地を失うことにもなるのです。（中略）ASDAHのメンバーのなかには、特権によって、他の人の意見を聞くことの価値を合理化することができる人もいるでしょうし、苦痛を感じている個々の人びとのほうが問題だと決めつける人もいるかもしれません。かれらは、自らの行動を容易にするような特権の役割に気づいていないのかもしれません。もし特権が理解されるならば、今こそ、問わなければならない重要な問題があります。その特権は適切な使い方をされているのか？　対話することはそれがもたらす犠牲に見合うのか？（中略）これらの問いは些細なことではありません。太った人びとに対する闘いは、善意の専門家によって引き起こされているからです。特権がきちんと吟味されないことによって、その善意は間違った方向へ向かってしまうのだと、私は思います。（傍線部筆者強調）

彼女は、自分がこの運動に関わり、太った人びととの権利を主張するということが、どれほど信頼性を獲得するメッセージになりうるかを、その事実に恐れや不安を持ちながらも自覚していると述べスピーチを終えた。

このスピーチのなかでとりわけ印象的だった箇所が、こうした特権を持たない太った人が「どこへ行っても、じろじろと見られ、嘲笑や冷笑を受け、まるで心を攻撃されているかのように感じる」と吐露した部分だ。「痩せている、あるいは、学歴がある、立派な社会経済的な階級にいる」といった特権は、他者からの冷酷なまなざしを回避する力となる。そして、この出来事でスージー・オーバックとの同盟を画策しようとしたメンバーたちも、こうした特権を持つ人びとなのだ、とリンダは暗に指摘していた。フェミニズムとは無関係に、メンバーとの交流を楽しむためにファット・アクセプタンス運動に参加するメンバーたちにとって、他者からのこうしたまなざしは、かれらの心を傷つけ、生きる意思を挫くものとなる。

スージー・オーバックとの同盟関係を結ぼうとした出来事で露呈した問題は、フェミニズムの枠組みで問題を理解することは、ファット・アクセプタンス運動に参加する人びとに困難をもたらしうる、という事実だった。フェミニズムを振りかざすことは、太った女性たちの真の苦しみを理解することにはならず、むしろ傷つけることにもなりうるのだ。

(3) 小括――フェミニズムとファット・アクセプタンス運動の「ぎこちない関係」

フェミニズムとファット・アクセプタンス運動の関係を論じる上で、マリリン・ストラザーンの議論［Strathern 1987］を導き手とすることは、あながち間違いではないだろう。ストラザーンは、人類学者とフェミニストの関係を、対象との関係のとり方の相違から論じている。ここでは、ファット・アクセプタンス運動とフェミニズムの差異に対する関係のとり方の相違を問題にしたい。ストラザーンは、人類学者とフェミニストの関係について、どちらも差異に対して敏感であるという学問的な近接性がありながらも互いの影響関係が見出しにくいのは、その二つの学問の間に「ぎこちない関係（awkward relationship）」があるからだと論じた［Strathern 1987］。そして、ぎこちなさは、フェミニズム（特に、ラディカル・フェミニズム）の実践と人類学の実践の、対象に対する関係のとり方が異なることからくるのではないかと述べる［Strathern 1987: 284］。人類学にとって、差異は解明すべきものであり、潰すものではない［Strathern 1987: 286］。また人類学にとっての「他者」は攻撃をしてくる相手ではなく、むしろ、人類学においては「他者」との関係のなかで自己を構築していくことが目指される。そのため、対象の文化や社会と適度な距離を保ちながら向き合い、対話を通して関係を築いていくのだ。それに対し、フェミニズムは、「他者」からの抑圧を自覚することによって、自己を発見する［Strathern 1987: 289］。この場合の

「他者」とは、女性である「自己」を抑圧する存在＝男性である。フェミニズムが問題にしたのは、「自己」の身体が「他者」＝男性のまなざしを経由した身体としてしか成立しえない事態であった。そのため、男性のまなざしを経由した女性の身体は、嫌悪の対象となっていた。「自己」は、「他者」としての男性の視線にどう対峙し、それにどう打ち勝つかということが課題となるのだ。人類学者でありながら、フェミニストでもあるとき、そこには克服し難い分裂がある。ストラザーンは、そのことを「ぎこちない関係」と呼んだのだ。

ただし、この議論には、まだ考察の余地がある。例えば、人類学者のアブ＝ルゴッドは、ストラザーンの議論を「自己」と「他者」を所与のものとして無批判に捉えていると批判する［Abu-Lughod 1991］。アブ＝ルゴッドによれば、「他者」は本質的で自律的に存在しているのではなく、「自己」と「他者」の間の不均衡な力関係のなかで作られる。ストラザーンは、人類学にとっての「他者」は「自己」と対立的ではないと言ったが、非西欧の「他者」は、西欧による支配によって作られたものであり、その意味で対立的である。アブ＝ルゴッドは、ストラザーンが他者という対象を自然で本質的なものとしてア・プリオリに措定し、西欧的自己によって作られた「西欧＝自己」と「非西欧＝他者」という差異を所与のものとみなしてしまっていると批判する。そして、人類学が他者支配によって自己を構築したのに対し、フェミニズムは他者からの支配に対抗することによって自己構築を目指すものであり、ストラザーンが感じたフェミニズムと人類学の間のぎこちなさは、この完全に正反対のプロセスに対して感じるものと理解したほうがよいのではないかと指摘する［Abu-Lughod 1991: 139］。「ハーフィー(11)」やフェミニストという立場から文化人類学を研究する者は、自己と他者の境界はさらに不安定なものになりうる。なぜなら、人類学の研究対象である「他者」は、同時に、部分的に「自己」として構築される。すなわち、「他者」は同時に「自己」でもあるからだ、とアブ＝ルゴッドは述べる［Abu-Lughod 1991: 140–141］。ここでは議論の対象にしないが、こうした議論から、自己と他者の区別を作り出すツールとしての文化概念は排斥すべきである、という彼女の主張が出てくる。

アブ＝ルゴッドのこの指摘は、もっともなものだと言える。人類学は、他者との対話を通して自己を構築してきたとはいえ、それは圧倒的な支配と被支配の権力関係の上に成り立った自己構築であった。対して、フェミニズムは、他者との不平等な権力関係による抑圧や支配に抵抗することを通して自己構築を目指す。

では、ファット・アクセプタンス運動はどうだろうか。これは、人類学ともフェミニズムとも異なる、他者との関係のとり方であると言ってよい。そして、まさにそのことが、ファット・アクセプタンス運動に参加する者の自己規定を揺るがしてきた。ファット・アクセプタンス運動にとっての他者とは、敵対すべき大文字の「他者＝男性」ではない。他者は、リンダ・ベーコンの特権についてのスピーチで出てきた、「嘲笑や冷笑を受け、まるで心を攻撃されている」と感じさせるような視線を投げかける現実の他者である。そうしたまなざしを投げかける他者は、敵対すべき相手というより、自己を抑圧する存在でありながらも、対話を通して関係を築く対象となる。このことは、第2節で取り上げた、ラディカル・フェミニストだったリンの言葉からも理解できる。彼女が、「われわれは、皆、コミュニケーションをする者としての責任があって、他者が根底に持つ論理を見つけ、それを理解し、尊敬しなければならないのです。（中略）われわれは対話することができるのですから」と後に思い直したように、他者は敵ではなく、対話をする相手として想定されている。つまり、ファット・アクティビストとフェミニズムという二者間に「ぎこちない関係」をもたらしてきたのは、他者観の違いと他者に対する関係のとり方の違いだと言える。

ファット・アクセプタンス運動の自己規定の困難は、運動のなかに男性のメンバーがほとんど存在しないことを考慮に入れると、さらに分かりやすくなる。例えば、ベルらは、フェミニズムが、女性の体重への関心と家父長制の関係を過度に強調してきたのではないかと見ている。つまり、フェミニズムは、体型やサイズをめぐる抑圧の経験を女性のみが受ける経験として可視化し、女性のみが太ることへの嫌悪に苛まれているという考え方を再生産してきたのではないかというのだ［Bell and McNaughton 2007: 118］。

女性だけではなく、男性も身体や体重への不満、太った身体に対する恥ずかしさや嫌悪などを抱えることは、いくつかの文献によって指摘されている［e.g. Lupton 2012: 62; Monaghan and Hardey 2009］。にもかかわらず、男性が減量行為に関わることについてあまり明らかにされてこなかったのは、減量グループなどは女性の参加者が多いため男性は居心地が悪く感じ、そうした活動には参加しないから［Bell and McNaughton 2007: 116; Stinson 2001］、あるいは、ダイエットは女性の行為とみなされ、体重や外見を過度に気にするのは男性らしくないと考えられる傾向があるから［Lupton 2012: 64］などの理由が考えられる。

以上を勘案すると、フェミニズムとファット・アクセプタンス運動の「ぎこちない関係」は、ストラザーンが考えるより、さらに重層的な関係から生み出されていると言える。太った女性も太った男性も恥ずかしさや嫌悪の対象であった。太った女性はフェミニズムに助けを求めたのに対し、男性のファットはあまり問題化されることはなかった。しかしどちらも、承認を得づらいという点で同じ位置にいる。女性は痩身が理想とされるため、太った女性は女性性がない（unfeminine）とされる位置にいる。それに対し、筋肉で引き締まった身体が理想とされる男性にとって、太った男性は丸みを帯びた女性らしい体つきであるため、男らしさ（masculinity）が欠如していることになる［Bell and McNaughton 2007; Lupton 2012: 63］。つまり、太った女性は、太った男性、すなわち、フェミニズムにとっての「他者＝男性」と苦しみを共有する。この地平においては、ファット・アクセプタンス運動の自己は他者でもありうるのだ。フェミニズムにとって闘う相手が自己のなかにも含まれうるという事態こそが、ファット・アクセプタンス運動がフェミニズムと連携する上で、「ぎこちなさ」、そして、自己規定の不安定さを生み出すのではないだろうか。

では次に、日本という「文化的他者」との出会いによって、女であることはファットである、ということが再び意識化され論争が起こる契機となった出来事を紹介しよう。それは、日本で２００８年４月に導入されたメタボリックシンドロームの検診基準が契機となって起こった。

4. ファットのなかの「多様性」
――「ファット鶴プロジェクト（1000 Fat Cranes Project）」をめぐる人種差別批判

(1)「ファット鶴プロジェクト（1000 Fat Cranes Project）」

2008年4月から、日本の特定健康診査・特定保健指導として、メタボリックシンドローム[12]という言葉が提唱され、新しい検診基準が設定された。いわゆるメタボ検診と言われるこの検診では、健康保険組合加入者に、腹囲、血圧、血糖値、コレステロール値の4項目を検査することが義務づけられた。このニュースは瞬く間にアメリカのファット・アクティビストたちの耳にも入った。

マリリンはアクティビストとして何か抗議行動を起こさなければいけないと考え、彼女が考案する抗議プロジェクトの内容について筆者に相談してきた。それは、「千羽のファット鶴プロジェクト（1000 Fat Crane Project）」と名付けられたプロジェクトだった。千羽鶴ならぬ、千羽のファット鶴を作って日本政府に送り、彼女自身が東京を含む日本の各都市を回り、彼女が開発したイェイ！スケール（Yay! Scale）を使ってデモンストレーションをするというものだった。私は、彼女のこのアイデアに「できる限り協力する」と伝えた。

イェイ！スケールとは、彼女が考案作成した体重計のことで、普通なら体重の数値が出てくる窓の部分に、「Fabulous」「Beautiful」「Cute」「Perfect」などのほめ言葉が出てくるのだ。筆者が日本語訳を教え、彼女はその日本語版を作った（図4‐2参照）。イェイ！スケールのデモンストレーションとは、道行く人びとにイェイ！スケールに乗ってもらうことによって、体重の数値から解放するという彼女の街頭パフォーマンスの一つだ。

2008年8月6日[13]にプロジェクトはスタートし、彼女のソーシャル・ネットワーキング・サイトを使って参

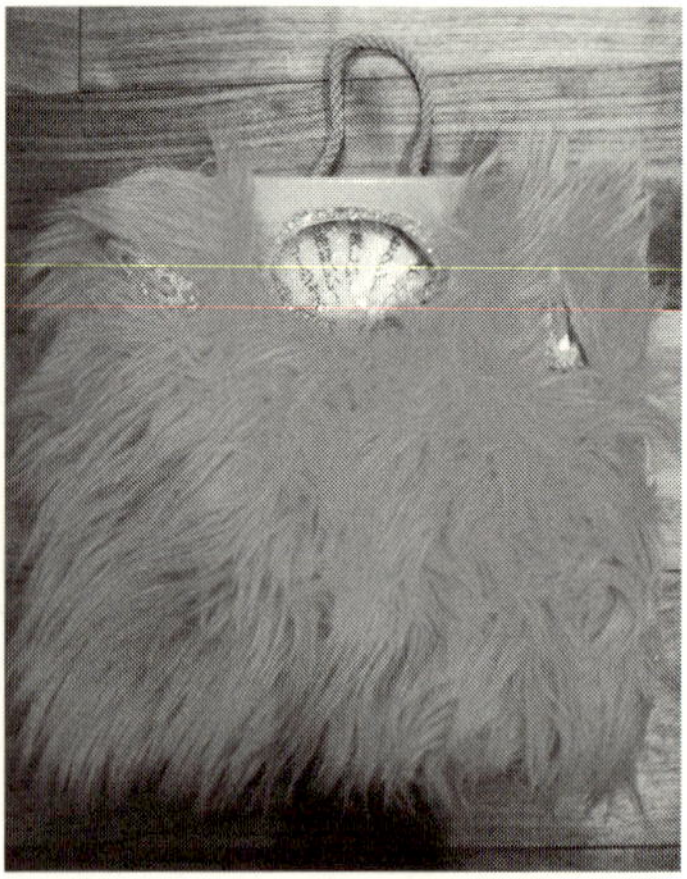

図4－2　マリリンが作成したイェイ！スケール（Yay! Scale）の日本語版

図4－3　プロジェクト参加者から集められたファット鶴

加を呼びかけた。プロジェクトのメッセージは、「千羽のファット鶴は、国民の腹囲測定を決定した日本政府に対する反対の表明です。千羽のファット鶴で、日本政府に以下のことをお願いします。ウエスト周りの戦争（war on waistlines）を終わらせてください。すべてのサイズの人に平和を」というものであった。

　ファット鶴は、彼女が自身で折り方を開発し、彼女のソーシャル・ネットワーキング・サイトに公開された。プロジェクト参加者は折り紙だけでなく雑誌記事、新聞、さまざまな素材を使って折った（図4－3参照）。プロジェクト参加者の家で、ファット鶴を折るためのイベントが開かれることもあった（図4－4参照）。

　また、マリリンは、抗議活動を日本人に知ってもらうためには、mixiという日本のソーシャル・ネットワーキング・サイトを使うといいという助言を友人からもらったと言い、筆者にmixiにプロジェクトのサイトを作りたいという相談を持ちかけてきた。当時、mixiでは、日本の電話番号を持っていないとコミュニティサイトを設立することができなかったため、2008年10月に、筆者が協力して、プロジェクトのコミュニティサイトを作った。また、マリリンの他に2人のアクティビストが一緒に日本に行く意思を表明していたため、3人の活動

図4－4　ファット鶴を折るイベント
プロジェクト参加者のサンフランシスコの自宅にて（2008年8月31日）

内容やそのときのファッションについてなど、プロジェクトのアイデアが出るたびにメールでやりとりをし、ときには会って相談に乗ったりした。

また、マリリンが、ロサンゼルス在住の日本人ジャーナリストAさんを通して、日本のメディアに注目してもらうことを画策した際にも、協力することになった。Aさんは、日本の有名な某雑誌にプロジェクトについての記事を掲載してもらえるよう打診すると言い、３人でコンタクトをとり合って、雑誌掲載のやりとりを進めた。Aさんからは、Aさん自身がある運動の立場を代表することはできないから、プレスリリースのときは筆者が日本語翻訳を担当し、筆者の名前を表に出すように頼まれ、このことにも了承した（プレスリリースの文面は図4－5参照）。マリリンの周りの友人知人たちのなかには、このプロジェクトの効果や展開を楽観視する人もいれば、半信半疑の人もいたが、かれらも次第に彼女のプロジェクトに巻き込まれていった。

しかし、７７５羽のファット鶴が出来上がったところで、このプロジェクトは頓挫してしまう。まず、mixiに全く人が集まらなかった。さらには、２００９年2月には、Aさんから、交渉していた雑誌から、プロジェクトに興味はないと回答があったと連絡が来た。こうしたことが明らかになってくるにつれて、マリリンは少しずつ、「メタボ健診」をめぐる日本との温度差を感じ始めたようだった。そして、この頃から、アメリカでやるようなデモンストレーションを日本で行ったら、日本人からどんな風に思われるだろうか、変な人だと思われないだろうか、と少し気にかけ始めていたように見えた。

そして２００９年2月後半、ついに、マリリンから「ファット千羽鶴を持って、日本政府を訪問する」プロ

PRESS RELEASE

Fat Activists Donate 1,000 Fat Origami Cranes!
***FAT!SO?* Author & Friends Visit Japanese Ministry of Health**
FOR IMMEDIATE RELEASE

TOKYO: In early March, a small group of fat civil rights activists from the United States will give the Japanese health minister a gift of 1,000 fat origami cranes, along with the message that good health comes in all weights and shapes.

The 1,000 fat origami cranes were folded by dozens of people in the United States after they learned of a Japanese government policy to measure the waistline of everyone in Japan who is over age 40, with advice to lose weight for people whose waists measure more than 85 centimeters (for men) or 90 centimeters (for women).

The American group will also bring a Yay! Scale and a Yay! Measuring Tape, both of which give compliments for a person's appearance instead of numbers about weight or waistline measurement. A person using these devices learns they are セクシー ("sexy") or 美しい ("gorgeous"), among other read-outs.

Leading fat activist and author Marilyn Wann, whose book *FAT!SO?* has been a popular title on body image for a decade, was inspired to invite people of all sizes in the United States to fold fat origami cranes when she learned about the waist-measuring policy in Japan. Historically, efforts by state and national governments to make citizens lose weight have not resulted in weight loss. But these weight-loss programs have contributed significantly to levels of eating disorders and weight-based discrimination in the workplace.

For example, in the United States, public health officials routinely criticize Americans for being fat. Many cities and states and even the U.S. government, have created projects to make citizens lose weight. Yet the population continues to gain weight! These weight-loss projects do not make citizens weigh less nor do they make citizens healthier. Meanwhile, rates of eating disorders continue to increase, both in the U.S. and globally. Workplace discrimination based on weight is now as prevalent in the U.S. as discrimination based on race, according to a recent Yale University study.

Wann and her fat activist friends hope to warn Japanese officials against making the same mistakes that other health officials have made. Instead of declaring war on waistlines, the activists urge Japanese health officials to help people of all sizes make peace with their bodies, so they can feel happy about taking good care of their nutrition and their fitness throughout their lives, whatever they weigh. This weight-neutral approach is called Health At Every Size (HAES); a HAES approach has been shown in scientific research to improve health and health habits among fat people, compared to the traditional weight-loss advice, which fails to improve health or health habits.

Wann will be joined by fat activist and certified fitness instructor Sandy Schaffer of New York City and by members of the Phat Fly Girls hip hop dance troupe for fat women, a project of Big Moves, the world's leading project promoting size diversity in dance. The Phat Fly Girls will be group leader and choreographer Matilda St. John and dancer Cindy Cutts.

The date of the group's visit will be announced soon.

CONTACT:
Marilyn Wann
(415) [redacted]
marilyn@fatso.com

図4－5　マリリン・ワンが書いた日本のプレスリリース用の文章

ジェクトをやめるという連絡が来た。この中止には、Aさんからの助言も影響したようだった。その一つは、腹囲を測るよう義務づけられたのは大企業のみで、多くの人は測定の対象にならず、そのため日本の出版社から良い反応が得られなかったのではないかということ。そしてもう一つは、マリリンが日本を訪問して公共の場でイェイ！スケールのデモンストレーションをするとしても、多くの日本人は恥ずかしがって興味を持たないふりをするかもしれないこと。さらには、現実問題として、日本語をしゃべる人がマリリンに付き添わなければ、日本での彼女たちの活動は困難なのではないかというものであった。マリリンは、「Aの言っていることは正しいと思うし、私が考えていたアプローチは日本に適していなかったんだと思う」と語った。

(2)「ファット鶴プロジェクト」に対する人種差別批判と文化的他者

ずいぶん後になって分かったことだが、当時、このプロジェクトはファット・アクセプタンス運動に関わる人びとから「人種差別的」であると非難されていたそうだ。しかし、マリリンの耳に入ったのは、4年も経ってからだった。ある人は、「ファット・アクティビズムの英雄」であるマリリン・ワンに、プロジェクトの問題点を進言できる人はいなかったのではないかと述べている(14)。

2012年8月16日に筆者がマリリンと会ったとき、彼女はひどく真剣な様子で話があると言った。その話とは、「千羽のファット鶴プロジェクト」がとても悪いアイデアだったことに気づいたという内容だった。3～4年も前のことをなぜ今頃になって持ち出すのか不思議だったが、ともかく彼女の話を聞いた。彼女は鶴をファットにして折ったことは、文化的に不適切なことだったと思うと述べた。そして、ファット・アクティビストたちのブログなどで、あのプロジェクトが人種差別的だと批判されていたことを、最近になって知ったのだと打ち明けた。彼女は、筆者に「差別的なプロジェクトに参加させてしまってごめん」「嫌わないでくれてありがとう」と何度も言った。

筆者がインターネットで確認したところ、確かに、彼女のプロジェクトに対する批判は、オンラインのファット・コミュニティやブログを通じて、2008年の9月の時点で交わされていた。2008年9月5日にあるブログに匿名のライターによって投稿された「千羽のファット鶴を再考する（Rethinking 1000 Fat Cranes）」と題する記事[15]によると、アメリカ中心で進められてきたファット・アクセプタンス運動を、アメリカの国外にまで広げていき、サイズによる差別をなくそうというマリリンの努力は称賛に値するとしながらも、以下の点で批判しなければならないと述べてあった。

私は、ファット鶴プロジェクトについて、ある意味で、人種差別主義的であり、自民族中心主義であり、文化の流用や文化帝国主義という苦い伝統と切り離せないものであるなど、あらゆる面で衝撃を受けました。がっかりしたのは、私が知る多くの白人のファット・アクティビストたちが、このプロジェクトを、よく考えもせず（あるいは、少なくとも声をあげることをせず）、画期的で重要だと称賛したことです。（中略）このプロジェクトでは、日本に鶴を送る（大部分を白人が占める）アメリカ人アクティビストの役割として何が前提となっているのでしょうか？　少なくとも私としては、白人アメリカ人の方があなたたちより知っていますから、あなた方の文化的な象徴を使用して（人種差別／自民族中心主義のつもりは全くありませんから）、ゴタゴタを解決するお手伝いをしましょうというメッセージがひしひしと伝わってくるのです。（中略）このプロジェクトが、いったいどういう意味を持つのか。なぜ白人中流階級のアメリカ人女性が、日本の重要な文化的象徴である鶴を選び、日本を教育しようと決意したのか。私は、これらについて、もっと議論されるべきだと思います。（中略）サイズの差別は、どこかでなら許されるのでしょうか？　いいえ、それは違います。でも、アメリカ人アクティビストのグループが、非西欧世界の偉大な白人救世主となることでもないのです。

（傍線部筆者強調）

この匿名の批判者は、ファット・アクティビストたちが、アメリカのポリティクスを、日本の文化や日本の政治を十分に顧慮せずに、そっくりそのまま持ち込むことの是非を議論するべきだと述べた。

この記事に触発された別のファット・アクティビストは、２００８年９月９日に自身のブログ[16]でこの問題を取り上げた。コメント欄では、人種差別か否かという問題に対し議論が繰り広げられていた。全く人種差別だとは思わないという意見や、白人アメリカ人がファット鶴を日本に送ることによって、ファット嫌悪（fat hatred）への抗議メッセージが日本人にどのように受け取られるかを考えなくてはダメだという意見、また、プロジェクトは「非西欧の間違いを正そうとする西欧」という文化帝国主義的な考え方であるという批判などが、繰り広げられていた。

それから３年半経った２０１２年３月24日になって、マリリンは、同ブログサイトの２０１２年３月21日の「親愛なる白人のファットたちへ（Dear White Fat People）」という記事のコメント欄に謝罪メッセージを投稿している。彼女のコメントは、「千羽のファット鶴プロジェクトは間違っていました。人種差別的で、攻撃的で、文化的な流用を行う悪いアイデアでした。最初からやるべきではなかった。プロジェクトを考え、それに着手し、主張しようとしたことは、恐ろしいほどに偏見と憎しみに満ちていたと思います。プロジェクトをスタートしたとき、シャーロット・クーパー[17]から連絡がきたのですが、彼女が親切にもくれた価値のある批判を、私は受け容れることができなかった。（中略）自分がやった間違いの責任は負います。個々の人たちやコミュニティに与えてしまった悪影響を心から後悔しています。このプロジェクトに参加した人たちが、私に従って（手伝って）いたことを申し訳なく思っています。自分が望むリーダーシップはこういうものではありません。これから、自分を教育し、向上していくために一生懸命努力します[18]」と結ばれていた。

２０１２年１月には、ＮＯＬＯＳＥ[19]というファット・クイア・アクティビズムの団体が、現在のファット・アクティビズムにおける多様性の欠如について声明を出している。現在のファット・アクティビズムへの参加者は白人が大多数を占めていて、有色人種（People of Color）の人びとはほとんど参加していない。この事態に対して、誰も疑義を呈していない状況は問題である、という内容の声明であった[20]。そのなかには、マリリンの別の抗議活動プロジェクト[21]が、白人中心主義的であることに無自覚であるという批判も書かれていた。この声明は、ＮＡＡＦＡメンバーの間でも、今後考えていくべき課題だとして話題になった。

マリリンはこうした一連の出来事から、ファット・コミュニティの大多数を白人女性が占めている事実や、白人女性である自分自身の立場について、改めて考え始めたと筆者に述べた。

〔これらの出来事をきっかけに〕自分の立場を考え始めた。ファット・コミュニティは白人の女性ばっかりでしょう。そのことを意識し始めた。確かに、白人女性は歴史的に身体や女性性に意識的にならざるをえないポジションにいたのだから、そういう意味では、〔ファット・アクティビズムには〕白人女性ばかりだというのはある意味で当然だと思う。自分がもしフルタイムで働くキャリアウーマンであったり、ゲイ／レズビアンであったり、有色人種だったりしたら、ファット・アクティビストをやる時間はなかったかもしれない。そういう意味では、自分にはファット・アクティビストとしての特権があると思う。白人で、女性で、貧しさにあえいでいるわけでもないから。だから、〔ファット・アクティビズムには〕白人女性がたくさんいるのかもね。〔ファット・アクティビズムは〕フェミニズムにルーツがあるというのも、白人女性が多い理由の一つかもしれないね。（2012年8月16日のバークレー市のコーヒーショップでの会話）（傍線部筆者強調）

彼女の言葉からは、ファット鶴プロジェクトをめぐる出来事をきっかけに、彼女がファット・アクティビズムと白人女性の関係について、強く意識するようになったことが読み取れる。フルタイムで働くキャリアウーマンや、ゲイやレズビアン、あるいは、非白人のマイノリティであったなら、ファット・アクセプタンス運動は二の次になったかもしれない。とはいえ、筆者は、白人女性とファット・アクティビズムとの関係性を、最近になって意識するようになったという彼女の発言には、ある意味で驚いた。思いつくままに話し続ける彼女の発言には、しかしながら、フェミニストでもなく、ＬＧＢＴのアクティビストでもなく、人種差別に反対するアクティビストでもなく、ほかでもない「ファット・アクティビスト」としての特権があるのだ、という確信めいたものを感じた。

(3) 普遍主義と文化相対主義、ポジショナリティをめぐる問題

この「千羽のファット鶴プロジェクト」をめぐる一連の出来事で露呈した問題は、人権をめぐる論争の起点となった、人類学でもなじみの普遍主義的立場と文化相対主義的立場の争いとして理解することができるだろう［e.g. 松田 2013］。すなわち、身体サイズの権利という概念を、アメリカ固有の歴史、社会、文化を超えて、異なる価値観を持つ文化や社会に普遍的に適用することが可能か否か、という論争として理解できる。日本の政府による「差別的」な政策に、マリリンは、身体サイズは普遍主義的に尊重されるべきとして抗議した。それに対し、マリリンの抗議の仕方は人種差別的な態度につながりかねない、として文化相対主義的立場からの批判が噴出したのだ。

太っている人の数も、太る程度も、日本とアメリカでは状況が異なる。アメリカと比べるなら、日本には、アメリカのように「極度に」太った人は少ない。また、アメリカのような公民権運動の歴史を経験していない日本は、外見の差別に対し、アメリカほど敏感ではないかもしれない。そうした日本の状況に、アメリカ人アクティビストが、アメリカのアクティビズムの方法や多様性概念、権利の概念をそのまま持ち込んでも、それは的外れと言えるだろう。実際、mixi や某雑誌の編集者の反応から察すると、「千羽のファット鶴プロジェクト」は、日

本では人びとに理解や関心をもたらすものではなかった。日本国内において、メタボリックシンドロームの診断基準が統計学的に見て問題をはらんでいるという議論はあったが［坂本 2008; 美馬 2012］、腹囲測定が差別につながる可能性を持つという議論は、筆者が知りうる限り、見られなかった。むしろ、メタボリックシンドローム対策グッズとして、バスソルトや「メタブー」というマスコットが生まれたりしており、一生懸命痩せようとする（けれど痩せない）ということが、やや面白がられているような風潮もある。もちろん、日本にもダイエットや摂食障害で悩む多くの女性（や男性）は、アメリカ同様存在する。また、たとえ体重計の数値では太っていないとしても、減量のプレッシャーを感じたり、体型や外見に基づいて不快な扱いを受けたりする人も多数いるだろう。しかし、いくつかの研究が示すように、日本の女性たちが経験する抑圧は、日本の文化社会的文脈に埋め込まれており、アメリカの白人女性が経験するそれとは異なったものであるだろう［cf. 浅野 1996; Spielvogel 2003］。

マリリンと彼女のプロジェクト賛同者は、腹囲測定を行い、数値に応じて減量を強制することは、文化に関係なく太った人に対する差別を増長するため、普遍主義的な立場からはあってはならないと考えていた。国籍、性別、人種にかかわらず、誰かが体重、体型、外見に基づいて不当な扱いを受けるようなことがあれば、そうした状況に介入していくべきであるというマリリンの普遍主義的な態度は、彼女が人種差別に無自覚であったと即座に糾弾できるものではないだろう。

それに対し、マリリンのプロジェクトの批判者たちは、相対主義的立場から文化的差異を尊重するべきであり、アメリカの社会的背景のなかで政治的に正しいことであっても、他の文化でそれが適用できるかどうかは分からないと主張する。鶴という日本の文化的なイメージを都合よく流用し、帝国主義的に介入することは人種差別である。そして、ファット・アクティビズムのなかの人種的差異や文化的差異にも目を向けるように注意を促す。これは「白人中流階級のアメリカ人女性」が、白人以外の人びとやさまざまな階級にある人の経験をどれほど代弁することができるのか、という自己批判でもあった。

マリリンの立場と批判者の主張は、どちらが正しく、どちらが正しくないという評価が可能な問題ではない。むしろ、筆者は、かれらの主張の違いは、他者との関係によって自己がどのようなものとして構成されるのかという、ポジショナリティに関わる問題だと考える。千田有紀によると、ポジショナリティとは、「他者との関係で自分がどのようなものとして立ち現れてくるのか、その位置性」である［千田 2005: 270］。つまり、どのような立場の者として発言しているのかということが、相手との関係のなかで浮かび上がってくることを言い表している。

プロジェクト批判者たちは、日本という異文化における「肥満差別」に対峙しようとしたときに、「白人中流階級のアメリカ人女性」という、いわゆるアメリカの第二波のフェミニズムでは「女」として一つに括られたカテゴリー内に、黒人女性、第三世界の女性、レズビアンなどの、差異＝他者が次々に発見されていったように［cf. Collins 1990; Mohanty 1991］、プロジェクト批判者たちは、自己を「白人中流階級のアメリカ人女性」と認め、異文化の「他者」や人種的「他者」をファットのなかの多様性として尊重すべきだと注意を促した。

それに対し、マリリンは、白人女性が身体や女性性に意識的にならざるをえなかった歴史的事実に理解を示し、プロジェクト批判者の文化相対主義的態度に敬意を表しつつも、普遍主義的立場をとる。しかしながら、マリリンの普遍主義的立場は、フェミニズム的立場のそれではないことに注意しなければならない。フェミニズムの立場に立てば、ウマ・ナラヤンが指摘したように、普遍主義と文化相対主義はどちらも本質主義的思考に陥ってしまう点で類似している。つまり、普遍主義は男性と女性を二項対立として捉え、文化相対主義は西欧文化と非西欧文化、西欧文化と特定の「他者」を二項対立として捉える。ナラヤンは、どちらも、その境界を不変で静態的なものとして扱っているという点で、本質化された表象を再生産しているにすぎないと批判する［Narayan 1998: 88］。ところが、マリリンの立場は、男性と女性を二項対立として捉えているわけでも、西欧文化と非西欧文化を二項対立に捉えているわけでもない。そもそも、メタボリックシンドローム測定診断は、男性と女性のどちらも関わる診断なので、フェミニズム的な観点からのプロジェクトに対する批判の表明は、厳密に言うと、的外れなのだ。

だからこそ、マリリンは、筆者との対話で、自身の白人女性であるという立場のインパクトに気づきながらも（筆者にとっては、今になって気づいたのかという驚きがあったのだが）、自分は、フェミニストではなく「ファット・アクティビスト」としての特権があると表明したのではないだろうか。彼女にとって、ファット・アクティビストであることとは、他者を、男や文化的他者などのような自己と非対称的な関係にあると捉えるのではなく、コミュニケーションを通して関係を作っていく対象として認めることなのだと言えよう。つまりかれらは、女であり、男であり、太った身体を嫌悪する現実の他者、すなわち、太った自分を苦しめる相手でありながら、関係を築いていくべき現実の相手なのである。

5．ファットであること、女であること、その自己規定の困難

本章では、女というカテゴリーのもとでファットを理解しようとすることが、ファットである経験の理解を阻害する事例を説明してきた。ファット・アクセプタンス運動の参加者の多くが白人女性であり、そのことが運動を特徴づけているのは確かである。ファット・オプレッションを感じるのは女性が多いということを考慮に入れるならば、本章で見てきたように、運動参加者が、女というカテゴリーやフェミニズムという枠組みで自己理解を模索しようとしてきたことは、理解可能なものである。しかしながら、太った身体を女というカテゴリーのもとで理解することは、ファットである経験やファットであることで受ける差別や偏見の経験についての理解を阻害しうる。さらには、「特権的」な立場にいる人びとが、フェミニズムという枠組みからかれらを理解しようと

することは、かれらについての理解を狭め、かれらの声をかき消しうる。

本章で扱った事例から明らかなのは、ファット・アクセプタンス運動の参加者は、他者との関係のとり方に苦心していたということだ。（ラディカル）フェミニズムが男という他者を措定することによって自己理解を得ようとしたのに対し、ファット・アクセプタンス運動の参加者たちに課されていたのは、太った身体を嫌悪する現実の他者とどのような関係を築きながら、自己を構築していくかということだった。

だからこそ、ファットとしての自己は、決して固定的なものではなく、関係論的に立ち上がる不安定なものなのである。そして、それゆえに、ファット・カテゴリーは、誰を指し、何を意味するのか、その外延がはっきりしないものとしてある。つまり、「ファットである」ということそのものが、自己規定の困難をもたらすのだ。

これを受け、続く第5章で明らかにすべきは、外延が不明瞭なものとしてのファットを、運動参加者によってどのように概念化し、学び、理解するのか、そして、それが行われる場ではどのような共同性が生成しているのか、ということである。次章では、積極的に主体化してフェミニズムやファット・アクティビズムへと参与する人びとではなく、ファットをどのように概念化し、ファットである行為の経験をどのように理解すればいいのか分からずに苦しむ多くの「普通」のファット・アクセプタンス運動の参加者を対象にする。かれらにとってファットであるとは何であり、どういうものとして経験されるのだろうか。これらについて考察するために、運動参加者によるミクロなインタラクションを描き出していこう。

（1）サンフランシスコ市内にあるＧＬＢＴ歴史協会のジュディ・フリースピリット（Judy Freespirit）アーカイブ・コレクションのなかに所蔵されている。

（2）この部分は、「Early feminism says we fight for ourselves. We don't fight for men anymore.」の訳である。「男性の

ために」という部分は、「男性の希望に従って」という意味を含むと思われる。
（３）ファット・リップ・リーダーズ・シアターは、１９８０年代初期にベイエリア地区で作られた演劇グループで、当時のアメリカの太った人びとに対する抑圧について、ユーモラスなセリフとともに演じた。例えば、「私のおばあちゃんが85歳で死んだ。みんなは、『肥満』が死亡原因だと言う。太った人は、何歳になれば、老衰で死ねるの？」[Lyons 2009: 83]。
（４）２００９年10月９日にオークランド市の彼女の自宅にて行われたインタビューから。彼女は、太った人たちを被写体としたヌード写真集『*Women en Large*』（1994）に、自身もモデルとして参加している。
（５）ファット・アクティビストたちが乗り越えようとした、「フェミニズムを超えた何か」が、セクシュアリティに関わる何かだったのかについては、さらなる慎重な議論が必要とされるため、ここでは暫定的な考察にとどめておく。
（６）例えば、Fat Lip Readers Theatre 以外にも、Big Burlesque, Bod Squad, Big Moves, Phat Fly Girls などのグループが出現し、そのいくつかは、今でも活動している。
（７）２０１２年２月２日に行われたインタビューから。マリリンは、ライオット・ガール（Riot Grrrl）ムーブメントに影響を受けたファット・アクセプタンス運動は、ノミ・ラム（Nomy Lamm）が先導していると述べた。
（８）第６章で詳しく説明するように、ＮＡＡＦＡは、アクティビストが中心となって、「ファット」の市民権を訴える社会運動の要素が強い。それに対し、ＡＳＤＡＨは、研究者や専門家が中心となって、身体サイズに関係ない健康のあり方についての情報・意見を交わす組織である。二つの組織のメンバーはオーバーラップしている。
（９）２００９年９月30日に彼女の仕事場のオフィスにてインタビュー。
（10）このスピーチの原稿は、「Reflections on Fat Acceptance: Lessons Learned from Privilege」として、彼女のＨＰで公開されている［https://lindabacon.org/wp-content/uploads/Bacon ReflectionsOnThinPrivilege NAAFA.pdf］（２０１８年４月８日最終閲覧）。
（11）移民経験や、海外で教育を受けた経験や、生まれなどから、複数のナショナル・アイデンティティや文化的アイデンティティを持つ人びとのこと［Abu-Lughod 1991: 137］。

（12）メタボリックシンドロームとは、内臓脂肪型肥満（内臓肥満・腹部肥満）に高血糖・高血圧・高脂血症のうち二つ以上を合併した状態を言う。特定健康診査、いわゆる、メタボ健診と言われるこの健診では、40～74歳の公的医療保険加入者が健診対象となる。そのうち、ウエストが男性85センチ以上、女性が90センチ以上の人で、血糖値１００㎎／dℓ以上、最高血圧１３０㎜Hgまたは最低血圧85㎜Hg以上、中性脂肪１５０㎎／dℓ以上または善玉コレステロール（ＨＤＬ）40㎎／dℓ以下のうち、一つに該当する者をメタボリックシンドローム予備軍、二つ以上に該当する者をメタボリックシンドロームと呼ぶ。

（13）プロジェクトスタート日は、当初8月6日に設定されたが、すぐに彼女はその日が広島に原爆が落とされた日であることに気づき、失礼なことをしてしまったと反省していた。

（14）ファット・アクティビストLesley KenzelのＨＰより［http://blog.twowholecakes.com/2008/09/where-are-all-the-allies-and-where-do-we-go-from- here/］（２０１４年3月3日最終閲覧）。

（15）ファット・アクティビストLesley KenzelのＨＰより［http://blog.twowholecakes.com/2008/09/rethinking-1000-fat-cranes/］（２０１４年3月3日最終閲覧）。

（16）ファット・アクティビストMarianne KirbyのＨＰより［http://www.therotund.com/?p=468］（２０１４年3月3日最終閲覧）。

（17）イギリス人ファット・アクティビスト。第3章参照。

（18）ファット・アクティビストMarianne KirbyのＨＰより［http://www.therotund.com/?p=1242］（２０１４年3月3日最終閲覧）。

（19）ＮＯＬＯＳＥは、太った人びとへの抑圧を廃絶するために、カリフォルニア州オークランドにレズビアンのための団体（National Organization for Lesbians of Size）として設立された。しかし、今は、ジェンダー、セクシュアリティなどのアイデンティティに基づかないファット・クイアの団体であると表明している。

（20）「A response to white fat activism from People of Color in the fat justice movement」より［http://www. nolose.org/activism/POC.php］（２０１４年3月3日最終閲覧）。

(21) マリリンは、第1章で取り上げた、ジョージア州アトランタの公衆衛生の子ども肥満予防キャンペーン「ストロング・フォー・ライフ（Strong4Life）」への抗議として、体重いじめに立ち向かおうというスローガンを掲げた「スタンド・フォー・キッズ（Stand4Kids）」キャンペーンを立ち上げた。しかし、ジョージア州のキャンペーンが、貧困地域の有色人種の子どもの肥満をターゲットにしていることが明らかであるのに対し、マリリンのプロジェクトの参加者の大多数は白人であったことから、貧困地域の有色人種のコミュニティの人びとの経験を、はたしてプロジェクトが共有しているのかという点で批判されている［http://www.nolose.org/activism/POC.php］（２０１４年3月3日最終閲覧）。

第5章　「ファット」であることを学ぶ
──情動的関係から生まれる共同性

1. なぜ集うのか?

肥満差別は、長らく差別だと認識されてこなかった。なぜなら、太っていることは不健康であり、また、肥満差別は減量によって回避可能だと考えられがちだからだ。さらに、ファット・アクセプタンス運動の参加者でさえ、実生活での差別や偏見に悩み、自己肯定感の欠如を払拭することや、ファットであることを肯定的なアイデンティティとして提示することは容易ではない。こうした現状があり、運動は誕生から50年が経とうとする現在でも、その政治的目的が達成されうる状況にない。しかし、それでも人びとは「ファット」というカテゴリーのもとに集い、そして、運動は持続している。NAAFA設立当初の1973年から運動に参加している71歳(2010年当時)のヘレン(仮名)は、人生の大半をNAAFAとともに生きてきた。彼女は、NAAFAのメンバーと集うことについて、筆者にこう言った。

〔NAAFAの大会に出席して〕私は、残りの1年、この世界を何とか生き延びられるように充電するの。1年が過ぎて、大会に参加するときには、私のバッテリーは切れかかっているから、また充電するの。私が充

電するんじゃなくて、NAAFAの大会が充電をしてくれるの。（2010年8月8日のインタビュー）

こうした運動参加者の語りを聞けば、かれらが集い、語り合うなかで、どのような関係性が生まれ、その関係性のなかでどのように「ファット」の意味が交渉・共有され、それによってどのような共同性が生成しているのかという問いが浮上してくる。

本章では、ファット・アクセプタンス運動の場において生成する共同性に注目し、そこで行われる言語使用実践や身体実践を通して、運動に参加する者たちがファットであることについての考え方や価値観をどのように作り変え、どのように学んでいくのかを描いていく。特に、社会運動論や人類学においても、これまであまり論じられてこなかった、笑いやユーモア、他者への関心や配慮などの情動的なつながりが、共同性の生成にどのような役割を果たすのかに注目したい。アクティビストだけでなく、ファットである行為の経験をどのように理解すればいいのかが分からずに悩み苦しむ、多くの「普通」の運動参加者を分析の対象に積極的に取り入れながら、以上の問いに答えていこう。本章では、具体的な個人と個人が出会い、共同的な活動を行う場に内在する性質を、さしあたって、共同性と呼ぶことにする。次節では、人が集まるときその共同性を成り立たせているものは何なのかということを考えるために、文化人類学で特にこの問題を論じてきたいくつかの研究の流れを整理しておきたい。

2．共同性について考えるために

(1) 結果として生成する共同性

社会運動論では、人びとが集う根拠となるものを集合的アイデンティティと形容してきた。集合的アイデンティティは、一般に、「相互に交流している諸個人によって生み出される、相互作用的であり共有された」ものと考えられている［メルッチ 1997: 29］。ただし、メンバーに何が共有され、そこにどのような共同性が成立しているのかについては、さまざまな意見がある。利害関心や価値規範、経験を共有していると考える者や、そこには道徳的で感情的なつながりがあると考える者もいる［e.g. Taylor and Whittier 1992; Polletta and Jasper 2001］。

社会運動の「場」に立ち会うことが可能な文化人類学者は、なぜ人が集い、そこでどのような共同性が生成しているのかを現場から記述してきた。特に、近年の文化人類学における自助グループについての研究は(1)、自助グループ内にあらかじめ秩序や画一的な信念や価値観、集合的なアイデンティティがあるとする見方を批判し、むしろ、内部にある差異や変化や創造性が、いかに共同性を成り立たせているかに注目して展開してきたと言える。

ジーン・レイヴとエティエンヌ・ウェンガーによる「実践共同体」は、こうした議論が活発化する契機となった。かれらは、共同的な活動に従事し、知識や技能やアイデンティティを習得する動態的な過程そのものを「実践共同体」という概念で定式化して、学習論を展開した［レイヴ／ウェンガー 1993］。かれらは、アルコール依存症者の自助集団であるアルコホリック・アノニマス（以下ＡＡ）を実践共同体の例として扱っている。ＡＡでは、断酒を望む参加者たちが、「12ステップ」という教義に則り、ライフヒストリーを語り合い、アルコール依存症についての理解を深め、生き方を再解釈していく。参加者は、十全な参加を通して、やがて、アルコール依存症患者というアイデンティティを獲得していく。しかし、画一的な規範や信念、価値観を獲得していく平坦な学習プロセスというイメージは、批判を受けることになる。すなわち、学びのプロセスにあるはずの共同体内部の差異や変化、創造性を見出すことができないという点に対する批判である(2)［田辺 2002; 田中 2002］。

そこで、レイヴらが関心を向けなかった共同体内部の差異や変化や創造性に注目しながら、自助グループを論じる研究が提出された。例えば、医療人類学者のホリー・マシューズは、乳がん患者の自助グループを対象にしている。彼女は、乳がん患者たちの個々人の不満や不安が共同的な活動を通して露呈され、参加者が対立する意味や矛盾を交渉し、意見を一致させていくなかで、新しく共有された文化的意味が作り上げられていくのだと論じた［Mathews 2000］。また、田辺は、タイ北部のＨＩＶ／ＡＩＤＳの自助グループの事例を分析している。ＨＩＶ感染やエイズ発症という生の困難を抱え、差別や排除を経験してきた人びとが、自助グループへの参加を通じて、生の理解を協働的に構築していく様子を描いている。かれらは、慣習的な知や実践に立ち返りながら、「共有されるべき生命や生活の意味を問い、あるいはそのための新しい秩序を作り上げようとする」という［田辺 2008: 149］。

それとは別の自助グループの有り様を提示しているのが、佐藤和久である。佐藤は、アメリカのニューヨークにおいてＨＩＶ感染者の自助グループを描き出す。佐藤によると、自助グループというものは、通常「共同体的な信念や共有された規範、イデオロギーを持つ」と考えられているが、彼が観察したＨＩＶの自助グループでは、ＨＩＶ感染そのものの意味に関する、共有された新たな規範や信念モデルの形成は見られなかったと述べる［佐藤 2008: 34］。そこでは、参加者ごとに異なるＨＩＶ感染についての意味が解釈し続けられる。しかし、個々の参加者の境遇を理解するための解釈枠組みとなりうる規範や見方が調停されることはなく、違いは違いのまま認められるという。この集まりにおける共同性の核心は、「その共同的な活動に参加すること」［佐藤 2008: 35］のみにある。逆に言えば、それ以外においては、ＨＩＶ感染についての共有された意味やアイデンティティへの志向はほとんど見られない。佐藤は、そのような共同性のあり方を、大杉高司の言葉を借りながら、「非同一性の共同性」［大杉 2001］だと指摘する。それは、「自らが何者であるのかについて定まった一定の解釈に安住しえない人びとが、そのことを契機として一時的にある空間に集まり、自分たちが何者であるのかを解釈し続けるときに生まれるような、局所的・限定的な共同性」だという［佐藤 2008: 35］。

これらの研究が示唆するのは、平井が述べるように、「集合的なアイデンティティないし共同性の生成は、コミュニティの成員になるための要件なのではなく、むしろ結果であると考えたほうがよい」ということだ［平井 2012: 29］。

⑵ 社会運動の場において生成する情動的関係性

集合的アイデンティティや共同性が、具体的な個人が交流することによって生まれてくるものであるとすれば、本章が注目したいのは、結果として共同性の生成をもたらすような、そうした場で生じる情動的関係や親密な関係、冗談や笑いを喚起するような関係の存在である。人が出会い、交流するということは、そこに何らかの関係性が生まれてくるはずだからだ。

これまで、社会運動論では、行為の動機となったり、事態を動かす役割も果たしうる情動や感情は、観察しづらく、非合理なものとして考察の対象にされることはなかった［Jasper 1998］。例えば、ファット・アクセプタンス運動についての研究も、これを論じる研究者は、運動を明確な目的志向を持つものとして描くきらいがある。この運動について多くの著作がある社会学者のサゲイは、ファット・アクセプタンス運動の人びとはアメリカの肥満問題に、「身体の多様性」というフレームを持ち込むために運動を進めていると論じる［Saguy and Riley 2005］。しかしながら、彼女の研究に見られるように、こうした「ファット・アクセプタンス」の研究は、研究者自身が肥満差別の廃絶という政治的理念に共鳴するあまり、運動を図式化し過ぎてしまう。具体的な人びとの出会いがどのような関係性を生み出し、それが運動をどのように導くのかという点には関心を払わない。

近年、身体の感覚や感情と理性の関係に関心が高まるにつれ［cf. ダマシオ 1994］、情動や感情の役割が社会学や人類学の領域でも注目されるようになってきた。社会運動論のジャスパーは、情動や感情は、人びとを結びつけて連帯させたり、対立を起こしたりするものであり、認知的な意味づけや道徳的価値観と同じように社会生活の一部を構成すると述べる。したがって、情動や感情を分析の対象から外すわけにはいかないと主張する［Jasper 1998: 399, 402］。特に、レイヴとウェンガーの実践共同体論とそれに影響を受けた後続の議論は、平井が指摘するように、具体的な他者の生への配慮／関心や共感が生み出す他者との情動的関係が、「新たな関係性を形作ったり、知や実践の様式の創造を促進したり、外部社会に働きかける自信を与えたりする過程が検討されることはなかった」。しかしながら、最近では、情動が社会運動のコミュニティ形成にいかなる役割を果たすかを考察することが、重要な研究課題と考えられるようになってきた［平井 2012: 14］。このように、社会運動を合理化して理解しようとしてきたこれまでの議論への反省から、近年、社会運動の場での情動や感情の重要性について論じる研究が提出されつつある［e.g. Gould 2009; 佐藤 2011; 田辺 2012］。筆者もこの流れを重要なものだと捉える。

情動や感情が何を指すのかについては、それを使用する論者によって若干の広がりがある。例えば、田辺は、タイ北部のエイズ自助グループを事例に、「個体（身体）と他の個体、あるいは外的な力との出会いで注目すべきことは、互いに触発、感応し、互いの身体や精神に変様が現れ、その効果として喜びや愛、あるいは逆に悲しみや憎悪などの『情動（感情）affectus, affect』が生じること」だとし、そこに共同性の地平を見出す［田辺 2012: 248］。

また、佐藤は、アメリカで１９８０年代に展開されたアクトアップ(3)というエイズ・アクティビズムにおける情動の役割について分析している。アクトアップが、１９８０年代後半から一定の期間であっても持続したのは、その活動の場が、ユーモアや笑い、快楽と喜びなどの多種多様な感情に満ちあふれた出会いの場であったからだという理解を提示する。そして、エイズ危機を終結させるという政治的理念の追求とともに、多様な情動が削ぎ落とされていくなかで、アクトアップは衰退したのだと指摘する［佐藤 2011］。

さらに、佐藤が情動の議論の根拠とする社会学者のデボラ・グールドの研究にも言及しておく必要がある。彼女は、社会運動のなかに混在する相矛盾する感情に焦点を当てている［Gould 2001, 2009］。彼女は、アクトアップについてのモノグラフのなかで、情動（affect）と感情（emotion）を区別している。情動は、身体の強度の潜在的な力であり、無意識で言語化される以前のものであり、感情とは、それが例えば、怒りや恥、誇りなどとして顕在化・具体化し言語化されたものだと論じる。すなわち、情動は不安定で、構造化しておらず、また、首尾一貫しておらず、言語化されていない。それに対し、感情とは、人があるときに感じたことを個人的に表現したものであり、その表現は社会的慣習や文化的に構造化されたものなのだと論じる［Gould 2009: 20］。無意識で、非言語的、混乱状態で、不透明なものとしての情動的な感覚を前に、人は、自分が今感じているものが何なのかを言語化できないという不穏な状況に直面する。そして、そうした情動的な感覚は、それを理解するように駆り立てる力となる。意味が生成される場としての社会運動は、「情動的な状態を『意味あるものにする（"make sense"）』」［Gould 2009: 28］場とも言えるのだ。

グールドのこの指摘は、本論にとって非常に重要である。なぜなら、これから見ていく事例は、ファットとして自己規定しながらも、そのことに困難や違和感を抱えた人びとが、直接に出会い交流することによって、ファットであることの意味や矛盾を行為遂行的に理解していくプロセスであるからだ。そのプロセスを、グールドが言うような情動に意味を与えていく創発的なプロセスとして捉えることができると考える。そこで、本章では、グールドの情動理解に倣い、情動を怒りや悲しみ、楽しさ、配慮などのさまざまな感情へと転化していく可能性をはらんだものとして理解したい。そして、情動的な関係とは、そこから生まれる具体的な個人同士の関係を指すものとしておく。

次節からＮＡＡＦＡのメンバー同士の、言語使用実践や身体実践をめぐる、より詳細なインタラクションへと記述の焦点を移していく。インタラクションの場は、主に、年に1度行われるＮＡＡＦＡの年次大会である。筆者は、ロサンゼルス（２００８年8月8日〜13日）、ワシントンＤＣ（２００９年7月30日〜8月3日）、サンフランシスコ（２０１０年8月5日〜8日、9日に健康についてのワークショップ。２０１２年8月2日〜6日）で行われた年次大会に計４回参加した。年次大会は、全米からメンバーが集い、企画されたさまざまなイベントを通して、メンバー同士が交流を深めることのできる唯一の機会である。また、ファット・アクセプタンス運動を牽引するＮＡＡＦＡという組織の指針を、公式に確認する場でもある。あるメンバーが筆者のインタビューに語ったことだが、年次大会は社交の場であると同時に、政治的に決起する場でもあるのだ。本章では、これらの場での、メンバー同士の（ときにはメンバーと筆者との）ミクロなインタラクション、なかでもかれらの言語使用実践や身体実践に注目することによって、「ファット」が、どのように概念化され、その意味の生成や交渉が行われているのかを明らかにしていく。

同じく社会空間のなかの情動に注目する人類学者の西井涼子は、フィールドにおける具体的な人間同士の直接的な関係性や身体性について以下のように述べる。不満や不安、笑いやユーモア、他者への配慮などの情動への注目によって、人間が「身体を持つ」存在であること、身体を持つ人間が行為を行うということ、そして、人間同士の直接的な関係が生み出される場が形成されていくこと、こうしたことを生き生きと描き出すことが可能になる［西井 2011］。フィールドワークは、場に生成する出来事を捉えようとする営みであり、フィールドの現場に立ち会う筆者もまた身体を持つ人間である。筆者は日本人女性としてはごく平均的な身体サイズだと自認するが、運動参加者からは、細い、小さい、などと形容されることが多かった。それに対し、参加者のほとんどは白人女性で、目視で100キロ以上から200キロ（あるいはそれ以上）の体格を持つ者が大半を占める。本章が共在性に注目するものである以上、調査対象者とのコミュニケーションに影響を与える筆者と被調査者の身体性も、記述に入ってくるだろう。

3.「ファット」であることを学ぶ

(1)「ファット」から連想されるもの

事例に入る前に、アメリカでは一般的に、「ファット」がどのような意味内容を持つものとして連想されるのかを確認しておきたい。

表5－1　NAAFAの大会のワークショップにて（2008年8月9日）

Fat	Thin
lazy, fast eating, unhealthy, uninsured, afraid of sex, no sex, muumuu, chocolate cake, PB/C.C., smelly, stupid, Lay-z-boy, couch potato, ugly, poor, unemployed, traitor, disgusting, pig, whale, elephant, bear, tent, sloppy, slovenly, glutton, live to eat	rich, athletic, healthy, high fashion, fashionable, model, celery stick, cottage cheese, tap water, weak, puny, fragile, beanpole, toothpick, eat to live, disciplined, finicky, slow eating, bikini

表5－2　エル・セリート市近郊の小学校高学年のクラスにて（2008年12月18日）

Fat	Thin
unhealthy, disabled, turn-off, EAT!, ugly, lazy, stupid, romantically-challenged, teased, no feelings, contagious, scary, monster, fear, disease, not athletic, not TV star, cow, pig, junk food	healthy, does not eat, beautiful, fragile, delicate, turn-on, sexual attraction, high society, SES, dumb blond, Barbie, Olympic, skirts, shorts, skinny jeans, bathing suits, bikini, skim milk, soy milk, salad, anorexic, bulimic

表5－3　サンフランシスコのコミュニティ・カレッジの「摂食障害と心理学」の授業にて（2009年3月15日）

Fat	Thin
lazy, stupid, slovenly, unhealthy, Midwest, Omaha, less intellectual, disease, substandard, fear, romantically-challenged, scary, friend, depressed, Walmart, sweaty, smelly, bad, bed, couch, OK to discriminate, PC to mock, McDonald, whale, elephant, hippo, cow, pig	beautiful, energetic, athletic, healthy-unhealthy, skinny-jeans, Hollywood, streetwalker, discipline, uptight, tall, $$$, lovers, high-fashion, bikini, anorexic, stick, twig, pencil, beanpole, Subway, bony, salad, starving, skim milk, soy milk

表5－4　サンフランシスコのコミュニティ・カレッジの「摂食障害と心理学」の授業にて（2011年3月12日）

Fat	Thin
sloppy, lazy, unattractive, unhealthy, unmotivated, depressed, weed, soul food, American, insecure, jolly, Twinkies, fast cheap food, tired, brownies, bitch, muumuu, donuts	athletic, Barbie, attractive, stuck-up, healthy, bulimic, self-control, lucky, depressed, confident, superior, rich, celery, carrot, raisin, diet coke, pea, Tic Tac, water, shit≠stink, stripper, model, dopefiend, insecure, neronichic, bitch, bikini, cold, protein, 00size, geek, protein, energetic

サンフランシスコを中心に活動するファット・アクティビストのマリリン・ワンは、NAAFAの大会のワークショップをはじめとして、小学校、コミュニティ・カレッジや大学などの教育現場で、「ファット・スタディーズ」の出張講義を行っている。彼女の講義では、「3分間象徴人類学」と題し、「ファット（fat）」と「痩せ（thin）」という言葉から関連づけて想起される言葉を受講者に考えさせ、発表してもらうようにしている。表5－1から表5－4は、筆者が参加したクラスの受講者から出された言葉をリストアップしたものだ。

辞書的な意味としての「ファット」は、脂肪細胞のことであり、身体にそれが付いて太った状態のことであるが、各クラスとも、「ファット」とそれに対立する「痩せ」については、さまざまな意味がリストアップされた。概ね、以下で述べるような特徴があった。

表5－1から表5－4を見ると、表5－4の「jolly（陽気な）」以外、「ファット」は、ほぼすべてネガティブなものと関連づけられていることが分かる。「lazy（怠惰な）」「unhealthy（不健康な）」はすべてのクラスであげられた。また、表5－1から表5－3にあるように、「stupid（馬鹿）」も3クラスであげられた。さらに、注目すべき特徴としては、食べ物と関連づけられることが多いということだ。例えば、「chocolate cake（チョコレートケーキ）」（表5－1）、「junk food（ジャンクフード）」（表5－2）、「Omaha（オマハ）[4]」「McDonald（マクドナルド）」（表5－3）、「soul food（ソウル・フード[5]）」「Twinkies（ツインキー[6]）」「fast cheap food（ファスト・チープ・フード）」「brownies（ブラウニー）」「donuts（ドーナツ）」（表5－4）などがあげられている。これらの食品（食品を提供する店や土地も含む）には、脂質や糖質が多く、高カロリーというイメージがある。

それに対し、「痩せ」では、すべてのクラスで「bikini（ビキニ）」があげられていることは注目に値する。また食べ物との関連では、「cottage cheese（カッテージチーズ）」（表5－1）、「celery（セロリ）」（表5－1、表5－4）、「salad（サラダ）」「skim milk（スキムミルク）」「soy milk（豆乳）」（表5－2、表5－3）、「carrot（にんじん）」「raisin（レーズン）」「diet coke（ダイエットコーラ）」「pea（豆）」「Tic Tac（ティック・タック[7]）」（表5－4）などの脂質や糖質の少ない「健康的」な食物と関連づけられている。

もちろん、「痩せ」に対するネガティブなイメージがないわけではない。「finicky（気難しい）」（表５－１）、「anorexic（拒食症的な）」（表５－２、表５－３）、「bulimic（過食症的な）」（表５－３）、「uptight（神経質な）」（表５－３）、「dopefiend（麻薬中毒者）」「insecure（不安定な）」「neronichic（暴君的な）」（表５－４）などは、ガリガリに痩せた人のイメージとしてあげられたものであろう。

まとめるならば、大まかに言って、「ファット」にはネガティブな含意があり、太っていることは嫌悪の対象として連想される。それに対し、「痩せ」にはポジティブな含意があり、過度にガリガリの痩せイメージを除けば、痩身は好まれる対象として連想されることが分かる。ファット・アクセプタンス運動では、こうした否定的な特性を持ったものとして想起される「ファット」概念を、意味づけし直そうとしていくのだ。

次に年次大会の概要を説明した上で、事例を描写していこう。

(2) 年次大会の概要

筆者が参加した四つの年次大会は、ホテルの大広間をいくつか貸し切って行われた。期間中、参加者の多くは大会が開催されるホテルに宿泊し、広間やプールで開かれるイベントやワークショップや総会などのプログラムに参加する。参加者は、毎年およそ１００名から３００名程度いる。年々参加者は少なくなりつつあると言われている。特に、リーマンショック後の２００９年の年次大会は参加者が著しく減り、大会は前年よりも小規模なものであった。大会の参加費は、すべてのプログラムに参加するとおよそ２００～３００ドル近くかかり、それにホテル代や飛行機代を加えると、人によってはかなりの出費になる。役員の１人が「最近の経済状況のせいで、今年はお金が集まらなかった」と言うように、参加者の減少は組織にとっての死活問題である。(8)

参加者は全プログラムに参加しなければならないのではなく、自分が興味のあるプログラムに参加し、それ以

表5－5　2010年8月6日のNAAFA年次大会スケジュール

時間	プログラム	内容
08:00–09:00am	水中エアロビクス	
08:00–09:00	ベリーダンスを学ぼう	
09:00–10:00	登録受付	
11:00–12:30	NAAFA2010年次総会	昨年のNAAFAの活動報告
01:00–04:30pm	ホスピタリティ部屋オープン	メンバー同士での談話や、トランプやUNOなどのゲームをする多目的部屋
01:00–02:30	オリエンテーション	新メンバー向けのオリエンテーション
01:00–02:30	ワークショップ：NAAFAの戦略についてのQ&A	
02:45–04:15	ワークショップ：境界を引くこと	NAAFAの年次大会、仕事場、病院、家族でのインタラクションにおいて、相手との間にきちんと境界を引くことの大切さを学ぶ
02:45–04:15	ワークショップ：スーパーサイズな人生を活動的に生きる	座って行うヨガ、電動車いすの実演
02:45–04:15	ワークショップ：太った男としての人生（男性のみ）	女性の運動と思われがちなファット・アクセプタンス運動に、男性として何ができるか、男性にとってのファット・ライツとは何か、などについて話し合う
04:30–06:30	ファット・アドボカシーの訓練	ファットの権利を、国やメディアにどう訴えていくかについてのワークショップ
07:00–10:30	2010ファッション・ショーとオークション・ディナー	プラスサイズのデザイナーが作った洋服でファッション・ショーを行う
10:00–02:00am	ホスピタリティ部屋オープン	
11:00–01:00am	プライベート・プール・パーティ	

外の時間は、参加者が自由に使えるホスピタリティ部屋やホテル内のカフェで、メンバー同士で雑談をしたり、プールに入ったり、ホテルの自室に戻るなどして、ゆっくり時間を過ごす。

表5－5は、年次大会のプログラムの一例であるが、ここからうかがえるのは、いかに楽しく身体を動かすかに力点が置かれたワークショップをはじめとして、メンバーたちが太った身体で生きていくために有益になるようなワークショップや、ファット・アクセプタンス運動を推進していく上での情報交換のためのワークショップなどがプログラムとして組まれているということだ。また、夜のプログラムは、ファッション・

ショーやプール・パーティ、ダンス・パーティなど、社交をメインとしたスケジュールで埋められている。つまり、政治的な決起の場であるだけにとどまらず、生活する上で必要な実践的な情報を提供するものや、娯楽を目的にしたものなど、メンバーの多様な関心に沿ったプログラムで構成されていた。筆者が参加した年の大会は、ほぼすべてこうした特色を持っていた。

本章冒頭で触れたヘレンによると、彼女が初めて参加した年次大会では、現在のような楽しいイベントはなく、「政治的な活動やアクティビズムに取り組んでいた」というが、徐々に政治的な活動だけでなく、メンバー同士の交流を深めるようなイベントが考案され開催されるようになっていったという。

次項から、いよいよ事例へと入っていくことにしよう。まず、「ファット」であること、「ファット」として生きることを、参加者がどのように語り合うかに焦点を当てていく。

(3) 転倒する「ファット」と「痩せ」の意味

メンバーたちは、「ファット」と「痩せ」という対立する言葉の意味や身体をどのように位置づけているのだろうか。二つの意味づけを逆転させ、太っているほうが幸せだったと語るキャサリンの事例を見てみよう。

《事例１》太っていたときのほうが幸せだ（２０１０年８月７日のフィールドノートのまとめ）

ＮＡＡＦＡのメンバーになって29年目（２０１０年当時）のキャサリン（仮名）は、大会会場のホテルのロビーに座っていた私に「ここ寒いわね」と話しかけてきた。彼女はファット・アクティビストとして、１９８０年代、１９９０年代に活動し、現在もニューヨークでファット・アクティビズムのためのグループを作っていると言った。それから彼女は自分の身体が寒い理由を話し始めた。彼女は、８年前まで体重４７０パウンド（２１３キロ）あったという。今は、２９０パウンド（１３１キロ）である。足の関節を痛めたため減量したのだという。そのとき、立ち上がることも、車いすに乗ることもできなくなり、寝室からバスルームへの移動もできなくなってしまったという。友人から、減量手術を受けるように強く言われ、彼女は「それだけは嫌だ」と言った。しかし、バスルームに自分で行けないのなら手術を受けて減量する以外にないと説得され、「本当に仕方なく手術を受けた」のだと語る。彼女は、手術台の上でも泣いたのだという。そして、「213キロあったときのほうがずっと、ずっと幸せだった。ありのままの自分（the way I am）が大好きだった」と嘆いた。手術を受けてから、今も、食欲や身体のコントロールが自分でうまくできないと語る。

そこに、彼女の友達2人が通りかかり彼女に勢いよく挨拶する。彼女は友達に対しても再び、「スパッツをはいてるんだけど、寒いの」と切り出した。そこから、どこの店のスパッツがいいかの話で盛り上がる。友達が去り彼女はこう言った。「ファット・コミュニティでは、本当にパワーをもらうし、居心地が良い。でも、ここを出ると差別されるのよ」。

キャサリンが、131キロよりも213キロだったときのほうが幸せだったということは、自力歩行の可能性を考慮するなら、筆者には不合理に思える。しかし、会話の最中に何度も「寒い」と語ることからも、肥満手術のせいでよほど身体のコントロールがうまくいかなくなっていると予想された。NAAFAは、肥満手術を受けることについて反対しているため、手術をしたと公言する人はほとんどいない。彼女は、会話の途中に何度も「手術には本当に反対しているの（I am against, against surgery）」と言っていたように、手術を受けた彼女自身ですら、手術に反発している。そして、もう元には戻れないという事実から、太っていたときのほうが幸せであったという思いを強くしているのだろう。

しかしながら、このキャサリンのように、「ファット」の意味づけを完全に転倒させてしまう例は珍しい。次節で紹介するように、むしろ多くの場合において、「ファット」のネガティブな意味づけを否定する際には、戸惑いや躊躇を伴うことが多かった。

(4)「ファット」として生きることを語り合う

《事例２》ワークショップでのディスカッション
――ＮＡＡＦＡの外の世界との折り合いのつけ方（２００９年７月31日のフィールドノート）

「境界線を引くこと」というタイトルのワークショップが開かれ、太っている人が他人との関係をどうとるかについての討論が行われた。ホテルの宴会場の一室を会場に、30人ほどの参加者は椅子を円にして向かい合って座っていた。オーガナイザーのリサは参加者に対し、ダンスに誘われたらどう答えるべきか、家族から減量するように言われたらどうするか、医師に肥満手術を勧められたらどう答えるか、などの具体的な議題を投げかける。それについて参加者は各々に意見を出す。「家族が減量しなさいと言ったらどうする？」というリサの問いかけに、参加者からは、「放っておく」「家を出る」など、家族との関係をどうとるかという観点からさまざまな意見が出された。リサはそれをホワイトボードに書き留めた。最終的に参加者全員で、①「分かった」、②「〔でも〕もうすでに自分の健康には十分気を使っている」、③「このことについてあなたがコメントするのは良くない」、④「だから口出ししないで」という筋書きを作り上げた。（傍線部筆者強調）

このワークショップでは、自他のバウンダリをどのように引いていくのかについて、ディスカッションで意見が対立するというよりも、皆で一緒に解決策を考えていることがうかがえた。参加者には、アクティビストもいれば、新メンバーや次の事例で紹介するような久しぶりに参加するメンバーなどさまざまな人がいる。長年の参加者であっても、ひとたびＮＡＡＦＡを離れると自信をなくすこともある。そのため、ワークショップでは、皆が各々に自分の経験を語り、知恵を出し合い、体重や外見に対して否定的なことを言われたときに言い返すことができるように、テクニカルな意見も出されるのだと推察される。

《事例３》大会への参加目的を語る（２００９年７月31日のフィールドノート）

ある女性が、レストランでデザートを食べているときに、知らない人から「デザートを食べなければ痩せるよ」と言われたから、「けんかしたいの？（Would you like to wrestle?）」と言い返してやった、というエピソードを話し始めた。それを皮切りに、皆が各々の経験を話し始め、ワークショップはどんどん白熱し始めた。そのとき、大きな中年の白人女性が、戸惑った様子でしゃべり始めた。彼女は10年前にメンバーになり、断続的に年次大会に参加していたが、最近は参加していなかったという。そのためか、ＮＡＡＦＡに知り合いがあまりおらず、緊張した面持ちだった。なぜ今年参加しているかというと、最近また太り始め、自分の身体に心地の悪さを感じてきたからだと語った。ＮＡＡＦＡの年次大会への参加を決めたときに、そのことを友人に話したら、「そういう集まりに行くんじゃなくて、どうやったら痩せるかということを考えなきゃダメじゃない」と言われたという。そういうとき、何と答えればいいのか分からなかったと彼女は困惑気味に話した。その話を聞いて、参加メンバーたちが再び、私ならこう答えるというようにコメントし始める。「私は太っていることが好きなの。みんな黙れってのよ（I like being fat. Shut people up.）」「失礼なのはあなたよ。それは身体のサイズに対する偏見よ（Excuse you, that's size prejudice.）」と言うべきだなど、さまざまなコメントが出された。（傍線部筆者強調）

事例３では、「最近また太り始め、自分の身体に心地の悪さを感じてきた」と語る彼女の参加目的から、彼女が自己の身体との折り合いのつけ方に苦労していることが分かる。自己の身体といかに折り合いをつけるかということだけでなく、家族や友人から自分の態度を受け入れてもらえるかどうかということは、とても難しい問題である。

「ファット」に対する意味づけや太った身体をどのように受け入れているか、極端に言うなら太ったままがいいのか、あるいは痩せたいのかによって、参加の目的や参加態度も異なってくる。例えば、あるワークショップのとき、筆者の隣に座ったＮＡＡＦＡのなかでは比較的痩せている中年男性が、小声で筆者に話しかけてきた。「君、なんでここに来たの？　細い（skinny）じゃない」。筆者は、自分が調査者であると答えようとしたが、返答する隙も与えずに彼はこう続けた。「あと４パウンドがなかなか痩せられなくてさ」。この男性は、ワークショップの途中で退席し、その後も会場で見かけることはなかったため、なぜ参加しているのかを聞くことはできなかった。

マリリンによると、ＮＡＡＦＡの大会に来ているにもかかわらず、ダイエットの方法などについて雑談している人たちは毎年いるという。こうした参加者がいることについて彼女はとても残念だと語る。太った人びとの市民権の獲得を願う人と、痩せるためのダイエット話をする人は、参加に対する動機や目的意識が異なるだろう。さらに、１人の人間のなかにも、太っていることを受け入れたいという思いと、しかしながら同時に、痩せることを完全にあきらめたわけではないという、矛盾した姿勢が垣間見える。そして、このことが、運動を不安定なものにしていると言える。

(5) 配慮の空間――身体実践から立ち現れてくる「ファット」

身体を介したメンバー同士の相互作用の事例を確認していこう。

《事例４》バランスを崩して倒れる――介入の境界（２０１０年８月９日のフィールドノート）

ミーティング中に、何かが落ちたような大きな音がした。一番後ろの席に座っていたメンバーのなかでもとりわけ身体の大きなエレン（仮名）が、座席から突然横転したようだ。あまりに大きな音だったので、皆が振り返った。意識を失ったりしていたわけではなかったので、おそらくバランスを崩したのだと思われた。彼女は2分ぐらい起き上がることができなかった。手を出そうとした隣の人に「大丈夫だから、大丈夫だから」と何度か言ってやっと自分で立ち上がり、誰も付き添うことはなく1人でスクーター(9)に乗って部屋を出ていった。ミーティング後に何人かのメンバーの「エレン、大丈夫かしら」「本当ね」という会話が聞かれたが、積極的に誰かがエレンを探して介助しようとするわけでもなかったことに驚いた。

あまりに大きな音だったので、筆者は、大変なことが起こったのではないかと思った。メンバーの何人かは手を出しながら助けようとしたが、彼女が断ると、それ以上は介入しようとしなかった。筆者はこの事例あたりから、「介入しない領域」と「介入し手助けをする領域」が、メンバー間のインタラクションで決められていき、そのなかで「ファット」の意味についての輪郭が描かれていくのではないかと考え始めた。

《事例5》 椅子の譲り合い（2010年8月7日のフィールドノート）

ディナー・パーティでの光景だった。ホテルの宴会場が会場となり、円卓が20以上も並べられた大きなホールで行われる。昼の服装とはうって変わって、パーティ用の服に身を包んだメンバーたちが続々と入ってくる。スクーターに乗っている人や杖をついている人もいる。ある女性が、会場に入ってくる知り合いと思われる女性に向かって「こっちにおいで、席あるわよ」と言って手招きした。確かに椅子は一つ空いていたのだが、手招きした女性は隣の円卓から椅子をもう一つ持ってきて、友人に二つの椅子を用意した。すでに座席が一つ空いているのにもう一つ椅子を持ってきてあげるのか、と私は何気なくその光景を見ていた。友人は「ありがとう」と感謝しながら、用意された二つの椅子にお尻を置いて腰掛けた。椅子二つはちょうど彼女のお尻の幅と同じだった。

椅子の譲り合いをしている人たちは、相手の身体の幅を暗黙のうちに察していた。この出来事以降、大会会場を見回してみると、椅子の譲り合いの光景や通路の譲り合いの光景がよく見られることに気づいた。足を曲げるのに困難がある人に対しては、足を伸ばして座ることができるように椅子を三つ用意してあげる。また、スクーターに乗っている人がテーブルにつくのを見たメンバーは、椅子を別の場所へよけてスクーターが入る空間を確保してあげる。ワークショップの会場で円卓と椅子がびっしり並び、身動きがとりづらく目的地へたどり着けなくて困っているメンバーに対しては、椅子を立ち通路を空ける、椅子をよける、などの行為が頻繁に行われていた。こうした他者への配慮は、お互いが知り合いかどうかにかかわらず自然に行われているようだった。

事例4、事例5から、太っていることの「輪郭」は、身体を介したメンバー同士の相互作用のなかで、徐々に立ち現れていくことが分かる。そして、それは、他者への関心と配慮によって成り立っているのである。

⑹ユーモラスな空間

ヘレンは、かつてロサンゼルス近郊の街で小学校の教員をしていた。彼女は、自分が太っているために、結婚生活も破綻してしまい、恋愛もうまくいかず、「世界最大級の劣等感を持っていた」と言う。そんな彼女は、毎年大会に来るのを楽しみにしている。「大会では、隣に誰が座っていようとも誰もがフレンドリーで優しい」のだと言う。以下は、彼女が筆者に話した、彼女が大好きなプログラムの思い出についての記述である。

《事例6》デザート・パーティでの驚き（２０１０年８月８日のインタビュー録音データのまとめ）

アトランタで行われたある年の大会で、デザートのみを大量に食べるパーティに参加したときのことだという。太っていることに悩み続けてきた彼女は、デザートだけを食べることは「とても勇気のいることだった」と語る。パーティでは、たくさんの種類のおいしそうなケーキやデザートがテーブルに並んでいた。見回せばその周りのメンバーたちも各々が好きな種類を好きな量だけ取ってお皿に盛って食べていたという。彼女は全種類を食べたかったので、少しずつ切り取ったすべてのデザートをお皿にのせてもらい、少しずつすべてのデザートを味わったのだという。大会を終えて帰宅するときには、「絶対に、確実に１００パウンドぐらい（約45キロ）は太っているだろうと思っていたの。家に帰ったら、10パウンド（約４・５キロ）減っていた」のだ。そのときに通っていた精神科医にこのことを話したところ、医師から「なぜだか分からないの？」と聞かれたが、彼女は分からなかった。医師は「君が楽しんでいたからだよ。愛に満ちあふれた雰囲気のなかでリラックスしていたからだよ」と言ったのだそうだ。そして、彼女は「それは本当なのよ」とうれしそうに筆者に語った。

このエピソードからは、彼女が一番の思い出だと言うケーキの食べ放題は、「フレンドリーで優しい」仲間と一緒の楽しい状況においては、たくさん食べたにもかかわらず太らなかったという、具体的で身体的な楽しかった経験として記憶に刻印されていることが分かる。彼女によると、過去には、現在にはないようなユーモアに満ちたプログラムが他にもたくさんあり、その年ごとの特色もあったそうだ。

このインタビューの際に、彼女は、他にもいろいろな楽しい思い出を話してくれた。自分が参加していないイベントで、人から聞いたのだが、面白いことがあったのだとやや興奮気味に話してくれたのは、サンディエゴでの大会でのことだ。メンバーたちが、お風呂に隙間がなくなるまで次々と入り、その後、みんなが浴槽から出たときには「水がこんなに（ほとんど）なくなっちゃったらしい」と、大笑いしながら話した。

しかしながら、ＮＡＡＦＡの大会でどれほど楽しい経験をし、自分に自信が持てるようになったとしても、ひとたびＮＡＡＦＡの外に出ると、太っている者に対する世間の偏見や風当たりは強く、生きてくのは辛い。インタビューのなかで、彼女は、NAAFAのおかげで太っている自分にも自信が持てるようになった、と何度も繰り返して語った。だから、毎年、ユーモアに満ちたイベントに参加して楽しむことを心待ちにしているのだ。

《事例7》ファッション・ショー（2010年8月8日のインタビュー録音データのまとめ）

ヘレンは、NAAFAで行われるファッション・ショーについて、痩せたモデルのファッション・ショーとの違いを語った。NAAFAのファッション・ショーが、パリのファッション・ショーにも勝るのは、「モデルたちの目つき」だと言う。とても幸せそうで、本当にモデルになりきっているのが分かると述べる。

痩せこけた〔skinny〕〔モデルの〕ファッション・ショーを知っているでしょう？　モデルが寒そうに見える。なんで、みんなが、かれらの着ている服を買いたいと思うのか分からない。私は、とてもそんな気にはならない〔it turns me off〕。多くの人たちが、うんざりしてるんじゃない。〔中略〕誰もNAAFAのリアルなショーを知らないからね。みんなも見るべきよ。

ここで彼女は、痩せこけたモデルは寒そうに見え、モデルが着ている服も買いたいと思えないのに対し、NAAFAのファッション・ショーこそがリアルなショーであり、本当のモデルたちだと述べている。

実際に筆者が見たファッション・ショーでも、水着を着たモデルや、バニーガールのような格好をしたモデル、タイトなドレスを身にまとったモデルたちが、ステージ裏からファッションモデルのように腰をくねらせながら歩いて出てくる。そして、舞台の中央にくると、観衆に向かって投げキッスをしたり、話しかけたりする。聴衆からは、笑いやかけ声が起こるのだ。筆者は、モデルの1人に用事があり、ファッション・ショーのバックステージに入ったことがあった。バックステージのドアを開けたとき筆者の目に入ったのは、舞台上での笑いにあふれた様子とはうって変わって、モデルたちが真剣な面持ちで、熱心にメイクし、鏡の前で洋服のフィッティングをしている姿だった。そこは汗ばんだ顔の目の上のアイラインがよれるほど、熱気に満ちあふれた空間だった。

真剣なモデルたちの様子、そして、笑いに満ちあふれたショーの空間から、ファッション・ショーというイベントをどう解釈すればよいのだろうか。ジュディス・バトラーによる、異装によるジェンダー規範のパロディ化の議論［バトラー 1999: 241–244］を援用するなら、かれらは、痩せているモデルたちのファッション・ショーを模倣し、身体規範のメカニズムをパロディ化することによって、その規範を揺さぶろうとしていると見ることも可能かもしれない。確かに、そのような側面はあるだろうが、ファッション・ショーが外部に開かれた場ではないことを考えると、規範の揺さぶりという効果は、誰に向けられたものなのかという疑問が出てくる。筆者は、むしろ、ヘレンが言うように、かれらはモデルそのものを演じていると理解すべきだと考える。なぜなら、筆者は、太った人向けの「かわいい」洋服がないと嘆くメンバーの話を幾度か耳にしたことがあるからだ。さらには、太った人は、かわいい服を着てはいけないというような言葉を浴びせられたことがあるインフォーマントもいた。だから、モデルたちの「かわいい」洋服に身を包むことができた喜びと、はき慣れないミニスカートや網タイツをまとう初々しい様子、ステージ上でのモデルを演じるときの真剣で堂々とした様子、こうした多層的な文脈を、会場にいるメンバーたちも共有している。ゆえに、笑いやかけ声が生み出されているのではないだろうか。

(7) 笑いの効果――言語使用実践から見る「ファット」

以下では、相互作用が行われる場面で、人びとが「ファット」をめぐって意味を交渉しながら笑いやユーモアを使って、その場面を笑いへと転換させていく事例を三つ紹介する。

《事例８》「なぜダイエットをすると太るのか」に対する指摘（２０１２年８月６日の録音データより）

２０１２年に行われた年次大会では、NAAFA HAES Summitと題するワークショップが、１日かけて開催された。ＨＡＥＳとはHealth at Every Size（すべてのサイズの健康を）の略称のことで、この日は、健康に関わる課題についての発表と討論が行われた。大学でホリスティック健康教育プログラムを教えるＳが、ゲスト・スピーカーとして招聘された。彼女は、自分が担当するコース・デザインや学生に教えているゼミの内容を紹介した。Ｓの発表を受けて、マリリンが、Ｓの「ファット」の使い方について、懸念を表明した。

マリリン：あなたのプレゼンテーションを聞いて、アクティビストとして、とても役に立つと思いました。本当にありがとうございます。（中略）一つ気になる点があります。もしかしたら、私が誤解しているかもしれませんが。〔学生に書かせる〕エッセイのトピックが「なぜダイエットをすると太るのか（Why dieting makes you fat?）」だとおっしゃいましたが、常にそういう結果、つまり、体重増加がもたらされるのかなと思ったんです。それと、えっと、私には、ダイエットによる体重増加がまるで悪いことのように捉えられているように聞こえるんです。言いたいこと分かりますか？

Ｓ：ええ、えっと、もっと良い言い回しがあれば、もちろん大歓迎です。私が言いたいのは、ダイエットは、えっと、ダイエットは身体に相当なダメージを与えることや、身体がどれだけ効率的にできているか、身体を飢えの状態にし続けておくと、身体は非常に効率的になり、体重が増加することによってなんとか生き延びることができる。こうしたことを学生に理解させたいのです。

マリリン：もちろん。おっしゃる通り、そういう現象はあるでしょう。確かに、確かに。それが何なのかは分からないんですけど。ただ、「なぜダイエットをすると〇〇になるのか（Why dieting makes you dah-dah-dah）」というのは、とても便利な文章だと思ったんです。

Ｓ：あー、なるほど。

マリリン：その文章を穴埋めする方法もあるんじゃないかなと思うんです。
S：確かに。クレイジーとか？
会場：一同大笑い〔会場からも意見が出始める〕。
マリリン：不幸せ（unhappy）とか、不健康（unhealthy）とか、食べ物に取り憑かれる（obsessed with food）とか、お腹が空く（hungry）とか、母親に腹を立てる（angry at your mother）とか。どうでしょうね〔会場大笑い〕。でも、私自身の経験では、私はただ太っているだけで、ダイエットはほとんどしなかった。もちろん、私の質問は、必ずしもこのことを言っているわけではないですが。
S：おそらく、えっと、私にとって面白いのは、ええっと、私は、父がハンガリーからの移民で、不健康な身体は痩せた身体、という考えの家族で育ちました。大きな身体の人は、健康や幸せであることの証なのです。……

（傍線部筆者強調）

Sは「普通」体型の女性である。「なぜダイエットをすると太るのか」というフレーズによって、Sが知らないうちに、「ファット」にネガティブな意味を持たせてしまったのか、それとも、身体の仕組みを説明するために必要なフレーズだと判断したのかは、よく分からない。彼女は、最初のほうでは、ダイエットで身体を飢餓状態にすると体重が増加するという、身体の「生物学的」な仕組みを説明するためのものだと言っている。また、最後のほうでは、自分の家族は移民出身であり、太った身体は健康や幸せな意味を持つものだったとも語っている。そのため、マリリンが指摘するように、「ファット」に悪い意味を持たせているのではないかもしれない。

しかしながら、ダイエットの弊害を「太る（ファット）」という現象で説明するならば、「ダイエットによる体重増加がまるで悪いことのように捉えられている」というマリリンの指摘は理解可能なものである。さらに、NAAFAに来るメンバーたちが経験する苦悩を推し量るならば、「ファット」がそのままでニュートラルな意味とはならないことを、Sも知っていたはずだ。

マリリンは、Sのファットの使い方を単刀直入に批判するのではなく、徐々に問題の核心に近づこうとしている。そして、「なぜダイエットをすると太るのか」というフレーズの「太る」という部分を空欄にして、さまざまに穴埋めできるのではないかと提案する。「なぜダイエットをすると不幸せになるのか」「なぜダイエットをすると不健康になるのか」「なぜダイエットをするとお腹が空くのか」というように。

人びとは、太ることが否定的な意味を持つことを、当たり前のように刷り込まれているため、そうした慣れに対して批判的な視座を持つことは難しい。大会では、浸食してきた外部の規範や信念や価値観に対し、参加者たちが、そこに手探りで新しい意味や解釈を見出していくのである。このことを上記の事例は示している。

最後の二つの事例は、筆者とメンバー間のやりとりに関するものである。年次大会に来るメンバーはほぼ全員太っているため、NAAFAの集まり場において、「普通」サイズの筆者の身体が目立つことは否めない。その場において、自分自身の身体に言及することは、筆者にとってはためらわれることだった。しかしながら、ある程度信頼関係が形成されると、思いのほか、メンバーの方から、筆者の身体サイズについて言及してくることが幾度かあった。

《事例９》プール・パーティと水着についての冗談（２０１０年８月７日のフィールドノート）

顔なじみのフィリー（仮名）が大会参加登録のカウンターに座っていた。私がフィリーと会話を交わしていたところへ、NAAFAの役員として忙しくしていたリサが駆け寄ってきた。彼女は私に「はーい！陽子、久しぶり。元気にしてるの？　博士論文はうまくいきそう？」と言いながら、私とハグを交わした。

フィリーは、その様子を見ながら、「今夜のプール・パーティには、陽子もぜひ参加して。もし誰かに入るなと言われたとしても、私が入っていいと言ったと伝えなさい」と言った。「でも、水着を持ってきてないから」と私が言うと、フィリーが「困ったわね」という表情をし、突然、リサがひらめいた様子で「ベンダーで売ってるわよ」と口を挟んだ。リサは、「ベンダーで売ってるから、半分に切ってもらって、半額で売ってもらえばいいじゃない」と笑いながら言った〔ベンダーとは、大会期間中、会場内に出店している、洋服や水着、アクセサリーなどのプラスサイズ用の店のことを指している〕。そこで、フィリスが「半分じゃなくて４分の１でしょ。陽子は、とってもちっちゃい（so tiny）んだから」と言って、３人で大笑いした。

プール・パーティとは、大会期間中、ほぼ毎晩、夜11時ぐらいから開かれる、プールに入って遊ぶパーティのことだ。プールに入ることは、メンバーにとって大切な意味がある。普段は水着になることはなくても、このときばかりは水着になって皆で騒ぐことによって、気の置けない時間を過ごすのだ。

水着になると、太っている者とそうでない者の区別は、より明確になる。２００８年の年次大会では、筆者は、プール・パーティに受付ボランティアとして洋服を着たまま参加した。もちろん、ホテルには他の滞在客もいる。その年のプールはホテルの中庭にあり、各部屋のバルコニーから見下ろすことができた。ビキニを着たメンバーのジェシー（仮名）は、バルコニーを見上げると、それまでの楽しそうな様子から一転、「あー、あれ嫌だわ」と言って顔を曇らせた。階上のバルコニーでは一般客の若い男性集団が騒いでいるのが見えた。また、大勢のメンバーたちがプールに入っている様子を見て、筆者に「いったい何の組織なの？」と不思議そうに聞いてくるホテルの滞在者もいた。

フィリーが「もし誰かに入るなと言われたとしても、私が入っていいと言ったと伝えなさい」と筆者にわざわざ言ったように、プール・パーティには太っている人のみが参加できる、という暗黙のサイズの排他性があった。そのため、「私が入っていいと言ったと伝えなさい」というフィリーの発言は、太っていない筆者がプール・パーティに参加することを、彼女が保証すると表明した真剣な言葉なのだと、筆者はそのとき受け止めた。上記のコミュニケーションでは、「ファット」の対カテゴリーとして「小さい（tiny）」という形容詞が使われている。しかし、インタラクションのなかで、この対関係は、単なる排他的な対関係では終わっていない。むしろ、グレゴリー・ベイトソン〔2000〕が、ジョークやユーモアは複数の論理階型レベルの交差から生まれると言うように、上記の事例は、コンテクストの多層性のおかげで笑いに変化している。すなわち、リサとフィリーと筆者は、「太っている者」と「痩せている者」という「排他的」な関係であるが、それと同時に、別のレベルでは「水着をどうやって手に入れるか」ということについて悩む３人でもある。このコンテクストの重層的な交差が、笑いを生み出したのだ。

《事例10》冗談をめぐる緊迫と笑い（2009年8月3日のフィールドノート）

ファット・アクティビストのマリリン・ワンとそのボーイフレンド、ジャスティン（仮名）と親しくなり、何度かサンフランシスコにあるしゃぶしゃぶの食べ放題に行ったことがあった。そのときのことを、ジャスティンが大会のパーティで話し始めた。

私とマリリンとジャスティン、そしてメンバー数人が、ピザ・パーティで同じテーブルに座りおしゃべりをしていた。マリリンとジャスティン以外、私がよく知っているメンバーはいなかった。ジャスティンは、マリリンと私と彼とで、しゃぶしゃぶの食べ放題に行ったときのことを皆の前で話し始めた。「陽子は、すごい食べるんだよ。肉の大皿を３～４皿たいらげて、僕はお腹いっぱいでもう食べきれないぐらいなのに、まだ彼女〔マリリン〕と２人で「もう１皿！と食べ続けていたんだよ」と話し始めた。周りのメンバーたちは、「へー」という様子で私を見る。そして、「そんなに痩せている（thin）のに、なんであんなに食べられるの？」と言って、ジャスティンは手の平を合わせて片目をつぶり、まるで、私の身体の側面の幅を測るようにして見せた。それを見たマリリンは横から手を出し、「やめなさい」と諭すように彼の手を下げさせようとした。その瞬間、皆が黙り、どう振る舞えばいいか分からないような気まずい雰囲気が一瞬漂った。すると、彼は「陽子には、次元（dimension）があるんじゃないかと思うんだ」と言った。そして、場の雰囲気は一気に和み、その場にいたメンバーたちは、「4次元とか？」「それ怖いわ」と言って一同は大笑いした。

（傍線部筆者強調）

ジャスティンが「次元がある」と発するまで、その場にいた参加者たちが発した相づちの打ち方や、気まずい雰囲気から、筆者も含め、参加者たちはこの話がどこへ向かうのかは見当がつかなかったと推測される。話題の対象であった筆者は、何と答えてよいか分からず、非常に居心地が悪い状況だった。

「そんなに痩せているのに、なんであんなに食べられるの？」というジャスティンの質問は、裏を返せば、太っている人はたくさん食べると言っているように聞こえた。筆者は、この発言は「ファット」にネガティブな意味づけを与えていると瞬時に感じた。第3節第1項ですでに見たように、太っていることと食べ物は関連づけられやすい。そのことについて、マリリンは常々、太っている人がたくさん食べているかどうかは証明されておらず、身体のサイズと食物摂取の量は関係ないと主張していた。この主張には、太っている人は食欲のコントロールができず、大食いであるという社会的なステレオタイプを取り除こうという意図がある。そして、マリリンのボーイフレンドである彼は、そのことを知っているはずだった。それにもかかわらず、彼はなぜそのような発言をし、身体を測るような行動をとろうとしたのか。そのことに筆者は戸惑った。

しかし、彼の「次元がある」という発言によって、「ファット」カテゴリーの対としての「痩せ」は、もしかして人間じゃないかもしれないというコンテクストのなかで、微妙にずらされて提示される。そのことが、笑いを誘った。

上記の三つの事例から分かるのは、これらのインタラクションは、いつでも否定的なニュアンスを持つ意味や解釈の方向に転がっていきそうな危うさをはらんでいたということだ。しかし同時に、そうした方向に転がっていかないように、その場に参加する者たちが、相互作用のなかで舵取りをしていく様子が明らかになったのではないだろうか。

4．折り重なった矛盾の交渉、そして、笑いによる自他の跳躍

前節では、人びとが集う場で起こる相互作用を、参加者同士のファットをめぐる言語使用実践や身体実践を中心に見てきた。そこでは、ファット・カテゴリーや太っている身体に対する意味づけは、言葉や身体を介して、相互に交渉または訂正されたり、再確認されたり、可視化されたり、作り上げられていくものであったと言える。

ここで、前節で描いてきた事例を少し整理しておこう。事例１では、太っていたときのほうが幸せだったと言って、「ファット」の意味づけを転倒させてしまうキャサリンの事例を扱った。事例２と事例３では、外部の価値規範に引きずられてしまうメンバーの葛藤を扱った。事例４と事例５では、身体を媒介として、他者への関心や配慮が形成される様子を扱った。事例６と事例７では、デザート・パーティとファッション・ショーの様子を描き、どのように楽しさや笑いが生まれるのかを論じた。事例８、事例９、事例10では、外部者も含めた相互作用において、笑いが生まれる言葉使用実践を扱った。

太っているという事実は、それだけで集合性を成り立たせ、「ファット」の意味づけを確立するものとして十分なものに思えるかもしれない。本章で見てきた年次大会の集まりでも、メンバーシップには、太っていること、

かつ、白人女性であることという明らかに共通の特徴が見られる。

しかしながら、大会の共同性を、参加メンバーの共通の特徴によって定義しようとするならば、「痩せたい」と語る男性のように、そこに「ふさわしくない者」も出てくる。ファット・アクセプタンス運動は社会の政治的変革を目的とした集まりであっても、内部と外部の境界は、「ファット」をめぐる価値観や信念、意味づけの仕方という点で、はっきりと区別することが可能なものではなかった。特に事例2や事例3から分かるように、外部者との交流によって、メンバーたちも、太っていることを醜いことや恥ずかしいこととして捉える、一般的なアメリカ社会の常識や価値観に引きずられているようにも見える。

こうした事実から、ファット・アクセプタンス運動の人びとが作り出す共同性は、矛盾や不安定性を抱えているようにも思える。しかしながら、それは同時に、創発性に富む、他者への配慮、笑い、ユーモアに満ちあふれた場でもあったことは、すでに見てきた通りだ。

例えば、事例4や事例5の身体実践で見たように、目の前にいる相手が、自分より大きい人なのか、小さい人なのか、座ることに困難を抱えているか、この通路を通ることができるか、杖をついているか、電動のスクーターに乗っているか、そうした諸々のことを察知し、その場に適した介入の方法や椅子の譲り合いの作法、座り方の身体作法などを学ぶ。そして、周りの皆と同じように太った身体を持つ自己が、同じような事情や困難にぶつかった経験があるとすれば、その場は、他者の困難を予期し、共感や配慮が生まれる場となる。

事例6や事例7で見たように、普段はやらないような、人前で大量のケーキを食べることやミニスカートをはいてモデルになることなどは、ヘレンが言ったように「とても勇気のいること」であり、その場にいる相手を信頼することで成り立つ。その場にいる人たちが、それらの行為に後ろ指を指したり、軽蔑したりしないということを深く信用できるような関係性がなければ、楽しさや笑いは生まれないであろう。

以上のように、ファット・アクセプタンス運動の人びとが集まる場は、情動的な関係性によって生み出される他者への配慮や、喜びや笑いや楽しさに満ちた共同性であると言える。そして次で分析する事例８、事例９、事例10から分かるように、外部の価値観や規範をも笑いへと転化していけるような共同性であるのだ。

ジュディス・バトラーは、女というカテゴリーの多様性に注目するために、アイデンティティを意味づける反復的で規則化されたプロセスに局所的に介入することに、撹乱の契機を見出した［1999］。ファット・スタディーズの研究者であるキャサリン・ルベスコは、バトラーのこの考えに共鳴し、太った身体に対するネガティブな考え方や理解の仕方をポジティブなものへと鍛え直すプロセスで、言語がどのように使用されるかに注目する［LeBesco 2004: 121］。そして、ある名で呼びかけられることが、呼びかけられた人を侮辱しうるとき、それは同時に、その侮辱に対する反撃の契機ともなりうると述べる。しかしながら同時に、それは、幾重にも折り重なった矛盾する感情に折り合いをつけていく契機でもあるという。ルベスコが「幾重にも折り重なった矛盾」と言うのは、「ファット」という呼びかけが自分自身に向けられたときに感じた、罪悪感、安堵感、違和感などのさまざまな矛盾した感情のことを指している。そのときの彼女の感情の変化を、少し長くなるが、要約しながら引用してみたい。

ルベスコは、出版予定のファット・スタディーズのアンソロジーの共同編者について友人男性に言及したときのことを回顧している。その友人は「彼女も太ってるの？（Is she fat, too?）」と聞いた後、すぐさま、「あなたが太っているという意味ではないんだけど、ええと、あなたは太っていない。なんで、あなたも、なんて言ったんだろう。ごめん。だって、私は君がそうだって思ってないから……」としどろもどろになりながら言った。そのとき、ルベスコは、自身のなかに湧き起こる矛盾した感情を感じ取った。そのときの矛盾した感情の層を、彼女は以下のように解きほぐそうとしている。

まず、ファット・スタディーズ研究者である自分に、友人が「彼女も太ってるの？」という不意の発言に対して謝罪したことに、彼女は驚いた。同時に、彼が、太っている人に対し「コントロールできない」人という一般的な意味づけをしていることも、彼女は読み取った。そして、また、彼が、ルベスコをそういう意味では太っていないと位置づけたことに、彼女は安堵を感じ、同時に、安堵を感じたことに罪悪感を持ったという。もちろん、彼は本当に自分を太っていると思っているのかもしれないとも感じたし、同時に、通常の規範的な礼儀作法が身についていれば、そのようなことを無作法に白状することはないだろうとも思ったという。そして、ルベスコは友人に対し、以下のように単純に答えた。「ええ、彼女は太っているよ。そして、あなたが私をどう捉えようと、私は傷つかないよ。私は進歩したのよ」[LeBesco 2004: 122]。

こうして、彼女は湧き上がる「幾重にも折り重なった矛盾」した感情を、解きほぐしていった。「ファット」と呼びかけられることによって、人は、「ファット」として主体化される。それは完全な主体化などではない。呼びかけられた瞬間は、呼びかけられた者が、呼びかけによって傷ついた自己をなんとか防御しながら、なおかつ反撃の隙を狙うことが可能な瞬間でもある。ルベスコの反撃は、「私は傷つかないよ。私は進歩したのよ」と理性的に切り返すにとどまっているため、単に他者（の言ったこと）を否定しながら、自己肯定に至るのみである。

それに対し、本章の事例8、事例9、事例10は、痩身規範の侵入に対して交錯する矛盾した感情と折り合いをつけながら、反撃を笑いへと転化させ、「自他の瞬間的な変容」[田中 2011: 128] がもたらされた事例として読むことができるのではないだろうか。事例8、事例9、事例10では、誰かが誰かを侮辱しているかもしれない瞬間が、緊迫の状況や、居心地の悪い状況として訪れた。例えば、事例8の講師による「なぜダイエットをすると太るのか」という発言では、ダイエットによるリバウンドでコントロールを失って太った人にとっても、ダイエットをしていないのに太っている人にとっても、「ファット」は否定的な意味づけで使われている。事例9では、太っていない筆者には、太っている人たちのプール・パーティに水着で参加することに対する不安感があったと同時に、太っていないという安堵感も少なからずあった。事例10で気まずい雰囲気になったのは、「そんなに痩せているのに、なんであんなに食べられるの？」というジャスティンの発言と仕草によって、誰かが侮辱され、誰かが傷ついているかもしれない判然としない状況だったからではないか。

つまり、これらの事例では、誰かに「ファット」や「痩せ」と呼びかけることによって、誰かが安堵し、誰かが罪悪感や憤りを感じている可能性があったのではないだろうか。そうした緊張をはらんだ場で、会話が、最終的にユーモアや冗談によって導かれることによって、「ファット」や「痩せ」に固着していた否定的な意味は解消され、中立的、あるいは肯定的な再意味づけが可能になる。事例８では、「なぜダイエットをすると『クレイジー』になるのか」と言い換えることで一同に笑いが起こり、会場全員がさまざまなアイデアを出し始めた。事例９では、フィリーとリサが、筆者のために、とても小さい水着をどうやって手に入れるかについて一緒に悩みながら笑い合った。事例10では、ジャスティンが筆者には「次元」があると言ったことに対し、皆が「４次元とか？」「それ怖いわ」と言って大笑いした。それぞれのモメントにおいて、誰かが誰かを傷つけることがないようにコミュニケーションが機能している。

こうしたユーモアに富んだコミュニケーションは、形式的で予測可能な儀礼語とは異なり、文脈的知識から大きく飛躍しており、聞き手が話し手の意図を容易に推測し解釈することはできない。柄谷行人は、このことを、コミュニケーションの根底には、なんら規則を共有しない「他者」との非対称的な関係が抱える、無根拠的な危うさ（命がけの飛躍）があると表現する［柄谷 1986］。そして、田中雅一は、「笑い」には、自他の瞬間的な変容が、状況の変化や相互の自省を促すような異化を起こす効果があると指摘する［田中 2011］。そうだとするならば、本章で見てきた笑いの契機は、共同体の内部と外部、そして、「自己」と「他者」の間にある断絶を克服する瞬間だと言えるのではないだろうか。そしてその瞬間こそ、バトラーの言葉で言うなら、攪乱の契機となりうるのである。

5. 運動を持続させる力

本章では、ファット・アクセプタンス運動の人びとが相互作用を行う場で生まれる共同性を描写してきた。共同性の根拠となるファットという概念やそれをめぐる価値観は、学びの対象となる知識であり、参加を通して得ることが可能になる言語や身体の作法となっていた。学びの場では、具体的な個人が出会い、ファットであることを語り合い、ファットである他者を配慮し、気まずさや違和感のなかからも、冗談や笑いによる情緒的なコミュニケーションが生み出されていく。こうした情動的なつながりが、肥満差別で辛い経験をしている運動参加者や、太っていることに対する否定的な意味づけや価値観を少なからず拭えないでいる運動参加者を支えており、だからこそ、ファット・アクセプタンス運動は持続しているのだと説明することは可能であろう。

それと同時に、運動の場は、内部の共有された規範や価値観と外部の価値観や規範なども入り混じった場所であるため、ファットについての意味は不安定で固定化されえないまま、相互作用は予測不可能性をはらむ。逆に言えば、だからこそ、そこに不確実な場の状況をユーモアやジョークによって臨機応変にいなし、意味づけしていくような即興性や創発性を持った共同性が生まれるのではないだろうか。

規範や価値観をずらしたり、新しく作り変えたりする可能性を持つこうした共同性は、社会運動を持続させていく力となりうるだろう。運動のさらなる展開のためには、それとともに、かれらの運動の根拠や目的を外部社会に知らせ、働きかけていく必要がある。第６章では、そうしたプロセスを、ネルソン・グッドマンの世界制作論に倣い、肥満が病気のリスクとなるとする既存の医学的・疫学的な知識の体系に対抗し、かれらの運動が依拠することのできる新たな知の体系を再構築する有り様として描いていく。

序章で述べたように、ハッキングはそのことを「記述の新しい様式が出現すれば、その結果として行為の新しい可能性も生まれる」［ハッキング 2012: 226］と言う。つまり、新しい概念ができると、その概念が自身に適用されることに対し異議申し立てをする人が出てきたり、それによって、それらの人びとが、概念の意味を変更するように促したり、あるいは、新たな概念を作り出したりすることがありうる。第6章は、まさにその点を具体的に示すための良い事例となるだろう。

（1）自助グループを社会運動の一つとして捉えることが可能か否かについては、一定の留保がつくだろう［cf. Katz 1981, 1993］。例えば、社会学者の石川准は、自助グループが社会運動であるか否かは、自分たちのあり方を変更するために、他者を巻き込むことを実現しているか否かに関わると見ている。石川は、例えば、アルコール依存症の自助グループであるアルコホリック・アノニマスは、アルコール中毒者以外の人たちの巻き込みがアルコール中毒者たちの行動変容の必要条件ではないため、社会運動とは言い難いという立場をとっている［石川 1990］。それに対し、アルコホリック・アノニマスのアメリカ全土での広がりと浸透から、社会運動と捉える研究者もいる［cf. Room 1993］。
（2）田中雅一は、レイヴらが描く実践共同体が、学習者が中心にいくにつれ模範的アイデンティティを獲得（主体化）する平坦なものであり、その共同体には、権力への感受性が欠如しており、変革や創造性の契機が見出せないと述べる［田中 2002: 352］。また、田辺繁治は、アイデンティティは、アイデンティティ化の過程で発生するさまざまな意味をめぐる折衝によって折り合いをつけて形成されるとする。しかし、「実践共同体」では、そうして形成されたアイデンティティは、自律的で西欧近代的な主体として描かれてしまい、コミュニティに参加することを躊躇する人びとや、アイデンティティ化することが不可能な人びとの経験の存在を無視してしまうと指摘する［田辺 2002: 17–18］。
（3）アクト・アップ（ACTUP）は、ＨＩＶ／ＡＩＤＳをめぐる政府の失策や高額な治療薬に怒りを募らせた活動家たちが、１９８７年にニューヨークで結成した組織で、ＨＩＶ陽性者のための権利運動である。
（4）ネブラスカ州の都市で、牛肉の産地として有名である。
（5）奴隷制が盛んだったアメリカの南部で生まれた、アフリカ系アメリカ人の伝統料理を指す。一般的に、高カロリーでボリュームのある料理が多く、不健康なイメージがある。

(6) クリーム入りスポンジでできたお菓子で、アメリカの大手チェーンのスーパーでは、必ず売っている。いわゆるジャンクフードとみなされる。
(7) ミント味のキャンディー。
(8) 年々参加者が減りつつある理由について、かつてNAAFAの役員も務めた経歴を持つマリリン・ワンは、オンラインの「ファット・コミュニティ」が活性化しつつあることや、特にサンフランシスコなどの大都市では、さまざまな「ファット・コミュニティ」が起ち上げられ始めているため、わざわざ大会に来なくても、それらの場で交流ができるようになってきたのではないかと分析している。つまり、必ずしも、ファット・アクセプタンス運動に関わる人の数が減少しているというわけではないようだ。実際、ファット・アクティビストたちは、各自でBBW (Big Beautiful Woman) のクラブイベント、ハロウィーン・パーティ、洋服のスワッピング大会など、さまざまな集まりの場を企画している。
(9) 肥満者用の電動の車いすのこと。

第6章　ファット・アクセプタンス運動による対抗的な〈世界〉の制作

1．〈世界〉を制作するということ

(1) 公民権としての「ファット」の危機

２０１２年の８月２日から６日にかけて、ＮＡＡＦＡの年次大会がサンフランシスコ空港近郊のホテルで開かれた。６日に行われたミーティング中、メンバーのＡさんは、怒りと失望が入り混じった様子で、病院で、医師から診察中に否定的な態度を受けた経験を話し始めた。体重が２００キロ以上はあると思われる彼女は、心臓粘液腫の手術を受ける際、２人の医師から「手術を同意した人のなかで、あなたが一番太っている」と言われ、「肥満手術を受けなさい」と言われたという。会場からは、悲鳴にも近い「信じられない！」という声があちこちから聞こえた。何より彼女を怒らせたのは、彼女の夫が診察に同席しているときには、医師は彼女の身体サイズについて全く言及しないことであった。むしろ、とても親切に接してきたのだという。隣にいる彼女の夫は細身の男性だった。彼は、「本当に僕には何も言わないんだ」と訴えかけるように語った。彼女は、医療では痩せている人を特権的に扱うことがまかり通っている、「医療は残虐だ」と言う。そして続けて、同じテーブルに座っていた「痩せている」筆者に向かって言った。「あなたは〔身体が〕小さい（small）から、分かるでしょう？」。

筆者は、「いや、分からないだろうね」というAさんの含みを感じたが、うなずいた。結局、彼女は、肥満手術を受けずに心臓粘液腫の手術を受けたのだが、今現在、傷口以外は身体に何の問題もないという。彼女がメンバーたちを笑わせたのは、「旦那が車を大事にするあまり、スーパーに行っても、店の入り口から一番遠い誰も駐車してないような場所にとめるの。だから、結構歩いてるのよ」と活動的な様子について語ったときだった。

太っている者に対する、医療によるこうした否定的な扱い方は、メンバーの集まりで頻繁に語られた。多くは太っていることが病気の原因にされてしまう経験に対する怒りの語りであった。メンバーのBさんは「のどが痛くて風邪を引いたようだったから病院に行ったんだけど、真っ先に体重を計られ、睡眠時無呼吸症候群の話を聞かされた。のどの痛みは太っていることが原因だと言われた。痩せることは私の目的ではないと何度言っても、痩せなさいと言われ続けた」と語る。メンバーのCさんも、続けて自分のエピソードを披露する。「私が卵巣がんの手術を受けた後、医者から、『分かった？　あなたが太っているから卵巣がんになったのよ』と言われた。肥満危機（Obesity Crisis）と言うくせに、医療業界は私たちのことをケアしたがらない。痩せるまではケアしたくない、と言っているようなものだ」と言う。すると、会場にいるメンバーは、全くその通りだと納得した様子で相づちを打つ。

これらの事例では、太っていることは将来の病気のリスクではなく、むしろ「あなたが太っているから病気になったのだ」と、すでに生じてしまった病気という出来事の原因として扱われている。かれらは、太っていることを病気の原因とみなすのではなく、きちんと身体を診察した上で診断を下してほしいと訴える。病院に行きたくないというメンバーが多いのは、病院に行くと非難の目で見られ、無条件に減量を勧められるからだ。そうしたことに耐えられず、病院に行かなくなり、逆に病気の発見が遅れて亡くなった人の話を、筆者は何度か聞いた。それでもかれらが頑なに減量を否定するのは、太っていることを生まれつきの性質として捉えているからだ。

ところが、最近、アメリカの保健医療やメディアは、肥満の急増という事態を「肥満エピデミック」という言葉を使って問題視し始めている。病気を引き起こすリスク要因としての肥満の予防改善は、アメリカの公衆衛生の最重要課題の一つと位置づけられている。体重を自己管理し、健康増進に励むことは、今や良き市民としての「義務」なのだ。

このことが、ファット・アクセプタンス運動に与えた影響は非常に大きい。この影響の大きさは、ファット・アクセプタンス運動の誕生と同時代に展開した、公民権運動やフェミニズム、ゲイ解放運動などの社会運動と比較すると理解しやすいだろう。黒人、女、ゲイ／レズビアンなどは、かつて、医学や科学のなかで病理的で「異常」な対象として扱われていた［e.g. グールド 1998］。しかしながら、これらの人びとに「科学的」に付与されてきた「異常性」は、運動の展開に従って、次第に、偏見に満ちあふれたものとして払拭されてきたと言える。

それに対し、ファット・アクセプタンス運動は、これらとは逆の経路をたどっている。肥満差別の廃絶を訴える運動の意義は、運動の誕生から40年の時を経た今でも、依然として十分に人びとに認知されていない。むしろ、それに追い打ちをかけるように、疫学や医学などの肥満に関わる科学によって、肥満の「異常性」に太鼓判が押された状況だと言える(1)。このことによって、公民権としての「ファット」の権利や肯定的な価値観の構築のための基盤は、毀損されかねない状況にあるのだ。そこで、本章では、こうした状況において、ファット・アクセプタンス運動に関わる人びとが、いかにして肥満の「異常性」を支える科学や制度に対抗していくのかを明らかにしていきたい。

(2) 不確実性を生きる

科学が真理性や確実性を持った自然科学的世界の秩序や法則性を明らかにするという役目を担うなかで、不確実性は、科学の対極にある非科学的なものとしてできる限り排除することが望ましいものとされてきた。しかしながら、序章で整理したように、あらゆるリスクが可視化され自己責任として引き受けさせられる「リスク社会」では、不確実性やリスクを完全に管理し排除することは不可能だということも明らかになりつつある。現代は、確率統計学の発達や科学技術の進歩によってもたらされた、「未来の操作可能性」と「未来の非決定性」という矛盾に人びとが直面せねばならない時代として特徴づけられる。近年では、この相矛盾する厳しい状況に直面した人びとが、どのようにこれと向き合い、対処するのかを解明することが不確実性やリスクに注目する人類学の課題となってきている [e.g. Caplan (ed.) 2000; 東・木村・市野澤・飯田（編）2014]。本節では、まず不確実な状況に直面する人びとについてのいくつかの事例を整理しながら、ファット・アクセプタンス運動の位置づけを明確にする作業を行いたい。

まず一つ目に、不確実性がもたらす未来の不利益を縮減・制御するために連帯する人びとの実践があげられる。例えば、ニコラス・ローズらは、ハンチントン病などの遺伝病患者を例に、バイオテクノロジーや遺伝子科学の発展を背景として、生物学を「本質的」なアイデンティティの根拠とするような新たな主体性が形成されつつあることに注目する。患者は連帯することによって、生きていくために必要な科学的知識の理解を向上させ、さらには科学的知識の産出に関与し、積極的に自らの病に立ち向かおうとする [Rose and Novas 2005]。ここで重要なことは、こうした集合性が、病気という「生物学的事実」を受け入れた上で成立しているということだ。したがって、田辺が危惧するように、人びとは「科学とテクノロジーに親和的な権力の網の目」のなかで、生の管理が要請する健康増進の規範に回収されてしまう可能性を持つ [田辺 2010: 7]。

それに対して、二つ目に取り上げるのは、不確実性のコントロールを放棄するような態度である。糖尿病という疾患に対する、困惑やコントロールの放棄という態度を分析したコーンの事例は、すでに第1章で取り上げたため、ここでは簡単に紹介するにとどめる。コーンは、慢性病の錯綜した確率論的病因論のもとでは、過去と現在の系統立てた分類が単純には成り立たないことを明らかにした。なぜなら、過去から及ぼされた影響の可能性が多数あるために、未来の可能性も同じくらいに多数想起されるからだ。過去に経験されたものとしての原因が見当たらないと、未来の希望などが消滅してしまう。それゆえ、患者は困惑やあきらめ、コントロールの喪失感を抱く［Cohn 2000］。

三つ目に、生物医学の外側に病気の治癒の可能性を求めようとする人びとの事例として、牛山によるアトピー性皮膚炎患者の多元的な治癒についての論考を取り上げたい。アトピー性皮膚炎は、その病態や発症メカニズムについてはある程度の医学的コンセンサスがありながら、治療は極めて混乱をきたしている。牛山によると、患者の治癒に対する態度は、大きく三つの治療方法によって決まる。すなわちステロイドによる対症療法を目指す標準治療、ステロイドで症状が良くならなかった者に対する皮膚科医による脱ステロイド療法や民間療法、そして、アトピー性皮膚炎とともに生きていくことをサポートする患者団体による支援である。牛山が「異なるセクター同士が時には敵対しながら共存し、全体的に見れば補完的な医療体系を築いている」［牛山 2011: 81］と述べるように、各セクターにいる患者は、アトピー性皮膚炎についての医学的知や医学的な問題解決の枠組みを受け入れた上で、その枠組みの外側にも解決の可能性を求める。

以上三つの事例から、当事者たちは、すでにある科学的知識を受動的に受け入れるのではなく、それを積極的に手に入れ、作り上げ、ときには、それを無視したり、異なる解決法を求めたりしながら、リスクや直面する不確実性に対処しようとすることが分かる。

ファット・アクセプタンス運動の人びとが、太っていることが病気と結びつけられることや、体重の自己管理と病気の予防を個人の責任として課されることに異議申し立てを行うようになったのも、自らの不確実な生への対処の仕方として捉えることが可能である。ただし、かれらの態度は、コーンの事例に出てくる糖尿病患者のような、リスクを無視し、制御を放棄するような「非合理」なものではない。むしろ、ローズや牛山が描くような、生の不安に立ち向かい、制御可能性を手にしようと試みる態度に類似している。

ただし、これから説明していくように、運動には上記三つの事例とは決定的に異なる点がある。それはすなわち、「生物学的事実」に対する態度である。ローズの事例では、患者は科学的知が提示する病気という「生物学的事実」を積極的に受け入れる。一方、牛山の事例に登場する人びとは、医学の外側にも解決の可能性と希望を求めるが、疾患の「生物学的事実」について否定しているわけではない。さらに、コーンの事例では、患者は、糖尿病という疾患自体は受け入れつつも、確率論的病因論と自らの経験がつながらないためにコントロールを放棄する。

それに対し、ファット・アクセプタンス運動の場合は、現在の体重管理が将来の病気のリスクを減らし健康増進につながることを前提とした知や制度に対し、異議申し立てしようとする。つまり、医学的・疫学的知の体系が提示する「生物学的事実」（の一部）を否定しようとするのだ。より正確に言うならば、運動参加者は、肥満に関わる統計的・疫学的手法によって作り上げられた肥満についての「生物学的事実」、すなわち、肥満を不健康だとみなす知の体系に対抗する。そして、太っていることを不健康とみなさない、かれらにとって正しい科学的知の産出を目指しながら、自身の生を再構成しようとする。こうしたかれらの対抗実践を〈世界〉の制作として描いていくことが本章の目的の一つである。

(3) 〈世界〉という言葉と本章の目的

〈世界〉という言葉を採用するのには、二つの理由がある。第一に、文化相対主義への反省があげられる。文化人類学では、文化相対主義の観点から、異なる文化に住む人びとは、文化固有の象徴と意味の体系を通して、それぞれに異なる仕方で世界を認識し意味づけしているという考えが長らく支持されてきた。この場合、世界には「単一の世界」＝自然という含意があり、文化は「単一の世界」に対する複数の世界観を指す。ところが、近年では、単一の自然と複数の文化という二項対立は、科学の超越性を信奉する西欧中心主義的なものとして反省が促されている。そして、人びとの実践に即して、多元性や複数性を持った〈世界〉が構成されていくことが主題化されつつある［e.g. Mol 2002; ラトゥール 1999; 中川 2009］。この場合の〈世界〉は、人びとの実践の体系に応じて現れ、作られる、多様な〈世界〉を意味する。本章は、これらの研究系譜を踏襲している。

第二に、本章では、〈世界〉を制作するという言い回しによって、ある認識主体にとって、既存の世界が立ち行かなくなったときに、その世界に対抗的な新しい〈世界〉を作る積極的な態度を指摘する。これは、哲学者ネルソン・グッドマンの世界制作という言葉を援用したものである。グッドマンは『世界制作の方法』のなかで、真理、確実性という概念について疑義を呈し、正しい世界の多数性について論じた。「世界制作は（中略）つねに手持ちの世界から出発する。制作とは作り直しなのだ」［グッドマン 2008: 26］とグッドマンが述べるように、世界制作とは、手元にある既存の概念や知識を用いて、知識や概念の新しい体系を生み出していくことである。グッドマンの基本的なスタンスとしては、知の探求のプロセスとは、何かを発見するプロセスというよりも、理解の幅を広げながら世界を再編成していくことなのである。

彼は、また、世界制作とは、ヴァージョンを制作することだと述べる。「ヴァージョン」とはあらゆる媒体における記号体系を意味する。科学理論をはじめとして、日常的知覚、言語的表現、絵画作品、音楽、表情、身振りなどはいずれも記号体系であり、科学的言明が世界を構成するのと同じように、小説や絵画や音楽もわれわれが慣れ親しんでいる世界とは別のヴァージョンの世界を作り上げる［グッドマン 2008: 172］。科学は外延指示的な言語を媒体にしたヴァージョン作りをするが、日常的知覚や小説や詩、絵画などの芸術のように、外延を指示しないものでも隠喩的な方法や、例示や表出によって指示をなしうるという記号作用があるからだ［グッドマン 2008: 184-191］。グッドマンが芸術について紙幅を割いて論じるのは、彼が芸術愛好家であったという理由からだけではない。芸術は「発見、想像、そして理解の前進という広い意味で解された知識拡張のさまざまな様態である」［グッドマン 2008: 185］から、科学同様に、真剣に解されねばならないとする見方に立ち、真偽を論ずる科学言語のみを対象としてきた古い認識論を打倒しようとした。それによって、字義的・非字義的、言語的・非言語的、外延指示的・非外延指示的形態をとる、さまざまな様態の指示作用を持つ記号全般を、分析の対象に取り入れようとした。

グッドマンの議論は多岐にわたるため、ここで全貌を述べることはできないが、本章に関係する重要なことは、相対主義的な多元論の立場と「正しさ」についての彼の態度である。彼の相対主義においては、対立する言明の真偽を判定する審級的な存在や唯一の実在世界は想定されていない。その代わりに、対立する言明がそれぞれに属することのできる世界の多数性を説く。グッドマンは、それを、点を定義するやり方で示している。①あらゆる点は1本の垂直線と1本の水平線からできている、②どの点も直線やその他のものからはできていない、という対立する二つの言明は矛盾しているため、同じ世界で両者がどちらも真であることはできない。矛盾を解消するために調停することができない以上、二つの言明にはそれぞれ「正しい」別個の二つの世界があるとみなすほうがよいと述べる［グッドマン 2008: 205–207］。この「正しい」という言葉を、彼は、真理や実在によって支えられているものではなく、実践や慣習、関心に適合的であるかに関わるものとして使用する。彼は、以下のように言う。「カテゴリー体系にとって証明の必要があるのは、それが真であることではなく、何をなしうるかということである」［グッドマン 2008: 228］。大工が椅子を制作するのと同じように、記号のでたらめな寄せ集めでは世界の制作はなしえない。「正しさ」の程度は、常に、実践という再帰的な制作過程を経て、鍛えられていくのだ。(2)

以上を踏まえた上で、本章の目的は、ファット・アクセプタンス運動の実践を、「肥満」カテゴリーが属する既存の知の体系に対抗した、「ファット」カテゴリーが属する新しい知の体系を作る実践、すなわち、〈世界〉制作として描くこと。そして、それを「肥満」カテゴリーが属する既存の世界との関係で分析することである。

そこで、次節では、まず、ファット・アクセプタンス運動の〈世界〉制作の基盤となる、「ファット」カテゴリーの特徴について明らかにする。第3節ではファット・アクセプタンス運動の〈世界〉を支える科学がいかに組織化されていったのかについて描く。第4節では、ファット・アクセプタンス運動の人びとが、「肥満」カテゴリーが属する既存の世界と「ファット」カテゴリーが属する制作中の〈世界〉という二つの世界を、どのように捉えているのかについて記述する。第５節と第６節は考察に当てる。第５節では、制作中の〈世界〉と既存の世界の関係について考察を加える。第６節では、複数の世界が、運動参加者にどのような通約（不）可能性をもたらすのか、そして、「徹底した相対主義」と文化相対主義との違いを検討することによって本論を終えることにする。

「われわれが記述する方法に縛られている以上、あらゆる記述の体系から離れて世界はどのようになっているかと問うことは不可能」であるように〔グッドマン 2008: 19–20〕、二つの世界を俯瞰する位置は筆者にも確保されていない。本章で筆者は、ファット・アクセプタンス運動の人びとにできる限り寄り添う立場をとりながら、かれらの〈世界〉を描き出していく。

2. カテゴリーのもとに作られる〈世界〉

(1) 生まれつきの「ファット」

ファット・アクティビストのサラは、太っていることは、髪の毛や目の色と同じような自分の特徴だと言う。

自分が太っていることは、私が赤毛であることやグリーンの目であることと同じことだと思う。確かに、これらは変更可能かもしれない。そうね。でも、自分の身体や心を傷つけることによってのみ〔それが可能になる〕。私に生命を与えるもの、つまり私の身体を傷つけることは絶対にしたくない。（２０１２年3月10日メールのやりとり）。

彼女のこの言明は、太っていることが生まれつきのものであるということを言い表している。このことは運動のなかで、ある程度共有されている。とはいえ、メンバーによってその捉え方はそれぞれだ。

マリリンの「存在としてのファット」

ファット・アクティビストのマリリン・ワンは、自身の執筆物でも筆者との会話のなかでも、「選択して太っているわけではない」と断言する［Wann 2005］。小さい頃から太っていたという彼女だが、何度も食事をともにした経験から、彼女の食べる量が他の人よりとりわけ多いわけでもないということは分かる。また、バレーボール、トランポリン、シンクロナイズド・スイミングなどの運動を好んで行う。ダイエットをしたのも、人生で1～2度だけだと語る。

彼女は、「ファット」は、食生活や運動などの行為（behavior）に還元できるものではないとし、「〔それは〕存在（being）であり、やめろと言うのは存在否定だ」と筆者に述べた。人口集団のなかの身長のスペクトラムと同様、「生まれつき」体重が軽い人や、「生まれつき」体重が重い人がいる［Wann 2009: ix-x］。彼女にとって、太っていることは、肌の色や「性別」などと同様、生物学的に「本質的」な特徴なのだ。「標準」体重へと近づくことを強制させられるのであれば、それは、人種やエスニシティの多様性を無視したマイノリティ差別と同じ構造を持つのである。

ダイエットを繰り返したフェル

大学院でホリスティック・ヘルスについて学び、現在、保健教育にも関わるメンバーのフェル（仮名）は、マリリンとは少し違う意見を持つ。彼女は、肥満を問題化して減量を強制するのではなく、運動をしないことや食べ物が悪いことをリスクファクターとして問題化すべきだと主張する。彼女の主張には、ダイエットで苦労し続けたバックグラウンドが関与している。彼女は、小さい頃に親からコルセットを着せられた経験もあり、幼少期から太っていて、減量してはリバウンドすることを繰り返した。一度、ウェイト・ウォッチャーという商業的減量プログラムに入会し、毎日3〜4時間の運動を「まるでスポーツ選手のように」こなしながら、150パウンド（70キロ近く）の減量に成功した。しかし、大学院に入りダイエットに時間を費やすことができなくなると、減らした以上の体重を増やしてしまう。46歳（2009年当時）の彼女は、43歳までは、ダイエットとリバウンドを繰り返した。減量をやめるのが怖かったからだという。

こうした経験を持つ彼女は、肥満を問題化し、減量を推奨する現在の医療や公衆衛生に強い違和感を示す。なぜなら、減量に価値を置く社会のなかで、「人は太っている気分にさせられる」からだ。ようやく減量できても、リバウンドして太るというサイクルを繰り返していくうちに、それが結果的に、スティグマやストレス、不健康なライフスタイルに結びつく。そして、医師は「ほらね、心臓病や糖尿病になった。君が減量しなかったからだよ」と言う。しかし、こうした負のサイクル自体が問題なのであると主張する。彼女は、以下のように言う。

ずっと座っている生活や、食べ物の質が悪いことがリスクであって、肥満がリスクなのではないのです。肥満を問題化するのは有効なやり方ではない。だって、「あなたが太っているから」というのは、言われた人に悪い影響を与えるでしょう。（中略）運動と食生活を改善したほうがよいと言われるほうが良いですよ。こうした問題であれば、私たちも取り組むことができるし、人びとにも希望を与えるでしょう。（2009年9月30日のインタビュー）

マリリンとフェルの決定的な違いは、フェルは、太っていることを運動と食生活という行為に還元するという点である。減量経験がないマリリンにとっては、太っている身体とは、まさに自分という存在そのものであろう。

それに対し、フェルは、辛い減量と何度ものリバウンド経験により、太っている身体を問題化せずに、運動と食生活を問題化するべきだという考えに至る。２人の事例から分かるように、個々人の経験によって、太っている身体を捉えるやり方は異なる。しかし、どちらにも共通するのは、体重には遺伝的な素因が強く関係しており、身体サイズは自由に選べるものではないという考え方を持っているということである。これは、運動の基本的な考え方でもある。

(2) 疫学理解の「誤謬」——相関関係と因果関係の混同

マリリン・ワンがファット・アクティビストになったきっかけは、医療保険会社から彼女に送られた、「病的肥満」のため「保険に加入できない」と書かれた1通の通知だったという。彼女は、「二流市民」というレッテルとともに、社会から排除されていることに怒りを感じたと述べる。フェルは、勤めている会社を辞めて保健教育のカウンセラーとして独立する夢があるが、会社を辞める決断ができない事情が医療保険だと述べた。今の会社のおかげで保険に加入していられるが、辞めてしまうと無保険になり、２００キロ近い体重がある彼女は、自分で保険に加入することはできないだろうと予想する。国民皆保険のないアメリカでは、オバマ大統領のヘルスケア改革以前は、零細な個人事業主や事業所で働く者で、高リスクであると判断された者や、保険料を支払うことができない低所得者は、保険に加入できないことが多かった。

このような保険のシステムは、美馬が言うように、本来の保険テクノロジーのあり方ではない。リスクが計算可能になるには、まず、あるカテゴリーの集団が数え上げられなければならない。しかし、肥満のリスクがすでに数値化されたおかげで、その回路は時間的順序が逆になった。人間集団からリスクを割り出すのではなく、すでにあるリスクの指標となる数字に基づいて、高リスクの集団と低リスクの集団があらかじめ区分されて構成されるようになったのだ［美馬 2012: 140］。社会的なリスクが、個々の身体を対象に個人化されると、標準化や排除の道具として働く。

第1章で説明したように、統計的データは、集合に内在する規則性について語っているのであり、個別事象の因果関係を示しているのではない。それにもかかわらず、前述したいくつかの事例で、のどの痛みやがんは肥満が原因であると断定されてしまったように、多因子のリスクは単純化され、個別事象は因果的な説明のモードへと回収されていく[3]。

こうした、一般に受け入れられている相関関係と因果関係を混同した理解に対し、運動に参加する人びとは怒りをあらわにする。マリリンは、「毎年、30万人が、肥満が原因で死ぬと言われているけど、全くのねつ造(fiction)。実際の死因を調べてみれば違うことが分かる。科学は、相関関係として出されたデータを因果関係と読み替えることによって、太っている人は病気だと言っている」のだと言う（2011年3月12日のファット・スタディーズのレクチャーでの発言）。運動に関わる栄養士のリンダ・ベーコンも、「体重がいくつかの病気のリスクの増大に関係しているのは確かだが、因果関係となると話は全く別ものだ」〔Bacon 2008: 123〕と指摘する。かれらが批判の声を上げるのは、「太っているから病気になった」という思考方法である。なぜなら、ここには、太った人に対するネガティブなイメージや肥満嫌悪が多分に影響していると考えるからだ。

(3) 対立するカテゴリー――「肥満」と「ファット」

このことについて、摂食障害の心理療法を行うデブ・バーガードは、「太っていることは不健康だ」という考えが、証明が必要とされないようなア・プリオリな前提になってしまっていることが問題なのだと指摘する。そして、「この考えに基づいて、人は、太っていることそれ自体がさまざまな病気を引き起こすとみなしたり、ある人の体重を見てその人が何を食べているか、どれだけ運動をしているかが分かると仮定したり、減量することによって健康になれると仮定したり、長期的な減量が可能であると仮定したりする。なぜなら、われわれの文化では、医師も含め、人びとは頭からこの考えを信じ込んでいるため、科学的な検証がされないのだ」[Burgard 2009: 46] と述べる。バーガードが批判するのは、「太っていることは不健康だ」という考えは、疑いを挟む必要がないほど当然だと考えられており、それが人を評価するような価値規範として働いているということである。

ただし、かれらは、太っていることが痩せていることよりも健康的であると主張しているわけではない。カリフォルニア大学バークレー校の栄養科学学科の「体重と健康センター」の創立者の1人であるジョアンヌ・イケダは、太っている人びとを一括りにして見ることが問題だと語る。彼女によると、肥満がいくつもの健康リスクを増加させるとしても、健康的な生活を送る身体の大きな人と、不健康な生活をしている身体の大きな人のリスクを比較した研究はまだないという(4)。

つまり、ファット・アクセプタンス運動に関わる人びとは、太っていることが、有無を言わさず不健康だと理解されることに異議を唱えている。また、肥満についての統計的データを特定個人に当てはめ、肥満を病気の「原因」とみなし、責任の所在を個人レベルにまで落として、その個人を非難するような社会的傾向に疑義を呈しているのだ。

第5章で扱ったように、マリリンはファット・スタディーズの講義で、「3分間象徴人類学」と題し、「ファット(fat)」と「痩せ(thin)」という言葉から連想される言葉を受講者に発表してもらうようにしている。マリリンは毎回の授業の終わりに、黒板の「ファット」と「痩せ」の間に引かれた境界線を消すパフォーマンスを行う。これらの特徴は、「ファット」や「痩せ」の特徴ではなく、皆が持ちうる特徴なのだと述べながら、二つの領域を統合するのだ。

彼女は自身の著作でも、以下のように述べる。「私は、間違った二項対立のもとで苦しんでいる太っている皆や、痩せている皆に、三番目の選択肢を提示したい。われわれの社会は、われわれには二つの選択肢しかないと思い込ませている。一つが痩せていること(そして幸せで健康で社会的に立派であること)であり、もう一つはファット（そして、それゆえに、不幸せで不健康で社会的に価値のないこと）である。三番目の選択肢がある。それは、個々人の固有の身体をたたえ、個々の身体にとって、可能な幸せと健康と社会的な価値を喜んで受け入れることだ」［Wann 2005: 62］。マリリンをはじめとする運動参加者たちは、この「三番目の選択肢」の意味で、「ファット」を記述的な用語として用いる。そして、理想的な体重があることを示唆する「肥満」や「過体重」という医学的定義は使わない。医学的定義としての「肥満」カテゴリーは不健康を含意するのに対し、ファット・アクセプタンス運動の人びとが使用する「ファット」カテゴリーには不健康という含意はないのだ。

あるべき姿を意味する規範的な用語としての「肥満」カテゴリーのもとに制作される知の体系に対して、かれらは、記述的な用語としての「ファット」カテゴリーのもとで科学的知識や健康へのアプローチ法に関わる知の体系を作り出そうとする。その立場は、肥満を病気の原因とし、「標準」体重と健康を同一視する認識を覆そうとするものである。それを現実化しているのが、Health at Every Size（以下ＨＡＥＳ）と呼ばれる科学であり健康管理方法である。次章では、ＨＡＥＳ科学がどのように誕生し、運動のなかでどのように組織化されていったのかについて説明していく。

3．「Health at Every Size」の組織化と事実作製

あらゆるサイズの健康を追求するというその名の通り、ＨＡＥＳは、体重管理によって健康を維持する従来の減量モデルとは異なり、「体重管理をしない健康管理の仕方」を重要視するオルタナティブな公衆衛生モデルとされる［Burgard 2009: 42］。基本的な考え方としては、人には生まれつきの多様な体型とサイズがあり、各個人に適した運動の仕方や食べ方があるというものである。減量は、たいていの場合、体重の増加、自尊心の低下、摂食障害のリスクを増加させるので、健康管理としては適していない［Robinson 2004: 6–7］。こうしたＨＡＥＳ

の基本的な考え方は、肥満差別の廃絶を掲げるファット・アクセプタンス運動の理念と親和性がある。このアプローチが、どのように運動と結びついていったのかを、以下で説明していく。

ＨＡＥＳアプローチの第一人者であるバーガードは、サンノゼ近郊で心理療法家として活動している。彼女は、１９８３年から１９８９年にかけダンスクラスのコーチをしていたとき、「とても健康な太っている女性」と「とても不健康な痩せた女性」がいることに気づき始める。この二つのカテゴリーは、多くの場合、偏見によってその区別が認識されることはない。「医師は病気になっている人を診るでしょう。病気ではないと病院に行かないし。太った人が〔病気になって〕病院に行くと、医師は太った人のことを健康なはずがないと思う。〔健康と太っていることは〕結びつけられることはないのよ。でも、私のクラスには、愉快で元気いっぱいで足を１８０度開脚するような〔太った〕人たちがたくさんいたの」と彼女は述べる（２００９年9月10日のインタビュー）。

この経験がきっかけとなり、彼女はダンスクラスをやめ、博士論文の調査「２００パウンド以上の女性が、どのように自らの経験を理解しているのかについて」を開始する。「将来減量するつもりはありますか？」「自分の体重をコントロールしていると思いますか？」などを尋ねるインタビュー調査から、彼女は、驚くべき結果を見出したという。それは、「体重をコントロールしようとしている人は、皮肉なことに、生活上のその他のことに関してコントロールできていないと感じていた」というものだった。逆に、体重管理をしない人たちは、「自信に満ちあふれて」いて、「うまくやっていた」という。彼女たちは、減量によって何が起こるかを分かっていて、「〔減量は〕馬鹿げている」「減ったり戻ったりしているだけ」「別の方法でコントロールすればいい。私は自分の人生を取り戻すわ」と答えたという。そして、バーガードは、自分をコントロールできないと思い込む過程が体重の増減の過程で起こるということを明らかにした。これは、彼女が心理学の「学習性無力感」で学んだことと全く同じだったという。

バーガードによると、インターネットが普及する前の１９８０年代後半から１９９０年代にかけて、臨床や自分の経験から既存の体重パラダイムが役に立たないという結論にたどり着いたバーガードのような人たちが、お互いを見つけ合う形で、全米から集まってきたという。セラピストや医者や栄養士、アーティスト、アクティビスト、フィットネスの専門家など、さまざまな分野の人たちが、それぞれの形でこのことに関わっていたと彼女は語る。そして、すでに誕生していたファット・アクセプタンス運動と交わる形で徐々にネットワークが広がっていった。

１９９２年に、アメリカの医学研究機関である国立衛生研究所が開催した「自発的減量コントロールの方法についての技術評価会議（Technology Assessment Conference on Methods for Voluntary Weight Loss and Control）」での報告は、運動を支える根拠となった。すなわち、提出された減量と体重管理について報告書では、「比較的短期間の減量プログラムでは、初期体重の10％以上の減量が可能であるが、プログラム終了の1年以内には減量した体重の３分の２を、５年経てばすべての体重を再増量する強い傾向がある」とし、長期間にわたって減量を維持することは、事実上不可能であることを認めている。政府の保健医療機関は、体重管理による健康を訴えながら、減量の不可能性についての認識も持っている。ＨＡＥＳに関わる人びとやファット・アクセプタンス運動の参加者は、ここに「体重管理をしない健康管理」を提唱できる余地があると考えている。

さらに２０００年代に入り、栄養学者のリンダ・ベーコンがカリフォルニア大学デイビス校で行った調査によって、初めてＨＡＥＳの正当性を科学的に証明したと結論づける調査結果が出された。その調査とは、30歳から45歳までの肥満白人女性被験者78人を、減量グループとＨＡＥＳグループの二つに分け、２年にわたり、被験者の健康状態や体重の変化を記録したものだった。この調査結果はアメリカ栄養学会のジャーナルに掲載され、肥満女性のリスクがＨＡＥＳアプローチによって改善されることが証明されたと結論づけられた(5)［Bacon et al. 2005］。太っていても健康でいられるという科学的証明は運動を活気づけた。筆者が調査を始めた２００８年頃も、この研究結果はしばしば会話の引き合いに出され、「リンダによって、科学的にＨＡＥＳの正当性が証明された」ということを何度も聞いた。

ＨＡＥＳ科学を支える組織として、第4章で触れた「サイズ・ダイバーシティと健康協会（Association of Size Diversity and Health：以下ＡＳＤＡＨ）」がある。ＮＡＡＦＡとＡＳＤＡＨの組織のメンバーは重なり合っているが、前者がアクティビズムの要素が強いのに対し、後者は研究者や専門家が中心となってＨＡＥＳについての情報・意見の交換を行う。バーガードやベーコンをはじめとするＨＡＥＳの専門家には、ダイエットに苦しむ女性たちや、摂食障害者を対象にした心理療法家や栄養士などが多い。太った者に対する差別も摂食に苦しむ者たちも、肥満を嫌悪する文化的・社会的状況によって生み出されており、問題の根源は同じだと考えられているからだ。

かれらの活動は、年に1度の年次大会や各地区でのミーティングをはじめとして、「showmethedata」「fatstudies」などのメーリングリストでの情報交換、また、嘆願書の作成[6]や企業の雇用現場での身体の多様性についてのツールキットの配布などで、それらを通して多様性への理解を外部にも働きかけている。さらに、各個人の活動は、大学やコミュニティ・カレッジ、高校でのレクチャー、イベントの開催など小規模なものから大規模なものまで多岐にわたる。

4．制作中の〈世界〉と既存の世界

(1) 世界間の通じなさ

減量に異議を唱え、太っていても健康でいられることを主張する運動に対し、保健医療関係者は、運動の「非合理性」を強調し、ダイレクトに批判する。例えば、ある著名な減量の専門家は、ニューヨーク・タイムズ紙の記事において「太っているなら、数々の病気にかかるリスクが増える。これは科学的に証明されている。頭を悩ませる問題でもない。差別だと言っている人は、自分を擁護しようとしているだけなのだ」と運動を批判している［Ellin 2006］。また、ハーバード大学公衆衛生大学院栄養学科長は「体重の重い人は軽くしたほうがいい。体重は問題じゃないと主張している『体重は美しい集団（the weight-is-beautiful groups）』によって誤った考えが助長されている。データは明らかなのだ」とコメントしている［Katz 2009］。

もちろん、こうしたダイレクトな批判ばかりではない。運動の意図が正確に理解されないために、ときにミスコミュニケーションが起こる。筆者がフィールドワーク中に遭遇した事例を紹介しよう。その出来事は、２００９年10月９日、全米でもトップレベルの医学校であり、多様性に開かれた街を象徴するサンフランシスコのゲイ・タウンとして有名なカストロ通りの近くに位置する、カリフォルニア大学サンフランシスコ校の肥満研究センター（Center for Obesity, Assessment, and Treatment）で起こった。そこで行われた全米の肥満研究者や医療関係者が参加する定例ワークショップでのことだった。医療系のワークショップという「排他的」な場に、筆者は、アクティビストのマリリンやリンダ・ベーコンと一緒に出席した。そのときの発表者は、アメリカの肥満の疫学研究で最も名の知れたキャサリン・フリーガルだった。フリーガルは、「体重と死亡率」というタイトルで、死亡率が最も低いのは「過体重」であるという、彼女が行った有名な調査結果について発表した[7]。質疑応答の時間に入ると、マリリンは一番に挙手をした。「私はファット・アクティビストです」と切り出し、サイズによる差別をなくすべきであるという旨の訴えを数分間行った。発言を終えた途端、50名近くの聴衆からは拍手が巻き起こった。

セミナー終了後、１人の心理学専攻の研究者がマリリンに近寄ってきて、「はじめまして。私は、ストレスがどのように肥満を引き起こすかについての研究をしています」と自己紹介をした。それに対し、マリリンは「社会が太っている人に対して差別的な態度をとるから、私はストレスを感じます」と答えた。そのあと、その女性研究者は、何となくどう振る舞ってよいか分からないような表情で、早々に会話を切り上げて去ってしまった。彼女はマリリンが質疑応答のときに発した「肥満差別をなくしたい」という真の意図を理解していないようだった。「ストレスが肥満を引き起こす研究」は、ストレスを軽減し肥満改善を目指す目的のもとになされている研究であるということは明らかだった。マリリンの切り返しは、その研究に対するマリリン流の皮肉でもあった（とマリリン本人も筆者に言った）が、その研究者はそれに気づかずに去ってしまった。

その一方で、こうした専門家の場合と違い、一般の人は、ファット・アクセプタンス運動の意図が理解できないという率直な反応を示す。運動の関係者もうまく応答し説明できないことがしばしばある。例えば、２００９年3月5日、ＨＡＥＳの専門家として活動するコニーによって、オリンダ市の高校生の子どもを持つ親たちのために開かれた「健康的なボディ・イメージ／健康的な体重――親の役割」という講演でのことだった。この講演は、現在、アメリカの60％の女子大生が抱える摂食障害の問題に対し警鐘を鳴らすことを目的として開かれた。

コニーは、アメリカ社会には反肥満メッセージがあふれ、子どもは学校やメディアからそのメッセージを受け取り、摂食の問題が再生産され続けていく。それらのメッセージに惑わされずに、空腹や食欲、満腹のシグナルを自己の身体からきちんと聞き取れるように、家庭でも教育していかなければならない、という内容の講演を行った。講演後の質疑応答になり、30名程度の聴衆の1人が、自らも過食症の傾向があるという告白をし始めた。自分の子どもには過食症になってほしくないと言う。そして「今の社会では、体重が重いといじめられたり、からかわれたりするというのも事実なんです。自分の子どもは、体重のせいでからかわれるような対象にはなってほしくないんです。どうしたらいいのでしょう?」という質問を投げかけた。それに対し、コニーは、市民運動の一つとしてファット・アクセプタンス運動という運動があること説明しながら、「自分が自分らしくあることが大切なのです。体重の増加というのは、成長過程の一つなのですから。体重が重くてもかまわない。ただし、食べ過ぎはダメですよ。身体の声を聞いて食べることによって、自然な体重になります」と答えた。しかし、質問者は、その顔の表情から明らかに納得していない様子だった。すると、別の聴衆から再び手があがり、「そうはいっても肥満は問題でしょう?」と食ってかかった。これに対して、コニーは「ジャンクフードばかりを食べて、あまり動かないということが問題なのです。肥満に注目するのではなく、食べ物との関係をうまく保つことに注目してください」と応じた。しかし、質問者たちはコニーの返答に納得している様子もなく、やりとりはことなく白けた雰囲気になり、それ以上発展しなかった。

わが子が太っているからといじめの対象にはなってほしくない、という親の思いに対し、コニーはファット・アクセプタンス運動の人びとがよくやるように、太っていることと食べ過ぎを別々の問題として提示しようとした。そして、太っているために受ける差別は、外見による差別であり、ファット・アクセプタンス運動が公民権の侵害として訴えているものであると伝えた。その一方で、食べ物との関係こそが、個人が取り組むべき課題であると注意を促したのだ。しかし、質問者にとっても聴衆にとっても、太っていることと食べ過ぎの問題は、切り離すことができないものだという認識があったと考えられる。

このように、運動参加者以外の人から、運動の〈世界〉について理解を得ることは難しい。それだけではなく、運動参加者間にも〈世界〉についての認識の違いがある。

(2)「パラダイム・シフト」、あるいは、同時にある二つの世界

２０１０年８月９日に行われたＨＡＥＳのワークショップでは、運動参加者間の認識の違いが決定的になる出来事が起こった。メンバーのある発言をめぐって起こった出来事と、後日のマリリンと筆者の会話は、二つの世界の位置取りを知る上で、筆者にとって、とても重要な出来事であった。

この日のワークショップは、イギリスやオーストラリアで活躍するＨＡＥＳの専門家も参加していた。１日がかりのワークショップも終わりに近づき、会場は高揚感に包まれていた。メンバーたちがワークショップの感想について次々に述べるなか、メンバーの中心的な人物の１人、おしゃべりで元気なダイアナ（仮名）が声を上げた。「コペルニクスが、地動説が正しいと言ってから、地球が平らではなく球であると人びとが認識するまでに、

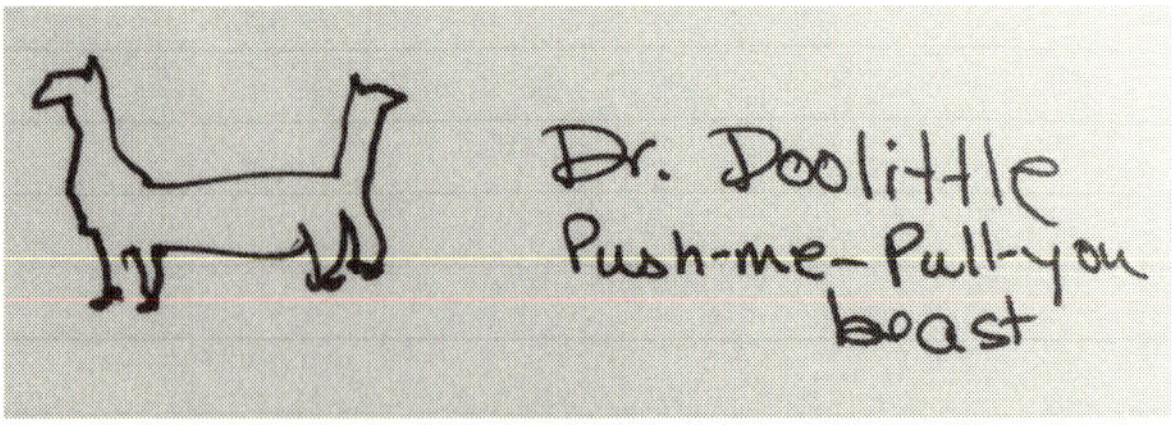

図6－1　マリリンが描いた「オシツオサレツ」

いったいどれくらいかかったのでしょうね（中略）それと同じように、ＨＡＥＳが人びとに理解されるまでにどれくらいかかるのでしょう！」。会場から「ケリー（仮名）なら知ってるわよ」と声が上がり、ニューヨークの大学で人類学を専攻するケリーが、コペルニクスについてのコメントのために引っ張り出された。突然引っ張り出された彼女は、天動説を斥け地動説を唱えたコペルニクスについて、ややしどろもどろに概略を説明した。その説明が終わるやいなや、マリリンは、いらいらした様子でこう言った。「コペルニクスの理論が理解される仕組みを知りたければ、トーマス・クーンを読めばいい。科学は信じる人の数の多さ（quantity of believers）の問題ではないのよ」。そのいらいらは、明らかにダイアナに向けられたものだった。会場はマリリンの勢いに押され静まり返った。ダイアナは、怒りと困惑の入り混じった表情の顔を下に向け、隣の人に聞こえるぐらいの声で、「誰も信じる人の数の多さの話なんてしてないわよ」とささやいた。

筆者は後日マリリンに会い、大会で発した「信じる人の多さではない」という言葉に込められた考えを尋ねた。彼女は、科学や制度による圧倒的な権力に対する、ダイアナをはじめとするメンバーたちの失望感や焦燥感ももちろん理解できると言いながらも、以下のように述べた。「たとえ地球が丸くても、人が平らだと信じていたら、地球は平らなのよ。マジョリティが決めることじゃないと思う。（中略）たとえ、ミッシェル・オバマが25年後には太った子どもたちはいなくなるだろうと言ったとしても[8]、彼女は本当にそれを言ったんだけど、それは正しくない」と言う。そして彼女は、私が持っていた紙とペンを取り、一つの胴体から別々の方向を向いた二つの頭を持つ馬の絵を書いた。ドリトル先生に出てくる「オシツオサレツ（Pushmi-pullyu）」だ（図６－１参照）。絵を指しながら説明を続ける。

一つの方向とそれとは逆向きの方向という二つの趨勢が、現在同時にある。つまり、こっちの方向では肥満が問題とされている。そうね、それは正しい。同時に、ＨＡＥＳとかファット格好いい、というあっち向きの方向がある。どちらも正しい。地球が平らなのと丸いのが同時に存在したようにね。だから、個々人は瞬時に世界の見方を変えられる。３００年もかからないし、瞬間的に変えられるの。この世界があっちの世界に変わったというように、全然違う世界をね。そしてそれはマジョリティが決めるルールのもとに存在するわけではないの。（中略）地球が丸いと思えば、地球は丸い。太っている人が存在していると思えば、太っている人は存在するのよ。（２０１０年8月14日、サンフランシスコ市内のコーヒーショップで行われたインタビューより）

話し終えるときには、彼女の表情は、最初の険しい顔つきからほころんでいた。肥満を不健康だと捉える既存の世界と、太っていることは不健康ではないと捉えるかれらの〈世界〉は、対抗的な二つの世界に見える。前者の世界では事実が歪められて理解されているのだから、正しい事実を備えた〈世界〉を作らなければならないというのが、かれらの運動の原動力になっていることは間違いない。ダイアナのコペルニクスを引き合いに出した発言は、やがてＨＡＥＳパラダイムが真理として認められ、既存の体重パラダイムに取って代わるという期待の表明でもあっただろう。実際、トーマス・クーンの意図を拡大解釈した「パラダイム・シフト」という言葉は、物事の見方が１８０度変わるという事態を端的に表す言葉として、運動に関わる人びとが好んで使う［e.g. Bacon and Aphramor 2011; Robinson 2004］。それによって、科学分野だけでなく価値観や日常の認識の劇的な変化までも当て込んでいるからであろう。

マリリンのいらだちには、運動が正当で十分な理解を得られない現状に対する焦燥感や鬱積した感情なども入り混じっていただろう。だが何より、そのいらだちは、パラダイム・シフトによってファット・アクセプタンス運動やHAESだけが正しさを手に入れ、「肥満が問題とされている」世界はなくなるはずだという、ダイアナの「無邪気」な考えに向けられていた。なぜなら、マリリンにとっては、「肥満が問題とされている」世界、あるいは、「HAESとかファットって格好いい」とされている世界のどちらか一つが正しいわけではないからだ。信じる人の数だけ正しい世界はあるのだと述べるように、ファット・アクセプタンス運動やHAESだけが正しさを手に入れるわけではなく、「肥満が問題とされている」世界と、「HAESとかファット格好いい」とされている世界は、常に、不均衡に、同時に存在しているのだ。運動だけが正しい世界に近づけるわけではなく、むしろ、人は、まるで異なる二つの世界を、部分的にではあるが、同時に理解できる。

マリリンの「一つの方向とそれとは逆向きの方向という二つの趨勢が、現在同時にある」という発言は、筆者にとっては、「肥満が問題とされている」世界がなくなることはないと暗示しているように聞こえた。そのことについての彼女の憂鬱は、後の彼女の語りに見出せる。マリリンは、運動の歴史の流れのなかで目指すべき終着点は、彼女にとっても、ときにクリアに見えたり、ときにぼやけて見えたりするのだと筆者に語ったことがある。そのとき、彼女は、続けて以下のように自身の思いを吐露している。

　ファット・コミュニティのなかには、減量したい人もたくさんいる。ダイエットしたり、肥満手術を受けたり。それは私にとっては悲しいことだけれど、歴史のなかの今の事実として避けられないことでもある。減量に対する社会的な圧力があるから。それに、ファット・コミュニティの基盤はまだまだ小さい。人が幸せと健康を感じながら、なおかつ、減量を拒否するというのは、たとえファット・コミュニティのなかにいても難しいことなのよ。（中略）でも、私は、かれらが減量しようと何をしようと、それは、かれら自身の手段であると評価しなければならないと思っている。果てしない歴史の流れのなかの終着点を私が決定することはできない。ただ、今現在、私たちの努力の過程で、何が起こっているのか、目的（ends）ではなく手段（means）から評価していくしかないのよ。（2011年3月22日、サンフランシスコ市内のコーヒーショップにて行われたインタビューより）

この発言から、運動参加者たちは、二つの世界を行ったり来たりして揺らいでいるということ、そして、アクティビストとして運動を牽引してきたマリリンにも、不安定で矛盾したかれらの態度に強く反対できないという、ジレンマが読み取れる。

メンバーたちは、実生活では肥満差別やひどい扱いに苦労しているからこそ、年1度のNAAFAの大会での仲間との集いによって「1年の英気を養う」とか、「パワーをもらう」と表現する。前章で紹介したヘレンも、「［NAAFAの大会に出席して］私は、残りの1年、この世界を何とか生き延びられるように充電する」と表現していた。こうしたマリリンの説明やメンバーたちの言葉から、筆者には、二つの世界の間が、一見すると埋めようがないほど遠く隔たっているように見えて、実はそうではないように思えた。むしろ、その間は微妙に近く、その距離をどう保つかが、かれらにとっての困難なのではないか。次節では、ファット・アクセプタンス運動による〈世界〉制作とはいかなる実践であるのか、また、かれらの〈世界〉と既存の世界はどのような関係にあるのかについて、改めて考察を加えていくことにする。

5.〈世界〉制作と世界間の通約（不）可能性

(1) 制作中の〈世界〉とすでにある世界の関係

では、ファット・アクセプタンス運動が新しい〈世界〉を作っていく過程で、既存の世界との関係はどのようなものとなっているのだろうか。トーマス・クーンは、科学革命前後の異なるパラダイム間の関係について、共通の評価基準がないため、両者は非連続的なもので通約不可能なものであると考えた［クーン 1971］。しかし、前節で描いたように、ファット・アクセプタンス運動においては、二つの世界の間は断絶しているというより、むしろ、近接していると推察された。ゆえに、その間をつなぐ何かがあるのではないかと考えるほうが妥当ではないだろうか。

グッドマンは、エルギンとの共著のなかで、新しいカテゴリーが、どのようにして使用されるようになるかについて述べている。「時にはある種のカテゴリーを用いた帰納が、真なる前提から偽なる結論へと至ることがある。そうした挙句にこの種の失敗が、それまで用いてきたカテゴリーが間違いで別のカテゴリーを使用すべきではないか、と考える理由となる」という。そして、真なる前提が偽なる結論へと至る積み重ねのなかで、新しいカテゴリーが、成功しているシステム(9)に組み込まれたり、あるいはうまくいっていないシステムに取って代わることがあると述べた［グッドマン／エルギン 2001: 22］。

この議論を援用して、本章で扱ってきた「肥満」と「ファット」カテゴリーについて考えてみたい。「肥満が病気と関連している」という言明は、医学疫学的知の体系において真である。ところが、相関関係を表しているはずの知は、個人に起こる出来事の因果連鎖についての説明として、「肥満は病気の原因である」と「誤って」理解されるようになってきた。ここに、グッドマンらが指摘する、真なる前提から偽なる結論が積み重なっていく過程がある。「肥満者は病気になる」といういくつかの個別事象の因果関係から、「肥満は病気の原因である」という結論を下すことはできない。こうした帰納を導くアメリカの社会的背景には、太っていることを、自己統制のできない怠惰の現れとして嫌悪する価値観や信念が強固にある。「肥満は病気と関連している」というのは疫学的な事実であるが、「肥満は病気の原因である」というのは、あくまで個別の因果関係の蓋然性である。そのため、太っていても病気にならないケースはたくさんある。

それに対抗する「ファット」カテゴリーが属する新たな〈世界〉の体系は、マクロに見れば、「肥満」カテゴリーのもとで作られる世界の体系と対立する。しかしながら、世界制作とは手持ちの世界を作り直すことであるため、その二つの世界は断絶しているわけではなく、むしろ、前章で述べたように部分的に近接していると言える。ＨＡＥＳは、リンダ・ベーコンの場合を除けば、通常の科学的手続きにあるような、仮説の正当性を実験によって証明するような展開の仕方ではなく、むしろ、過去の肥満科学の結果を、ＨＡＥＳをサポートする科学的結果として読み替えたり、方法論の問題点の指摘を積み上げていくことによって、その正当性を補強してきた [e.g. Gaesser 2002; Burgard 2009]。すなわち、運動の個々の実践を微視的に見るなら、世界制作の工程では、対抗的な事実を作り上げていくというより、むしろ、部分部分で、もう一つの世界の知を流用したり、リフレイミングしたりするのだ。例えば、バーガードは、仮に、ＢＭＩと病気の相関関係が９％（相関係数を2乗した値）である場合、そのデータを、病気の91％はＢＭＩと相関関係がないと読み替えることも可能なのだと述べる [Burgard 2009: 43]。

また、マリリンは、彼女のレクチャーやインタビューのなかで、頻繁に、「過体重」の人口の死亡率が最も低いという疫学の調査結果 [Flegal et al. 2005] を引き合いに出し、「ファット」は不健康ではないというかれらの主張の根拠の一つとして利用する。すなわち、既存の保健医療のデータは正しくないとして退けるのではなく、状況に応じて流用し、新たな解釈を与えて提示する。そのやり方に、筆者は、はじめのうちは困惑していた。なぜなら、体重を健康の指標にするべきではないと主張しながら、保健医療のデータを利用したのでは、主張の一貫性が保たれないのではないかと思っていたからだ。だが、マリリンの「目的ではなく手段」という発言にも表れているように、かれらは手持ちの知識や理解を流用し、自分たちのものとして読み替えながら〈世界〉の整合性を保とうとする。

さらに理解を深めるならば、マリリンが、保健医療用語である「過体重」を使用しながら、「過体重」でも健康であると説くとき、ファット・アクセプタンス運動の〈世界〉は、「正常／異常」の論理的根拠を、肥満を不健康だとみなす世界と共有する。共有することによって、肥満を不健康だとみなす世界の「正常」の範囲を拡張しようとしている。つまり、健康と定義される「標準」体重の範囲を広げていくという視座を、肥満を不健康だとみなす世界に、理解可能な形で提示しているのではないだろうか。

こうした態度は、自身の研究結果を科学者コミュニティのなかで提示していくことに強い使命感を持つ栄養士のリンダ・ベーコンにも通じる。彼女は、そうすることに、さまざまな軋轢や苦労があることを著書やNAAFA関連の講演会などで吐露している。その軋轢や苦労とは、例えば、科学者コミュニティのなかで流通している用語（「肥満」などの医療用語）や測定方法（BMIなど）を使用しなければならないことへの抵抗感、また、肥満は健康に害悪をもたらすという認識が前提となっている科学者コミュニティのなかで、HAESの正当性を証明するための研究のファンディングを得ることの難しさや、調査結果を学会で発表したり、ジャーナルに論文を投稿することによって受ける批判などのことである［e.g. Bacon 2008］。そうした批判や反感を買うような環境においても、彼女は、自身の研究結果が知られるべきであるという強い使命感を持ち、アカデミアにもファット・アクセプタンス運動にも深くコミットしている。

これらを考慮に入れるならば、二つの世界は、マクロに見ると対抗的でありながらも、細部においては否定し合うものではない。むしろ、肥満を不健康だとみなす人びとにとっての理解可能な幅を広げていくことが、すなわち、かれらが〈世界〉を制作していく工程であるのだ。

(2) 世界間の連続性と同一性について

ただし、世界制作の実践が知識の流用による説明やリフレイミングといった工程であるとしても、既存の世界のなかに存在するものと、制作中の〈世界〉に存在するものとが、同一性を持っているとまでは言えない。すなわち、太った身体という同じ対象を、別々の仕方で指示したり表示したりしているというわけではないのだ。世界間の関係を理解するために、ここでは、グッドマンとエルギンの同一性についての議論を理解しておく必要がある。なぜなら、ダイアナの「パラダイム・シフト」とマリリンの「科学は信じる人の数の多さではない」という対立はそこから起こっていたと考えられるからだ。

グッドマンらは、体系によって解釈が決められる場合、あたかもそこに対象の同一性があるように語ることに注意を喚起する。日没の同一性は、太陽を同一指定しようとしているのか、沈むことを同一指定しようとしているのかによって左右される。すなわち、毎日沈む太陽、夕暮れごとに新たに沈む太陽、というように、領域内の対象を個別化するシステムが異なれば、同じ領域は全く異なった要素から成る［グッドマン／エルギン 2001: 9–11］。むしろここで大事なのは、「同じか、それとも同じではないか」ではなく、「同じとか同じではないとかいうが、同じ何が問題なのか」であるという[10]［グッドマン 2008: 28］。

この議論に従えば、「ファット」カテゴリーが属する新たな〈世界〉と、「肥満」カテゴリーのもとで作られる世界は、太った身体を説明するためのシステムが異なると理解すべきである。つまり、保健医療用語の「過体重」と運動参加者が使う「ファット」は、「純粋な」太った身体を、別々に言い換えているわけではない。そして、グッドマンの「同じ何が問題なのか」の含意をくみ取れば、むしろここで大事なのは、世界間の関係であり、それが引き起こす齟齬やコンフリクトへの理解であるはずだ。ゆえにこの問題は、以下のような問いとして考察すべきことである。すなわち、マリリンがオシツオサレツを例に説明したように、われわれは異なる個々の世界を同時に理解することができる。実際、人は、肥満は病気を引き起こすという考えと、太っていることは不健康ではなく、多様な身体のあり方の一つなのだという考えに、同時に理解を示すことができる。複数の世界を同時に理解することができるというこの事態をどう考えるべきか。次節では、このことを、文化相対主義とグッドマンの「徹底した相対主義」［グッドマン 2008: 172］の違いから検討することによって理解したいと考えている。

6．「徹底した相対主義」――「リスク社会」とファット・アクセプタンス運動の世界

(1) 部分的に通約（不）可能な存在として生きること

オーストラリアの多文化主義について論じてきた人類学者エリザベス・ポヴィネリは、近年の民族誌は、サンパウロの先住民アクティビスト、ジャカルタのクイア・アクティビストなど「ラディカルな他者」による、通約不可能な「ラディカルな世界」の出現に注目しつつあると述べる。そして、倫理的にも認識論的にも異なる通約不可能な世界たちが、どのように通約可能なものとして想像されうるのかと問う［Povinelli 2001］。

この問いに対し、人類学者トム・ベルストーフは、インドネシアのムスリムの「ゲイ」の存在を事例に、一つの回答を示している。彼は、まず、ムスリムであり、かつ、「ゲイ」であるインドネシアの人びとは、宗教と性的欲望の関係をどのように理解しているのかと問う。なぜこのような問いを設定するのかというと、インドネシアでは、ムスリムの「ゲイ」は、同性同士の性愛として道徳的な批判の対象になるというより、むしろ、性的自己のあり方として全く理解不可能なものだとされているからだ。ゆえに、それについて語られることもめったにない。つまり、ムスリムの「ゲイ」のインドネシア人と、異性愛者のムスリムのインドネシア人の間には、セクシュアリティの経験の仕方について根源的な通約不可能性が存在すると指摘する［Boellstorff 2005: 575］。そのような社会で、ムスリムの「ゲイ」であることを、彼らはどのように理解しているのだろうかと問うのだ。

その問いに対し、ベルストーフは、ムスリムの「ゲイ」は、通約不可能性を解消しようとするのではなく、生きている（inhabiting）のだと表現する。その生き方は、まるで吹き替えと同じだと述べる。日本映画を英語に吹き替えする際、俳優の口の動きまでを英語に合わせることはできないように、一つの言語を他の言語へと完璧に翻訳することは不可能である。しかしながら、この唇の動きと音声のズレという「不具合」は、映画の視聴者には前提とされている。それと同様に、ムスリムと「ゲイ」というカテゴリーを同時に生きることは、その本人が、

解消されない不完全さを受け入れて生きることであると説明する［Boellstorff 2005: 582–583］。

カテゴリーを同時に生きるということは解消されない不完全さを受け入れることである。この指摘は、ファット・アクセプタンス運動の人びとの生き方を説明する上で重要である。ここまで何度も述べてきたように、ファットは、現在までに、人種、ジェンダーなどのマイノリティのように、通約不可能性を克服すべき対象として扱われてこなかった。

肥満であることが不健康で醜いとみなされるアメリカ社会の、家族、学校、仕事場で、かれらは生きていかなければならない。ヘレンが、大会はバッテリーの充電場所だと比喩的に言ったように、〈世界〉に閉じこもったままでいることはできず、〈世界〉の外に出ていかなければならないのだ。すなわち、「ファット」と「肥満」という二つのカテゴリーを、どちらも生きていかざるをえないという葛藤を常に抱える。葛藤は、「ファット」を市民権として訴えながら、減量を試みるという矛盾した態度として現れることもあるだろう。主張が正しく理解されないことへの不満が、怒りやいらだちとなって現れることもある。解消されない不完全さを生きていくということは、人びとの一義的な理解を拒むような、部分的に通約（不）可能な存在として生きなければならないということなのではないだろうか。

⑵ あらゆる視点から離れた世界はない

「肥満」カテゴリーが属する科学的な知の体系は、多くの人びとにとっては、一つの世界として完結している。一方で、ファット・アクセプタンス運動の人びとにとっては、それは、新しく作り変えられるべき体系なのである。グッドマンはそのことを、「われわれはどんな場合でも、ありあわせの、何か古いヴァージョンや世界から出発するのであって、それを新しい世界に作り変える決意を固め、そうする伎倆をもつまではそれにしがみついている」［グッドマン 2008: 176］と表現する。

世界制作には、常に、その体系を作る人の視点がある。換言するならば、ある対象はそれを見る者たちの概念化を逃れることはできない。そもそも、私たちが記述する方法に縛られている以上、あらゆる視点（frame of reference）から離れて世界はどのようになっているかと問うことは不可能であるからだ［グッドマン 2008: 20］。このことを、グッドマンの翻訳者である菅野盾樹は以下のように解説する。すなわち、「概念化を逃れた、その意味で『純粋な』知識の層を探しても無駄だろう。なぜなら、ある知識をどれほど深く穿っても、発見されるのは常に言語や記号に担われた別の知識にすぎないから。きわめて雑然とした感覚、たとえば白っぽい斑点の感覚さえ、具体的な文脈でそのようなものとして把まれた経験の断片に他ならない。ここには概念作用（あるいはなんらかの記号機能）がすでに発動している」［菅野 2008: 280］。

ここから導き出されることは、「異なる文化に住む人びとは、文化固有の象徴と意味の体系を通して、それぞれに異なる仕方で世界を認識しており、その文化的価値に優劣はない」とする文化相対主義は、グッドマンの「徹底した相対主義」とは決定的に違うということだ。倫理的態度としての前者は、文化的な価値の優劣を下す視点が入り込んでしまうことを隠蔽するが、後者はそもそも視点がなければ世界は存在しないという立場をとる。

別の世界を見るということは、すでに得た知識の体系を、別のカテゴリーへも適用することなのである。肥満を問題状態だと捉える人たちにとっても、ファット・アクセプタンス運動による制作中の世界を一定程度理解することは可能である。人口の7割が「過体重」と「肥満」で占められるアメリカでは、太っていることは何も珍しいことではない。公民権運動を経たアメリカで太っている者への差別が倫理的問題をはらむことや、無理なダイエットがリバウンドや摂食障害を引き起こす可能性があるということ、などについては理解が広まりつつある。こうした観点からすると、かれらの〈世界〉は、とりわけ、通約不可能な「ラディカルな世界」とも言えない。

しかしながら、運動参加者が、太っていることを積極的に肯定的に捉え「ファット」として声を上げるのであれば、話は別である。その取り組みは、既存の世界の住人にとっては、理解不能であり、「常識的」に考えて

「間違っている」のだ。ましてや、痩身が健康的で美しいとされる社会で、断固として痩せようとしないかれらの態度は、運動を傍から眺める者にとっては融通の利かない奇妙な態度として映るだろう。

本章では、ファット・アクセプタンス運動が、肥満を問題化する科学や制度に対抗し、運動の理念に適合するように知を再構成していく実践の一端を、〈世界〉制作として説明してきた。運動参加者は、自らの〈世界〉を整合性と妥当性を備えたものとして成り立たせようと努める。世界を制作するということは、たとえ不確実な状況にあっても、なお、新しい知を再構成しようとする積極的な態度なのだと言える。他者の世界の「わけのわからなさ」を、健康の形態の一つのあり方として、真に深く受け止めて理解するためには、個々の世界の住人が多様な知識を得て、受け入れ可能で選択可能な世界を数多く作っていくしかない。なぜなら、知ることこそが、世界制作なのであるから。

（１）アメリカ医学会は、２０１３年６月に肥満を病気だと公式に発表している。

（２）ハッキングは、「私の『種類の制作』の考え方は、グッドマンの世界制作の考えに何も付け加えていない」と言うほど、グッドマンから強い影響を受けている［ハッキング 2006: 279］。彼は、児童虐待や多重人格、同性愛などのカテゴリーの編成を取り上げ、グッドマンの議論を推し進めている。人間についての科学的な記述のためにあるカテゴリーを作り出すと、そのカテゴリーによって記述されるべき人びとに影響を与える。ハッキングは、選び出されたカテゴリーが利用されることによって、再帰的に世界が構成されていくことを論じている［e.g. ハッキング 2000; ハッキング 2006］。

（３）肥満疫学者のフーによると、肥満と肥満関連のすべての疾患の原因は多因子であるため、単一の原因と結果のセットとしての因果関係は、肥満の必要条件にも十分条件にもなりえない。いくつかの要因の組み合わせによって、肥満と肥満関連疾患のメカニズムを説明することが可能になり、因果は確率的に示される［フー 2010: 7］。

（４）２００８年８月20日にオークランド市のコーヒーショップにて行われたインタビューより。

（5）減量グループには減量プログラムを受けさせ、HAESグループにはカウンセラーによる指導とワークショップが行われた。体重とBMIの数値、血圧、血中脂肪の代謝状態の数値、エネルギー消費量、抑制や摂食障害の調査項目を使った食行動の測定、自尊心、鬱、ボディ・イメージなどに対する心理学的測定によって測られた。調査の結果は、減量グループとHAESグループともに体重に変化はなかったが、HAESグループは、自身のサイズを受け入れ、ダイエット行動を減らし、身体のシグナルに対する意識を高めているという結果が出された［Bacon et al. 2005］。

（6）最近では、アメリカ医学会が肥満を病気と定義したことに対する抗議の署名活動や、ミシェル・オバマのテレビの減量プログラムへの出演に対する抗議活動がある。

（7）この調査結果は、2005年の米国医師会雑誌［Flegal et al. 2005］に掲載されている。

（8）当時大統領夫人であったミッシェル・オバマは、増加する「子どもの肥満」の対策として、2010年からLet's Move!というキャンペーンを立ち上げていた。

（9）『世界制作の方法』のなかでグッドマンが使用する体系という言葉は、『記号主義』においてはシステム（ある領域に適用された図式）と訳されている。

（10）グッドマンは、「単に『これはあれと同じなのか』という問いへの答えが、問題の『これ』や『あれ』が事物、出来事、色、種等のいずれを指示するのか、という点によること」であると述べている［グッドマン 2008: 51］。つまり、対象の分類の問題というより、特定や指示の問題であると言っているのではないだろうか。

終　章　多様性のために

1．本書で論じたこととファット・アクセプタンス運動のゆくえ

(1) 世界の概念化

新しい概念を通して、人びとは、経験の新たな理解の機会に開かれる。そして、そのような機会を得た人びとは、自己認識や世界に対する態度を変える可能性にも開かれる。さらに、そのことが、再び概念の形成に影響を与える。本書のすべての章を通して描いてきたのは、現代アメリカ社会において、人びとを分類する「ファット」「肥満」という言葉がどのように形成され、また、それがどのように人びとの行為や経験の理解の仕方に影響を与えるのか、こうした概念と人間存在の相互作用についてであった。言ってみれば、人びとがどのように世界を概念化しているのかということについて論じてきたのだ。

第1部では、第1章で、将来のさまざまな病気のリスクとなる「肥満」カテゴリーがどのように作られ、それが具体的な個々の人びとにどのように当てはめられていくのかということについて見てきた。肥満予防政策は、子どもや貧困層と人を太らせる環境をターゲットとすることで、その効果を期待している。しかし、肥満予防政策においては肥満のリスクに対する責任の引き受け手がおらず、功を奏していない。第2章では、その現状を描

いた。第2部では、肥満差別や偏見に苦しみ、太った人の権利を訴える声を上げるファット・アクセプタンス運動に参加する人びとの活動を描いた。第3章で運動の特異性を明らかにした後、第4章と第5章では、かれらが「ファット」として自らを認識する際の困難を描いた。そして、第6章では、それでもその困難を乗り越えて、「肥満は不健康」という現状の認識を変えていこうと、科学的な知の体系やそれに依拠する制度、そして、人びとの認識に働きかけていこうとする有り様を示した。

論じきれなかった点もいくつかある。本書は、概念と人間の相互作用が生み出す変化に注目したために、特に第2部では社会運動が主要な分析の対象となった。そのため、肥満を病気のリスクと捉え健康増進に励む多くの人びとや、太った身体を嫌悪しダイエットに励む人たちの「ファット」「肥満」概念は、分析の対象に入れなかった。また、第6章では、ファット・アクセプタンス運動の人びとの〈世界〉制作を描写するにあたり、分析の中心が、科学を中心とする言語的表現に偏ってしまった。グッドマンの議論の面白さである、日常的知覚、音楽、表情、身振りなどの記号体系を分析の対象に取り入れることができず、心残りがある。ファット・アクセプタンス運動の人びとによる芸術作品、ダンスや演劇、開催されるイベントでのパフォーマンス、雑誌などの媒体なども分析の対象に入れ、かれらが〈世界〉をどのように拡張しようとしているのかを論じることも必要であったと考えている。これらの点は今後の課題として残しておきたい。

(2) ファット・アクセプタンス運動のゆくえ

2012年1月28日、筆者は、サンノゼ市のLGBTセンターで開催された、身体をポジティブに捉えること（ボディ・ポジティブ）を理念とした「ファッティ・アフェア（Fatty Affair）」というイベントに参加した。このイベントでは、NAAFAメンバー以外にも、サンフランシスコ・ベイエリア近郊に住むたくさんのファット・アクティビストたちが集まり、ダンスやスピーチやファッション・ショーが行われた。

その日の昼過ぎ、イベント主催者のサラによる「私はファット、私は女、私は自由（I am fat, I am a woman, I am free）」というかけ声とともに歓声が上がり、イベントが始まった（図７－１）（サラは、このときはまだＮＡＡＦＡのメンバーではなかったが、同年ＮＡＡＦＡの大会に参加してメンバーになっている）。イベントの目玉の一つが、プラスサイズの洋服のスワッピング大会だ（図７－２）。大きなサイズの洋服は、市場にあまり出回っていない上に、売られていたとしても「かわいくない」ことが多い。あるインフォーマントは、洋服屋で起こった出来事を筆者に話してくれた。あるとき、一緒にいた友人と洋服を手に取って話をしていたそうだ。彼女にもその友人にも着られない、小さなサイズの服であることは分かっていたが、「この服かわいいね」と盛り上がっていた。すると、

図７－１　ファッティ・アフェア主催者のサラ
彼女は気に入った既製の服を、彼女の体型に合わせてリメイクする。写真で彼女が着ている水玉のドレスは特にお気に入りのもので、彼女は「夢のドレス」と名付けている。サラの後ろのカーテンは、LGBT 運動を象徴するレインボー・カラーだ（Sarah Redman 写真提供）

図７－２　「ファッティ・アフェア」の洋服のスワッピング大会に参加者が持ってきた洋服
サイズ 14 から 36++ の洋服が 4 つのセグメントに分けて置かれている。隣にはフィッティングルームも設置されている。各々は、気に入った服を持って帰る（2012 年 1 月 28 日筆者撮影）

まったく知らない女性から、「あなたたちの洋服売り場はここではない」と突然言われたのだという。痩せている身体の人が「かわいい服」を着るとほめられるが、太った人が同じことをすると、途端にぞんざいなまなざしを向けられる。自分たちは「かわいい服」の市場から排除されている。そういう感覚は、相当に強い。

そのため、こうしたイベントでは、たびたび、自分が着なくなった洋服を持ってきて交換し合うスワッピング大会が行われる。サラのように自分で既製品をリメイクしたり、布を買って裁縫して好みのドレスを作ったりする人たちもいる。運動参加者たちの多くは、差別の廃絶と市民権の承認を求めるという政治的な目的の達成を目指すと同時に、ファッションやダンスなどによる身体のプレゼンテーションにも関心を持っている。筆者は、こうしたイベントが、太った人はかわいい洋服を着ないという固定概念を、外に向かって崩していく契機になるのではないかと考えている。

第3章で、ファットは複数の差異に貫かれたカテゴリーであると結論づけたように、ファット・アクセプタンス運動は、特に近年、LGBT運動やクイア・カルチャーなどの「サブカルチャー」との結びつきが見られ、新たな運動の土壌が生まれつつある[1]。「ファッティ・アフェア」のイベントもその一つと言えよう。

その一方で、ファット・アクセプタンス運動の未来がそれほど希望に満ちあふれたものではないことを予期させるような出来事もある。ここでは、二つ紹介しておきたい。

一つは、運動をめぐる環境の変化である。バークレー市で肥満予防のためにソーダ税[2]が2015年から導入されることが決まった。ソーダ税の導入は、これまでもニューヨーク市などで検討されていたが、業界からの反発が多く実施は見送られていた。ところが、健康志向の強い住民が多いと言われるバークレー市では、賛成76・17%で可決された。一方で、バークレー市の投票日と同日に、飲料1オンスあたり2セントの課税をする法案が提出されたサンフランシスコでは、賛成が3分の2に満たず法案は通過しなかった。マリリンらは、投票前に、太った人を貶め体重差別をもたらすようなキャンペーンを公衆衛生が主導するべきではないという内容の嘆願書を、両市のソーダ税法案支持者に送っている。しかし、ファット・アクセプタンス運動の本拠地とも言えるベイエリアのバークレー市が、皮肉にも、全米初のソーダ税の導入によって「肥満予防」に力を入れることになってしまった。

もう一つ言及しておきたい出来事は、運動内部の変化である。2013年5月、NAAFAは、名称を変更することを検討していると発表した。明言はされていないが、その発表は、組織名から「ファット」を取り除くことを念頭に置いているという趣旨のものだった。その理由として、「ファット」という言葉が持つネガティブなイメージによって、NAAFAに対して非常に侮辱的で不快なコメントがなされたり、企業や他の組織からの理解やサポートが得にくい、というものがあげられている(3)。

NAAFAにとって、「ファット」を組織名から取り除くことは、ファット・アクセプタンス運動を、一般の理解を得られる運動とするための苦渋の決断であろう。「ファット」という言葉が、ポジティブな含意を持つ言葉として浸透しない現状を考えるなら、それが運動の展開を阻害している大きな要因の一つだという考えに至るのは不思議なことではない。しかし筆者は、この知らせを聞いたときに、ファット・アクセプタンス運動の人びとはこのことに反対するだろうと、直感的に感じた。そして、やはり多くのメンバーが反対を表明していた。マリリンが独自に行った、メンバーを対象とする調査「NAAFAは、名前から『ファット』を取り除き、組織名を変更すべきか?」では、回答者782名のうち92・3%の722名が、これに反対していると回答している。マリリン自身、筆者とのメールのやりとりのなかで、エンパワメントのカテゴリーとして「ファット」は必要なのだと、NAAFAの考えに対して強い拒絶の意思を示した（2013年7月30日メールのやりとりにて）。そして、結局この案は今のところ、立ち消え状態になっているようだ。

メンバーの反対表明からうかがえるのは、ファットが自己の桎梏となる概念であっても、それが運動の名前から取り除かれるならば、かれらの運動の根拠、すなわち、世界制作のための根拠まで失われてしまう可能性があること、そしてそのことに危機感が持たれているということだ。マリリンが、運動の目指す終着点がクリアに見えたりぼやけたりすると言ったように、運動が今後どのように変化・進展していくかは誰にもわからない。かれらは、かれらにとっての「正しさ」を備えた世界を作り上げようとしているのだ。

本書を締め括る本章では、以降、多様性について考えたい。アメリカでは、多様性は称揚される。各国からやってきた、あるいは連れてこられた移民たちが作り上げたアメリカの歴史は、人種差別をはじめとする差別との闘いの歴史だった。多様な人たちにとって住みよい社会であるために、アメリカは多様性を尊重する。ではなぜ、太っていることは、その多様性のうちに入らないのか？　この問いを考察することで本書を終えよう。

2. 多様性のために

(2) 自然と文化の二分法的思考法から抜け出すこと

文化人類学は、人間の文化の多様性について探求してきた。ここで言う文化とは、知識、信仰、芸術、道徳、法律、慣習などを含む、人が生まれてから社会のなかで身につけていく、行動様式を指す。つまり、人間が後天的に学習したものの複合的な総体が文化なのだ。文化人類学は長らく、この文化観に則って、文化の多様性を肯定的に捉える多文化主義という考えに依拠してきた。この多文化主義は、自然の普遍性を前提とした「一つの自然、多くの文化」［檜垣・春日・市野川 2013: 30］という思考様式に基づいている。

近年、この思考様式を批判的に捉える向きが出てきている。春日直樹［2013］の思考の二分化機械についての議論を参照しながら、批判のポイントと、それが肥満／ファットについての研究に与えてきた影響について示そう。春日は、われわれ人間は、自然と文化社会の二分法的思考法に支配されていると述べる。二分法的思考法によって、人間の生は、生物的な生と文化社会的な生に振り分けられ、理解されてきた。これは、研究領域の分離にも表れている。すなわち、普遍的な秩序を持つとされる自然の解明を目指す自然科学の研究領域、そして、精神や文化の特性を探求する人文社会科学という研究領域の分離である。

この分離は、これまでの肥満／ファット研究にも当てはまる。二分法的思考様式のもとで、一方は、医学や疫学などの分野から、肥満の生物学的な側面に注視する。この立場からは、肥満はさまざまな病気のリスクとなり、疾病率や死亡率を高める不健康な状態と判断され、予防改善の対象となる。この科学の立場の力は強力で、相対化することはとても困難だ。

他方で、人文社会科学の領域では、二分法的思考のもう一方である多文化主義的立場から研究が行われてきた。序章で整理したように、文化人類学者は、例えばニジェールやフィジーなどの非西欧社会では、太った身体は肯定的に捉えられることを明らかにしてきた。そうすることで、西欧社会の肥満嫌悪を相対化する役割を担っていたのだ。またフェミニズムや社会学は、自社会を対象にすることによって、西欧社会の痩せへの異常なまでのこだわりを相対化してきた。とりわけ、医療化論や社会問題論などの社会構築主義と言われる立場は、肥満をめぐる認識の変化をたどりながら、皆が当たり前だと思っている「肥満エピデミック」は実は構築されているのだと主張する。そのように提示することによって、異化効果を狙うのだ。

この自然と文化社会の二分法的思考法から出てくる多文化主義的立場は、一つの共通する問題を抱えている。その問題とは、すなわち、文化人類学や社会学が、肥満の議論において、文化社会的に構築される領域と文化社会的に作られない自然的で本質的な領域、という二つの対立する領域を措定してきたということである。この思考様式のもと、多文化主義的立場は、現象の真理探究に努める自然主義的立場に対し、現象の事実や意味はすべて構築されていると考える傾向にある。つまり、これら二つの領域は互いに反目し合う、排他的な立場となってきたのだ。これに起因して、さらに二つの問題が顕現する。一つは、「一つの自然」を解明する役割を担う科学の内部や営みが、ブラックボックスにされてしまうことである。そしてもう一つは、二分法的思考は、「思考されない」次元を生み出し、その思考のもとでは、その次元にある生を捕捉できなくなってしまう、というものである。

一つ目の科学のブラックボックス化の問題について、ファット・アクセプタンス運動を事例に考えてみよう。本書は、概念分析という立場をとることで多文化主義的な解釈を回避しようと試みたのだが、仮に、多文化主義的な思考様式に依拠して、ファット・アクセプタンス運動やかれらが提唱するHAESという科学を理解するとしよう。その場合、科学は「一つの自然」を解明する役割を担うことが前提になるため、既存の肥満科学の正当性は担保される。そうすると、ファット・アクセプタンス運動の人びとは、「一つの自然」についてわれわれとは異なる捉え方をしているだけだということになる。しかしながら、本書で見てきたように、運動を行う当事者たちは、運動やHAESを単なる認識の違いの一つとして示すために活動をしているわけではない。運動やHAESは、かれらの存在の様式に根本的に関わるのだ。肥満差別がまかり通る社会の現状を変えるためには、ファット・アクセプタンス運動の人びとがまさにやっているように、現状の科学を開く方向に向かわざるをえなくなる。つまり、体重が健康の一つの評価基準となっている現状の肥満科学のブラックボックスを徹底的に開き、吟味し、必要であれば知をつくり変えていかない限り、肥満差別に対抗することはできないのだ。

二つ目の「思考されない次元」について、再び春日の論考を参照しながら、議論を深めていこう。われわれの思考が二分法的思考法に支配されているとしても、人間は生物学的な身体と生命を持つ存在であり、同時に、文化社会的な存在でもある。そのため、片方の領域のみに頼って、人間の生を考えるとき、この二分法的思考法は「思考されない」次元を生み出し、その次元に存在する現象を捕捉することはできなくなってしまう。近年、人を生かせる権力としての生権力の装置が世界各地で作られていくなかで出てきた、例えば、臓器売買や薬剤治験、特定の病気のスティグマ化など、人間の生命に関わる不安や希望や苦境をめぐる多様な現象は、二分法的思考法の限界を露見している。つまり、生物学的な問題が全面に現れ出てくるような現象を、多文化主義的な人類学はうまく扱うことができない［cf. Biehl 2005］。

筆者は、肥満差別と偏見で辛い思いをしている人たちや、マリリンなどファット・アクセプタンス運動の人たちの経験や実践が、これまで人文社会科学で正当に扱われてこなかったのも、二分法的思考に限界があるからだと考えている。すなわち、その思考法に基づけば、かれらの生は、思考されない次元にある、捉えどころのない生である。なぜなら、「健康（的な身体）」であることが、人間のあるべき姿として規範化されてきた近代化の過程で、太っている人は自己管理ができない怠惰な人、あるいは、改善が必要な不健康な人とネガティブに捉えられてきたからだ。太っていることを恥じ、痩せようとすることが、「正しい」あり方なのだ。もちろんファット・アクセプタンス運動の参加者のように、その身体をポジティブに捉えようとする人たちを、そういう文化的価値観を持つ人たちであると理解することは、ある程度までは可能であろう（現状では、かれらは多文化の一つとして認められていないことは本書を通して説明してきた）。しかし、そうした多文化主義的な理解を排した途端に、かれらの生は形容が難しく、捉えどころのない形態に見えてくる。痩せることを拒み、「不健康」な状態でいるかれらの生は、既存の二分法的思考のもとでは、正当に理解されえないのだ。つまり、二分法的思考の狭間でその存在＝差異を認められることはなかった。

二分法的思考がはらむ以上二つの問題を回避するために、本書では、自然と文化社会の二分法的思考のもとでは存在を許されなかったかれらの生を、かれらがいかに世界を概念化しているかに焦点を当てることによって、立ち上がらせようとしたのだ。特に第6章で行ったのは、既存の科学に対抗しようとするファット・アクセプタンス運動の人たちの活動を、多文化主義的に理解するのではなく、自ら〈世界〉を制作していく実践として理解する試みだった。

(2)「普通」を相対化する

肥満差別で辛い思いをしている人たちの経験や実践が正当に扱われてこなかったのは、多文化主義的には捉えることができない生であるから、というのは学術的な理由としてもっともなものであろう。とはいえ、実を言うと、筆者はこの学術上の理由とは別の、もっと素朴な理由があるのではないだろうかと、長らく疑問に思っていた。アメリカでは人口の7割が太っているとされ、このことは決して、マイナーな事象ではない。むしろ、周りを見回せばたくさんいるという意味では、太っている人は多数派なのだ。にもかかわらず、この現実の事象をうまく捉えることができないのは、単にその多文化主義的な捉えどころのなさだけが理由ではないのではないのか、という疑問だ。

そして、筆者は、太った人たちの経験や実践が正当に扱われてこなかった理由を、次第に以下のように思い至るようになった。つまり、研究者自身が、かれらの生を取るに足らない当たり前の「普通」の生の形態だと考えているからではないだろうかと。研究者を含め、痩身を良しとする社会に住む多くの人は、痩せていなければならないというプレッシャーを感じたり、自分にとっての理想の体重の数値があったり、その数値を目指して減量したりといった経験があるはずだ。例えば、私たちは、パートナーに「ちょっと太ったね」とお腹をつままれたときの嫌な気分や、お正月明けに（アメリカならホリデイシーズンの後に）ズボンのウエストが閉まらなくなったときの気持ち、健康診断でメタボリックシンドロームの診断基準となる数値があまり良くないことを知ったときの落ち込むような気持ち、などの苦い経験をしたことがきっとあるはずだ。その意味で、太っていることは、特定の人の問題ではなく、大多数の人に関わることなのだ。太っていることが不健康だという考えは、われわれにとっては当たり前の事実だ。太らないようにある程度の努力をすることや、太ったら痩せようとすること、そして、減量の成功と失敗を繰り返すことは、おそらく多くの人が当たり前に経験していることだ。太っていることで経験するちょっとした嫌な気持ちや辛い思いの延長線上に、肥満差別によって受ける辛い経験があるのだ。その意味では、瘦身を良しとする社会の住人である誰もが、その線上のどこかにいる可能性がある。そのため、研究の対象として取り上げて相対化できないほどに、あまりに当たり前のことなのだ。

筆者がこのことに気づき始めたのは、ダイエットグループや減量を目的とする医療施設で、減量についてのストーリーを集めていた頃だった（これらのストーリーは、本書ではデータとして扱っていない）。それが失敗したものであれ、一時的に成功したものであれ、食事制限をしている人であれ、肥満手術を受けた人であれ、ストーリーの主体がどのような状況に置かれていたとしても、肥満を嫌悪し、理想の数値に向かって減量することは、「普通」のことだった。個々のストーリーは多様であるが、太った身体を嫌悪するという意味においては、すべてが金太郎飴のように画一化されたものだったのだ。

筆者は、これから、われわれが抱くこの「普通」という感覚を相対化したいと思う。なぜなら、それが、他者理解を通して自文化を相対化するという文化人類学の役割であると考えるからだ。あるインフォーマントの生き方を紹介しながら、普通であることが何なのかを問い直してみたい。

(3) マークについて

インフォーマントにマーク（仮名）という男性がいる。マークは、肥満差別の経験がどれほどきついものであるかを私に教えてくれた人だ。彼とは、私がファット・アクセプタンス運動の門戸をたたいたときに知り合った。正式なインタビューを2回行った後に親しくなり、一緒に食事をしたりお茶を飲んだりするようになった。彼は、31歳（当時）の白人男性で、背丈は175センチ程度で、体重は300パウンド（140キロ）近くある。小さい頃から太っていたためによくいじめられていたという。太っているという劣等感をバネに、人一倍勉強してコーネル大学を卒業し、カリフォルニア大学バークレー校の大学院を出たという。その後、エンジニアの道に進み、医療機器を開発する会社をバークレー市で立ち上げた。

ベジタリアンの彼は、肉も食べないし、いわゆる「ジャンクフード」も食べない。痩せたい一心で、「数えきれないほどのダイエット」を試してきたが、どれも効果がなかったという。最終手段として、彼は肥満治療の外科的手術であるラップバンド手術を受けた。この手術は、胃の上部に輪っかになっているバンドをつける。胃の容量を小さくし、食物の摂取を制限することによって、少量の食物で満腹感が得られるようになると言われている。ところが、マークは、術後に食べる行為に不具合を感じるようになる。少しでも食べる速度を速めると、その後20分は吐き気を感じ、食べ物がのどを通らなくなったのだという。そのときの様子を彼はこう説明した。「吐いたことあるでしょう? のどに胃のなかのものが上がってくる瞬間の感覚が分かる? あの100倍から1000倍ぐらいの気持ち悪さだよ。お腹が空いているのに、その感覚が恐ろしくて食べられない。拒食症よりも辛いよ。食べることが辛くて、怖くて、食べられなくなるんだ」。手術から1年半後、彼は、8000ドルかけたラップバンド手術を元に戻すリバーサル手術を受けた。この手術をきっかけに、彼は、減量のために努力することをやめた。筆者が彼と出会ったのはちょうどその頃だった。当時、彼は、自身の太った身体を受け入れようと模索し始め、ファット・アクセプタンス運動の門をたたいたのだった。今は主義の違いを理由に、運動には関わっていない。

痩せたいけれど痩せられないこと、そして、太っていることによる偏見や差別に悩みながらも、彼は、アメリカの「肥満問題」には常に疑念を持っていた。よく彼は、「肥満エピデミック」は、科学ではなくある価値観によって作られた話であり、くだらない(crap)と言った。いわく、「肥満政策で肥満による死亡率の話が出るけれど、いずれ人は死ぬんだよ。多くの人の死亡原因とされている、がんとか心臓発作とかは老化の一つだよ」と。にもかかわらず、これらの病気は肥満によって引き起こされると考えられており、それは現在の行いによって回避できるのだから、今「痩せよ」とする考え方が一般的だ。彼は、今の選択が未来を決めるというこの考えが、アメリカ社会に蔓延していることを嘆いた。「アメリカでは、すべてが個人の選択で、個人に責任があるという方向で社会が動いている。ゲイだって、最近は遺伝ではなくて、選択できる事柄だと言う人までいる。恐ろしいよ」(4)。

最終手段であった肥満手術が身体に合わずに減量をやめるという決意をしてから、彼は、ファット・アクセプタンス運動の門をたたいてみたり、筆者に自分のライフストーリーを気前よく話してくれたり、会社の事業をサンフランシスコに移して拡大しようと画策したり、サイクリングを始めたりと、新たなことを始め、その環境に適応しようとしていた。その姿は、とても生き生きしているように見えた。彼の仕事はうまくいっていたようで、会うたびに、いわゆる高級車と言われるコルベットやフェラーリに乗って現れた。それが、彼に自信を与えるものであったのかもしれない。

とはいえ、新たな生き方を模索しつつも、彼の苦悩は晴れないようだった。ようやく痩せる努力をやめ、太ったままで生きていくことを決めた彼に対して向けられる目は、やはり冷たいものだったのだ。サンフランシスコにあるベジタリアン・レストランに行ったとき、普段穏やかな彼が「むかついているほうが、自信がつく（Being annoyed gives me confidence）」と言った。そして彼は、その頃、自身に起こった二つの出来事について話し始めた。一つは、サンフランシスコを自転車で走っているときに、「おい、デブ！（Hey Fatso!）」と言われたこと。そして、もう一つは、ゴールデンゲートブリッジをガールフレンドと歩いているとき、通りかかった車の窓から空き缶を投げつけられたことだった。「自分は良い人でありたいと思っていたのに、この二つの出来事が続いて起こりショックだった」と彼は語った。彼は、ダイエットをやめてから、毎週末50マイルのサイクリングをするほか、ほぼ毎日1時間ほどジムに通っていると言っていた。「拒食症的（anorectic）なボーイフレンド」と元彼女に言われていた過去から比べると、健康状態は悪くないという。けれど、太っているだけで人びとが嫌悪感や侮蔑の感情を抱き、今後もそれと向き合っていかなければならないとするなら、どうやって生きていけばよいのかと、精神的に行き詰まっているようだった。

(4)「普通」であること

マークの事例は、「普通」とは何かを考えるときに、示唆を与えてくれる。マークは、自分をファットとして受け入れ、減量をやめるという大きな決心をした。筆者には、彼は、自分がより良く生きるために生活の幅を徐々に広げていっているように見えた。カンギレムは、生活のなかでさまざまな不測の事態を許容でき、新しい場面で新しい規範を設定できる幅のあることを健康と言ったが［カンギレム 1987］、マークを見ていると、まさにそのように思えた。ファット・アクセプタンス運動の集まりに参加したり、サイクリングのグループに参加し、走行距離を徐々に長くしていったりと、できることの範囲を広げることが彼に活力を与えていた。

とはいえ、減量をやめる決心をする前と決心した後とでは、彼の外見に変化はない。そのため、マークがファットとしての自己を受け入れるという大きな決断を下しても、周りの見方、つまり、彼が太っているのはダイエットに「失敗」しているからだという見方は変化しない。なぜなら適切に体重コントロールをして健康を管理することが自己責任とされるアメリカ社会では、太っていることと健康であることは両立しえないからだ。太っている人は、すなわち、痩せることに失敗し続けている人となる。周囲は、痩せていることという「普通」から外れていることで、偏見のまなざしを投げかける。そのことが、マークを苦しめる。この苦しみの経験は、彼だけのものではない。本書に出てきた運動の当事者、そして、本書に出てこなかった彼や彼女らも経験しているものだと思う。皆を苦しめる「普通」とは、いったい何なのだろうか？

マークは、自らを苦しめる「普通」を懸命に相対化しようとする。その相対化の仕方に、筆者は共感することが多かった。例えば、自分のことを科学者だと言う彼は、「肥満エピデミック」は、科学ではなくある価値観によって作られた話だという主張する。彼は、何も社会構築主義という研究上の立場の話をしているのではない。「肥満エピデミック」の科学としてのおかしさを指摘しているのだ。「肥満エピデミック」のストーリーでは、がんや心臓発作は肥満が原因とされることがあるが、彼は、それらは単に老化の表れの一つだと主張する。人間は死ぬ。それが、がんであろうと心臓発作であろうと、何らかの原因で人は死ぬ。それにもかかわらず、その死に方ですら問題化されることに、不自然さを感じないだろうか。肥満が原因で死ぬことが、あってはならない死に方であるのなら、他に「あるべき死に方」があるのだろうか？　筆者は、そういうことまで考えさせられた。

人口の7割が「過体重」と「肥満」で占められるアメリカでは、太っていることは珍しいことではなく、普通のことである。太っている人が多数派という意味では、マジョリティなのだ。ところが、「肥満エピデミック」のもとでは、数の上では太っていることのほうが普通であっても、痩せていること（および、痩せようと志向すること）が括弧付きの「普通」なのだ。何がマジョリティで、何が普通かというのは、人数の多寡の問題ではない。多数だから普通になるわけではない。男性とほぼ同数の女性がマイノリティとされるように、何を「普通」とし、何を「普通」ではないとするかを決めるのは、社会的な価値観だ。それに加えて、肥満が「普通」でないとされる状況には、科学による裏づけという強力なバックアップがある。痩せていることが「普通」である、ということは疑う余地もないほどに当たり前のことなのだ。そして、人口の7割が達成できていない非現実的な理想が「普通」とされ、「普通」に向かって痩せていなければならないという規範が人びとに押しつけられている。人はそれに追い立てられるように、減量を試みるが、失敗し続ける。達成できない理想を掲げて、エピデミックだと注意を喚起することに、多少大げさな言い方だと理解しつつも、自作自演のにおいすら感じてしまう。マークの話を聞いて、筆者は、「肥満エピデミック」にこうした奇妙さを感じるようになった。

ここでの「普通」とは、「あるべき普通」であって、それは規範化されたものなのだ。そして、この「普通」という言葉は、痩せていることは良いことで、太っていることは嫌悪の対象なのだから、太っている人をステレオタイプなやり方で侮蔑したり差別したりしたとしても、それは仕方のないことだ、という考えまでも含んでいる。筆者は、規範的な「普通」で苦しむ人たちの存在を等閑視してよいとはとうてい思えない。では、どうすれば、太っている人を嫌悪したり侮蔑したりする見方とは別様のものの見方や思考様式を引き受けることができるだろうか？　最後に、多様性について考えながら、このことについて思考を深めてみたい。

3．多様性のゆくえ

アメリカでは、人種、エスニシティ、ジェンダー／セクシュアリティ、障害などは、差別をなくすための多様性の一つひとつとして、つとに称揚されてきた。それらは、すでに、アカデミアや法などの知のシステムのなかで、一つの学問として成立し、また、法体系のなかで保護されている。ファットや身体サイズ、体重は、それらとは異なり、そうした知のシステムからは排除されてきた。今のところ、肥満差別や体重差別を禁じる反差別法は、ほんの少数の市でしか成立していない。それに加えて、肥満が不健康な状態であることは科学や保健医療の制度によって正当化されている。このことは、ファット・アクセプタンス運動にとっては相当に形勢が不利である。

差別や抑圧を受ける人びとが、差別の廃絶を訴え、自分が生きやすい社会を実現するために多様性を訴えるときに、かれらが集団化するためのカテゴリーが必要になる。そしてその場合、多様性は、一つのカテゴリーに還元されることになる。例えば、黒人、女、ゲイ、レズビアン、障害者という同一性を持つ人たちとして、一つのカテゴリーにまとめ上げられる。そして、マイノリティの権利運動においては、黒人であること、女であること、ゲイ／レズビアンであること、障害者であることなどが、多様性を表すカテゴリーとして認められてきた。

ここで改めて考えてみてほしい。そうした多様性のなかに、ファットは包含されていないのだ。その理由の一つは、第3章で書いたように、ファット・カテゴリーが複数の差異を抱えているからだ。つまり、女であることや障害者であることが、ファットには内包されている。もちろん、カテゴリーのなかに多様性があることは、フェミニズムがすでに指摘してきたことではある。ファットに特異なのは、反差別法で保護されるために、外見と能力を無関係とする公民権法の個人観と、身体的な差異を前提とする障害法の個人観という両方の個人観を成り立たせなければならないという点だ。そのため、ファットは、マイノリティ・カテゴリーとして一つのカテゴリーにまとめることが非常に難しいという性質を持つ。

それだけではない。さらにその特異性を際立たせているのは、第4章で論じたように、ファットは、自分とは異なる他者として他者化することができないということにある。つまり、女に対する男、黒人に対する白人、というように、自己と異なる他者を二項対立的に想定することができないのだ。なぜなら、マリリンが言ったように「ファットを嫌悪する社会では、皆がファットなのだ」から。前述したように、太っていることで経験する嫌な気持ちの延長線上に、肥満差別によって受ける辛い経験があるとすれば、痩身を良しとする社会に生きるわれわれは必ず、痩せとファットをつなぐ1本の線の上のどこかにいる。その意味で、痩せとファットは二項対立的ではなく、スペクトラムと捉えたほうがよいかもしれない。人は、痩せとファットのスペクトラムのどこかに「普通」を自分で設定する。「普通」に向かって努力しているときは、自分をファット（または痩せ）だと感じるだろう。痩せからファットへの感覚は、同じ人のなかでも、短期間で揺れ動くことがありうる。例えば、食べ過ぎた次の日に、自分をファットだと思うかもしれない。減量がうまくいっていても、常に体重計とにらめっこしている状況では、ファットを常に意識しているだろう。このイメージからすると、痩せに対するファットという二項対立は、女に対する男、黒人に対する白人のように、自己と異なる他者という関係性を持たない。むしろ、人は、この痩せとファットのスペクトラム上に自分が設定した「普通」に照らして、ファットだと感じる。つまりファットは、そこに自分が含まれている可能性のあるカテゴリーであり、なおかつ、減量によって逃れようとするレッテルでもあるのだ。だとすれば、このスペクトラム自体をファット・カテゴリーだと言うこともできる。こうしたカテゴリーの特異性は、他のマイノリティ・カテゴリーにはないものだ。

多様性の一つひとつが何らかの一つのカテゴリーに還元される際には、往々にして、そのカテゴリーに同質的で本質的な性質を想定する。しかし、以上のファットの特性を考えると、アイデンティティ・カテゴリーとしてのファットの外延は、かなり不明瞭なものだと言わざるをえない。それゆえ、ファット・アクセプタンス運動は、他のマイノリティの権利運動とは異なり、アイデンティティ・カテゴリーとして成立することそのものが難しかったのだ。

筆者は、こうした特徴を持つファット・アクセプタンス運動は、アイデンティティをめぐる運動に、根本的な問題を提起していると考える。すなわち、多様性が何らかの一つのカテゴリーに還元されるものだとしたら、それは、真の意味で多様性とは言えないのではないか、ということだ。これまで、太っていることは多様性の一つとして認識されてこなかった。しかし、人口の7割が入らない多様性とは、いったい何なのだろうか？　太った身体を減量によって取り除かれるべきものではなく、多様性の一つとして捉えることはできないのだろうか？「普通」だからと等閑視されてきた人びとの生の形態だって多様であるはずだ。

その多様性は、多文化主義的な理解では十分に摑み取ることはできない。なぜなら、文化的な多様性ではなく、人びとの生存に関わる、生の形態の多様性だからだ。それは、序章で説明したような、遺伝学や生物学を「生物学的アイデンティティ」の基盤とする「生物学的市民権」と表しうるようなものも含みながらも、かつ、それが排除する生き方、すなわち、科学が作り上げる規範から逸脱していくような人びとのあり方までをも包含する。いかにしてそれらを生の多様性として捉えられるか。多様性を真に考えるということは、そこにかかっているように思われる。

運動に加わらなかったマークのような普通の人物の生の有り様を、どのように示すことができるのか。また、太っている人を嫌悪したり侮蔑したりする「普通」の見方とは別様の見方や思考様式を、どのように引き受けることができるか。今現在言えることは、こうした問いに一つひとつ真剣に向かい合うことが大事なのではないだろうかということだ。「ファット」や「肥満」をめぐる概念や人間存在のあり方は、これからの人間の多様なあり方を考えるための重要な課題であり続けるだろう。筆者は、人間の多様性について考えていくために、これからもファット・アクセプタンス運動の行方を見続けていく必要があると考えている。

（1）２０１２年のＮＡＡＦＡの大会参加の際には、「クイア・ファットだ」と自認する参加者と出会った。
（2）砂糖で甘くした清涼飲料の購入時に、飲料1オンス（約29・５㎖）あたり1セントの税が課されることになる。３５０㎖缶では、12セントの値上げになる。
（3）「Evolving」『*NAAFA Newsletter*』２０１３年5月。
（4）マークは、ここで「遺伝」という言葉を使ったが、生まれながらの性質というような意味で使っていると思われる。

おわりに

本書は、２０１５年10月に東京大学大学院総合文化研究科に提出した博士論文「アメリカ社会における『ファット／肥満』概念構築の民族誌――リスクと社会運動からの人類学的探究」をもとに、加筆修正を重ねて完成したものである。各章の内容（の一部）は、以下の論文として発表している。

第１章：２０１４「集合のリアリティ・個のリアリティ――アメリカの『肥満問題』から考えるリスクと個人」『多民族社会における宗教と文化』No. 17、pp. 43‐62.

第２章：２００８「アメリカ合衆国の低所得者層の食糧援助プログラムについて――カリフォルニア州ベイエリアの施設を事例として」『生活学論叢』Vol. 13、pp. 124‐133.

第３章：２０１３「アメリカを中心としたファット・アクセプタンス運動の展開にみる『ファット』カテゴリの特殊性」『社会人類学年報』39号、pp. 51‐76.

第４章：２０１１「米国のファット・アクセプタンス運動とフェミニズムの気まずい関係――フェミニズムにおける太った女性の位置」『多民族社会における宗教と文化』No. 15、pp. 33‐43.

第５章：２０１５「『ファット』であることを学ぶ――アメリカ合衆国のファット・アクセプタンス運動における情動的関係から生まれる共同性」『文化人類学研究』16巻、pp. 35‐69.

第６章：２０１６「対抗的な〈世界〉の制作――アメリカにおけるファット・アクセプタンス運動の実践を

事例に」『文化人類学』80巻4号、pp.513-533.

実のところ、博士論文を本にする際には、追加調査をして内容をアップデートしようと考えていた。しかし、私の力不足によりそれはできなかった。だから、本書の「民族誌的現在」は2013年頃までであることを断っておかなければならない。もちろん、フィールドは刻々と変化している。その変化を追いながら再調査をするのは今後の課題である。

博士論文を書く過程では、日本学術振興会平成19年~21年度科学研究費補助金特別研究員奨励費（課題番号19・171）、公益信託澁澤民族学振興基金平成22年度「大学院生等に対する研究活動助成」、日本学術振興会平成29年度~31年度科学研究費助成事業（課題番号17K03278）等の研究資金を得た。また、本書の刊行に際しては、平成29年度東京大学学術成果刊行助成を受けた。

2006年からアメリカに渡り、2009年に長期調査を終えてフィールドを後にするまでに、アメリカは激動の時代を迎えた。2008年9月にリーマンショックが発生し、ベイエリア地区の街は見る間に差し押さえと書かれた物件が増えた。先行きの見えないことへの不安感が街中に漂っているようだった。2008年の冬には驚異的な熱狂とともに、オバマ大統領が大統領選に勝利した。その日、バークレー市やオークランド市には、勝利を喜ぶ人たちが深夜まであふれかえっていた。それはまるで、希望に満ちあふれた未来を祝福しているかのようだった。当時は分からなかったことだが、こうした社会の状況と、調査対象のファット・アクセプタンス運動の人たちの不安や希望は、これから博士論文を執筆し就職を探さねばならない自身の未来への不安や希望と幾重にも重なっていた。今ならわかるが、当時、私はフィールドで不確実性の只中にいた。未来の不確実性に対し、希望よりも圧倒的に不安のほうが大きかった私が本書の出版にこぎつけるまでには、本当に多くの人の助けと励ましがあった。

ファット・アクティビストであるマリリン・ワンとの対話は、本書の考えの核を形作っている。人を分け隔てなく受け入れる彼女の優しさのおかげで、ファット・アクセプタンス運動についての調査ができたと言っても過言ではない。彼女だけでなく、私を受け入れてくれた調査先の皆様には感謝してもしきれない。

博士論文の執筆にあたっては、東京大学の船曳建夫先生、渡邊日日先生をはじめとする、東京大学文化人類学研究室の多くの方々にお世話になった。特に、船曳先生は、東京大学を退官された後も、私が博士論文を書き上げるまで「伴走」してくださった。船曳先生がいなくては博士論文を書き上げることはできなかったと思う。執筆に行き詰まったときにかけていただいた励ましの言葉は今でも忘れられない。それから、博士課程という不安定な時期に、研究室の同期や先輩、後輩の院生たちと共有した時間と切磋琢磨し合った経験は、何ものにも代え難い私の宝物となっている。

国立民族学博物館共同研究「リスクと不確実性、および未来についての人類学的研究」（平成20年～24年）では、木村周平さんや東賢太朗さんなどの同世代の研究者たちから多くの刺激を受け、自身の研究をあきらめずにここまで進めることができたと思っている。同じく共同研究メンバーの市野澤潤平さんからは、論文に対して毎回多くの示唆に富むアドバイスをいただき本当に感謝している。

また、博士論文のもとになった投稿論文では、匿名の査読者から、非常に有益なコメントをたくさんいただいた。それらも、私の議論を形成する上で不可欠だった。

アメリカ滞在時、当時カリフォルニア大学バークレー校の人類学の博士課程の院生だった田中真樹さんと、同じくバークレー校に研究留学中だった新ヶ江章友さんには大変お世話になった。田中真樹さんからは、私が日本に帰る前に、「A good dissertation is a done dissertation.（終わった博士論文が、良い博士論文）」という標語が書かれた紙を受け取ったことを記憶している。２人との奇跡的な出会いに感謝している。

明石書店の兼子千亜紀さんには、本書の出版を前任者から引き継いでいただき、感謝している。仕上げにあたって、辛抱強く、そして、丁寧に本書を読んで校正を手伝ってくれた下嶋洋恵さんと小山光さんにも多大なる感謝をしている。

すべての人の名前をあげることはできなかったが、研究に直接関わらない人たちも含めると、本当に多くの方から支援と励ましをいただいた。本書には、そうしたすべての人たちとの交流の経験が畳み込まれている。ここまで長い間、辛抱強く応援してくれた家族には、これから恩返しをしていきたいと思う。博士論文が書き終わる直前に生まれた娘が、いつかこの本を読んでくれることを楽しみにしている。最後に、文化人類学を専門にすることを決めたときに、「最高の遊びを見つけたね」と喜んでくれた亡き父に、本書を捧げたい。

Jessica A. Hardin (eds.), pp. 49–70. Berghahn Books.

Zhang, Qi and Youfa Wang [2004] Trends in the Association between Obesity and Socioeconomic Status in U.S. Adults: 1971 to 2000. *Obesity Research* 12(10): 1622–1632.

Teegardin, Carrie [2012] Grim Childhood Obesity Ads Stir Critics. *The Atlanta Journal Constitution* January 1. [http://www.ajc.com/news/news/local/grim-childhood-obesity-ads-stir-critics/nQPtQ/]（2014 年 10 月 28 日最終閲覧）.

Townsend, Marilyn S., et al. [2001] Food Insecurity is Positively Related to Overweight in Women. *Journal of Nutrition* 131: 1738–1745.

Vade, Dylan and Sondra Solovay [2009] No Apology: Shared Struggles in Fat and Transgender Law. In *The Fat Studies Reader*. Esther D. Rothblum and Sondra Solovay (eds.), pp. 167–175. New York University Press.

Valentine, David [2007] *Imagining Transgender: An Ethnography of a Category*. Duke University Press.

Wang, Shirley S., Kelly D. Brownell and Thomas A. Wadden [2004] The Influence of the Stigma of Obesity on Overweight Individuals. *International Journal of Obesity* 28: 1333–1337.

Wann, Marilyn [2005] Fat & Choice: A Personal Essay. *MP: An Online Feminist Journal* [http://academinist.org/wp-content/uploads/2005/09/010308Wann Fat.pdf]（2013 年 3 月 10 日最終閲覧）.

[2009] Fat Studies: An Invitation to Revolution. In *The Fat Studies Reader*. Esther D. Rothblum and Sondra Solovay (eds.), pp. ix–xxv. New York University Press.

White, Francis [2010] The Loss of a Hero. *NAAFA Newsletter*, September.

Woolgar, Steve and Dorothy Pawluch [1985] Ontological Gerrymandering: The Anatomy of Social Problems Explanations. *Social Problems* 32(3): 214–227.

WHO (World Health Organization) [2000] *Obesity: Preventing and Managing the Global Epidemic*. No. 894. World Health Organization.

Wright, Jan and Valerie Harwood (eds.) [2009] *Biopolitics and the 'Obesity Epidemic': Governing Bodies*. Routledge.

Wunderlich, Gooloo S. and Janet L. Norwood (eds.) [2006] *Food Insecurity and Hunger in the United States, an Assessment of the Measure*. Panel to Review the U.S. Department of Agriculture's Measurement of Food Insecurity and Hunger, Committee on National Statistics, Division of Behavioral and Social Sciences and Education, National Research Council, The National Academies Press.

Yancey, Antronette K., Joanne Leslie and Emily K. Abel [2006] Obesity at the Crossroads: Feminist and Public Health Perspectives. *Signs* 31(2): 425–443.

Yates-Doerr, Emily [2013] The Mismeasure of Obesity. In *Reconstructing Obesity: The Meaning of Measures and the Measure of Meanings*. Megan B. McCullough and

Dietetic Association 105(6): 883-885.

Shanewood, B. [1999] An Interview with Medical Rights Champion Lynn McAfee. *Radiance*, Winter. [http://www.radiancemagazine.com/issues/1999/winter 99/truth.html]（2014 年 10 月 30 日最終閲覧）.

Slovic, Paul [2000] What Does it Mean to Know a Cumulative Risk? Adolescents' Perceptions of Short-term and Long-term Consequences of Smoking. *Journal of Behavioral Decision Making* 13: 259-266.

Sobal, Jeffery [1995] The Medicalization and Demedicalization of Obesity. In *Eating Agendas*. Jeffery Sobal and Donna Maurer (eds.), pp. 67-90. Aldine de Gruyter.

[1999] The Size Acceptance Movement and the Social Construction of Body Weight. In *Weighty Issues: Fatness and Thinness as Social Problems*. Jeffery Sobal and Donna Maurer (eds.), pp. 231-245. Transaction Publishers.

Sobal, Jeffery and Albert J. Stunkard [1989] Socioeconomic Status and Obesity: A Review of the Literature. *Psychological Bulletin* 105(2): 260-271.

Sobo, Elisa [1994] The Sweetness of Fat: Health, Procreation, and Sociability in Rural Jamaica. In *Many Mirrors: Body Image and Social Relations*. Sault Nicole Landry (ed.), pp. 132-154. Rutgers University Press.

Spielvogel, Laura [2003] *Working Out in Japan: Shaping the Female Body in Tokyo Fitness Clubs*. Duke University Press.

Stimson, Karen [1994a] Fat Feminist Herstory, 1969-1993: A Personal Memoir. *Largesse Size Esteem Bulletin* 4.

[1994b] Size Rights: The Disability Debate. *Largesse Size Esteem Bulletin* 6.

Stinson, Kandi M. [2001] *Women and Dieting Culture: Inside a Commercial Weight Loss Group*. Rutgers University Press.

Strathern, Marilyn [1987] An Awkward Relationship: The Case of Feminism and Anthropology. *Signs* 12(2): 276-292.

[1999] The Aesthetics of Substance. In *Property, Substance and Effect: Anthropological Essays on Persons and Things*. pp. 45-64. The Athlone Press.

Taylor, Verta and Nancy E. Whittier [1992] Collective Identity in Social Movement Communities: Lesbian Feminist Mobilization. In *Frontiers in Social Movement Theory*. Aldon D. Morris and Carol McClurg Mueller (eds.), pp. 104-129. Yale University Press.

Taylor, Wendell C., et al. [2006] Environmental Justice: Obesity, Physical Activity, and Healthy Eating. *Journal of Physical Activity & Health* 3(1): 30-54.

631-660.

Ritenbaugh, Cheryl [1982] Obesity as a Culture-Bound Syndrome. *Culture, Medicine and Psychiatry* 6(4): 347-361.

Robins, Steven [2006] From "Rights" to "Ritual": AIDS Activism in South Africa. *American Anthropologist* 108(2): 312-323.

Robinson, Jon [2004] Health at Every Size: Time to Shift the Paradigm. *Health at Every Size* 18(1): 5-7.

Roehling, Patricia V. [2012] Fat is a Feminist Issue, but it is Complicated: Commentary on Fikkan and Rothblum. *Sex Roles* 66: 593-599.

Romero-Corral, Abel, et al. [2008] Accuracy of Body Mass Index in Diagnosing Obesity in the Adult General Population. *International Journal of Obesity* 32(6): 959-966.

Room, Robin [1993] Alcoholics Anonymous as a Social Movement. In *Research on Alcoholics Anonymous: Opportunities and Alternatives*. Barbara S. McCrady and William R. Miller (eds.), pp. 167-187. Rutgers Center of Alcohol Studies.

Rose, Nikolas and Carlos Novas [2005] Biological Citizenship. In *Global Assemblages: Technology, Politics, and Ethics as Anthropological Problems*. Aihwa Ong and Stephen J. Collier (eds.), pp. 439-463. Blackwell Publishing.

Rothblum, Esther D. [1994] "I'll Die for the Revolution but Don't Ask Me not to Diet": Feminism and the Continuing Stigmatization of Obesity. In *Feminist Perspectives on Eating Disorders*. Patricia Fallon, Melanie A. Katzman, and Susan C. Wooley (eds.), pp. 53-76. The Guilford Press.

[2012] Why a Journal on Fat Studies?" *Fat Studies* 1(1): 3-5.

Saguy, Abigail C. [2012a] *What's Wrong with Fat?* Oxford University Press.

[2012b] Why Fat is a Feminist Issue. *Sex Roles* 66(9/10): 600-607.

Saguy, Abigail C. and Rene Almeling [2008] Fat in the Fire? Science, the News Media, and the 'Obesity Epidemic?' *Sociological Forum* 23(1): 53-83.

Saguy, Abigail C. and Kevin W. Riley [2005] Weighing Both Sides: Morality, Mortality, and Framing Contests over Obesity. *Journal of Health Politics, Policy and Law* 30(5): 869-923.

Saguy, Abigail C. and Anna Ward [2011] Coming Out as Fat: Rethinking Stigma. *Social Psychology Quarterly* 74(1): 53-75.

Samimian-Darash, Limor [2013] Governing Future Potential Biothreats: Toward an Anthropology of Uncertainty. *Current Anthropology* 54(1): 1-22.

Scheier, Lee M. [2005] What is the Hunger-Obesity Paradox? *Journal of the American*

Ogden, Cynthia L., et al. [2012] Prevalence of Obesity and Trends in Body Mass Index among US Children and Adolescents, 1999–2010. *JAMA: The Journal of the American Medical Association* 307(5): 483–490.

Petersen, Alan and Deborah Lupton [1996] *The New Public Health: Health and Self in the Age of Risk*. Sage Publications.

Petryna, Adriana [2002] *Life Exposed: Biological Citizens after Chernobyl*. Princeton University Press.

Polletta, Francesca and James M. Jasper [2001] Collective Identity and Social Movements. *Annual Review of Sociology* 27: 283–305.

Pollock, Nancy J. [1995] Social Fattening Patterns in the Pacific: The Positive Side of Obesity: A Nauru Case Study. In *Social Aspects of Obesity*. Igor de Garine and Nancy J. Pollock (eds.), pp. 87–106. Gordon and Breach Publishers.

Popenoe, Rebecca [2004] *Feeding Desire: Fatness, Beauty, and Sexuality among a Saharan People*. Routledge.

[2005] Ideal. In *Fat: The Anthropology of an Obsession*. Don Kulick and Anne Meneley (eds.), pp. 9–28. Tarcher/Penguin.

Poppendieck, Janet [1995] Hunger in America: Typification and Response. In *Eating Agendas: Food and Nutrition as Social Problems*. Donna Maurer and Jeffery Sobal (eds.), pp.11–34. Aldine De Gruyter.

Povinelli, Elizabeth A. [2001] Radical Worlds: The Anthropology of Incommensurability and Inconceivability. *Annual Review of Anthropology* 30: 319–334.

Probyn, Elspeth [2008] Silences behind the Mantra: Critiquing Feminist Fat. *Feminism and Psychology* 18(3): 401–404.

Puhl, Rebecca and Kelly D. Brownell [2001] Bias, Discrimination, and Obesity. *Obesity Research* 9(12): 788–805.

[2003] Psychosocial Origins of Obesity Stigma: Toward Changing a Powerful and Pervasive Bias. *Obesity Reviews* 4: 213–227.

Puhl, Rebecca M., Tatiana Andreyeva and Kelly D. Brownell [2008] Perceptions of Weight Discrimination: Prevalence and Comparison to Race and Gender Discrimination in America. *International Journal of Obesity* 32: 992–1000.

Rabinow, Paul [1996] Artificiality and Enlightenment: From Sociobiology to Biosociality. In *Essays on the Anthropology of Reason*. pp. 91-111, Princeton University Press.

Rich, Adrienne [1980] Compulsory Heterosexuality and Lesbian Existence. *Signs* 5(4):

Martin, Paul M.V. and Estelle Martin-Granel [2006] 2500-Year Evolution of the Term Epidemic. *Emerging Infectious Diseases* 12(6): 976–980.

Mathews, Holly F. [2000] Negotiating Cultural Consensus in a Breast Cancer Self-Help Group. *Medical Anthropology Quarterly* 14(3): 394–413.

Mayer, Vivian [1983a] Forward. In *Shadow on a Tightrope: Writings by Women on Fat Oppression*. Lisa Schoenfielder and Barb Wieser (eds.), pp. ix–xvii. Aunt Lute Books.

[1983b] The Fat Illusion. In *Shadow on a Tightrope: Writings by Women on Fat Oppression*. Lisa Schoenfielder and Barb Wieser (eds.), pp. 3–14. Aunt Lute Books.

Moffat, Tina [2010] The "Childhood Obesity Epidemic." *Medical Anthropology Quarterly* 24(1): 1–21.

Monaghan, Lee F. and Michael Hardey [2009] Bodily Sensibility: Vocabularies of the Discredited Male Body. *Critical Public Health* 19(3/4): 341–362.

Mohanty, Chandra T. [1991] Under Western Eyes: Feminist Scholarship and Colonial Discourses. In *Third World Women and the Politics of Feminism*. Chandra T. Mohanty, Ann Russo, and Lourdes Torres (eds.), pp. 51–80. Indiana University Press.

Mol, Annemarie [2002] *The Body Multiple: Ontology in Medical Practice*. Duke University Press.

Narayan, Uma [1998] Essence of Culture and a Sense of History: A Feminist Critique of Cultural Essentialism. *Hypatia* 13(2): 86–106.

[2004] The Project of Feminist Epistemology: Perspectives from a Nonwestern Feminist. In *The Feminist Standpoint Theory Reader: Intellectual and Political Controversies*. Sandra G. Harding (ed.), pp. 213–224. Routledge.

Nguyen, Vihn-Kim [2005] Antiretrovirals, Globalism, Biopolitics and Therapeutic Citizenship. In G*lobal Assemblages: Technology, Politics and Ethics as Anthropological Problems*. Aihwa Ong and Stephen Collier (eds.), pp. 124–144. Blackwell.

Nichter, Mimi [2000] *Fat Talk: What Girls and Their Parents Say about Dieting*. Harvard University Press.

Ogden, Cynthia L., et al. [2010] Obesity and Socioeconomic Status in Adults: United States 1988–1994 and 2005–2008. *NCHS Data Brief No. 50*. National Center for Health Statistics.

[1993] *Self-Help in America: A Social Movement Perspective.* Twayne Publishers.

Katz, Mandy [2009] Tossing Out the Diet and Embracing the Fat. *New York Times,* July 15.

Kerr, Norwood A. [1990] Drafted into the War on Poverty: USDA Food and Nutrition Programs, 1961-1969. *Agricultural History* 64(2): 154-166.

Keys, Ancel, et al. [1972] Indices of Relative Weight and Adiposity. *Journal of Chronic Diseases* 25: 329-343.

Kirkland, Anna [2003] Representations of Fatness and Personhood: Pro-Fat Advocacy and the Limits and Uses of Law. *Representations* 82(1): 24-51.

[2008a] *Fat Rights: Dilemmas of Difference and Personhood.* New York University Press.

[2008b] Think of the Hippopotamus: Rights Conscious in the Fat Acceptance Movement. *Law & Society Review* 42(2): 397-431.

[2011] The Environmental Account of Obesity: A Case for Feminist Skepticism. *Signs* 36(2): 463-485.

Klemesrud, Judy L. [1970] There are a Lot of People Willing to Believe Fat is Beautiful. . . *New York Times,* August 18.

Kuczmarski, Robert J. and Katherine M. Flegal [2000] Criteria for Definition of Overweight in Transition: Background and Recommendations for the United States. *American Journal of Clinical Nutrition* 72: 1074-1081.

Kumanyika, Shiriki Kinika and Sonya Grier [2006] Targeting Interventions for Ethnic Minority and Low-income Populations. *The Future of Children* 16(1): 187-207.

LeBesco, Kathleen [2004] *Revolting Bodies?: The Struggle to Redefine Fat Identity.* University of Massachusetts Press.

Lepoff, Laurie A. [1975] Fat Politics. *Plexus: San Francisco Bay Area Women's Newspaper,* May.

Love, Barbara J. [2006] Judy Freespirit. In *Feminists Who Changed America 1963-1975.* Barbara J. Love (ed.), p. 160. University of Illinois Press.

Lupton, Deborah [1995] *The Imperative of Health: Public Health and the Regulated Body.* Sage Publications.

[2012] *Fat.* Routledge.

Lyons, Pat [2009] Prescription for Harm: Diet Industry Influence, Public Health Policy, and the "Obesity Epidemic." In *The Fat Studies Reader.* Esther D. Rothblum and Sondra Solovay (eds.), pp. 75-87. New York University Press.

Gremillion, Helen [2005] The Cultural Politics of Body Size. *Annual Review of Anthropology* 34: 13–32.

Gould, Deborah B. [2001] Rock the Boat, Don't Rock the Boat, Baby: Ambivalence and the Emergence of Militant AIDS Activism. In *Passionate Politics: Emotions and Social Movements*. Jeff Goodwin, James M. Jasper, and Francesca Polletta (eds.), pp. 135–157. University of Chicago Press.

[2009] *Moving Politics: Emotion and ACT UP's Fight against AIDS*, University of Chicago Press.

Gupta, Akhil and James Ferguson [1992] Beyond "Culture": Space, Identity, and the Politics of Difference. *Cultural Anthropology* 7(1): 6–23.

Hacking, Ian [1995] The Looping Effects of Human Kinds. In *Causal Cognition: A Multidisciplinary Debate*. Dan Sperber, David Premack, and Ann James Premack (eds.), pp. 351–383. Clarendon Press.

[2007] Kinds of People: Moving Targets. *Proceedings of the British Academy* 151: 285–318.

Hartley, Cecilia [2001] Letting Ourselves Go: Making Room for the Fat Body in Feminist Scholarship. In *Bodies Out of Bounds: Fatness and Transgression*. Jana Evans Braziel and Kathleen LeBesco (eds.), pp. 60–73. University of California Press.

Heath, Deborah, Rayna Rapp and Karen-Sue Taussig [2004] "Genetic Citizenship." In *A Companion to the Anthropology of Politics*. David Nugent and Joan Vincent (eds.), pp. 152–167. Blackwell Publishing.

HHS (U.S. Department of Health and Human Services) [2001] *The Surgeon General's Call to Action to Prevent and Decrease Overweight and Obesity*. U.S. Department of Health and Human Services.

Hill, James O., et al. [2003] Obesity and the Environment: Where Do We Go from Here? *Science* 299(5608): 853–855.

Hubert, Helen B., et al. [1983] Obesity as an Independent Risk Factor for Cardiovascular Disease: A 26-Year Follow-up of Participants in the Framingham Heart Study. *Circulation* 67(5): 968–977.

Jasper, James M. [1998] The Emotions of Protest: Affective and Reactive Emotions in and around Social Movements. *Sociological Forum* 13(3): 397–424.

Katz, Alfred H. [1981] Self-Help and Mutual Aid: An Emerging Social Movement? *Annual Review of Sociology* 7: 129–155.

Farrell, Amy E. [2011] *Fat Shame: Stigma and the Fat Body in American Culture*. New York University Press.

Fikkan, Janna L. and Esther D. Rothblum [2012] Is Fat a Feminist Issue? Exploring the Gendered Nature of Weight Bias. *Sex Roles* 66(9/10): 575–592.

Fishman, Sarah [1998] Life in the Fat Underground. Radiance, Winter. [http://www.radiancemagazine.com/issues/1998/winter 98/fat underground.html]（2013 年 3 月 25 日最終閲覧）.

Flegal, Katherine M. [2006] Excess Deaths Associated with Obesity: Cause and Effect. *International Journal of Obesity* 30(8): 1171–1172.

Flegal, Katherine M., et al. [2005] Excess Deaths Associated with Underweight, Overweight, and Obesity. *JAMA: The Journal of the American Medical Association* 293(15): 1861–1867.

Fraser, Nancy and Linda Gordon [1994] A Genealogy of Dependency: Tracing a Keyword of the U.S. Welfare State. *Signs* 19(2): 309–336.

Freespirit, Judy [2003] On Ward G. In *The Strange History of Suzanne Lafleshe: And Other Stories of Women and Fatness*. Susan Koppelman (ed.), pp. 153–160. Feminist Press.

Freespirit, Judy and Sara Aldebaran [1983(1973)] Fat Liberation Manifesto. In *Shadow on a Tightrope: Writings by Women on Fat Oppression*. Lisa Schoenfielder and Barb Wieser (eds.), pp. 52–53. Aunt Lute Books.

French, Simone A., Mary Story and Robert W. Jeffery [2001] Environmental Influences on Eating and Physical Activity. *Annual Review of Public Health* 22(1): 309–335.

Fumento, Michael [1997] *The Fat of the Land: The Obesity Epidemic and How Overweight Americans Can Help Themselves*. Viking.

Gamson, Joshua [1995] Must Identity Movements Self-Destruct? A Queer Dilemma. *Social Problem* 42(3): 390–407.

Gaesser, Glenn [2002] *Big Fat Lies: The Truth about Your Weight and Your Health*. G rze Books.

Gard, Michael and Jan Wright [2005] *The Obesity Epidemic: Science, Morality, and Ideology*. Routledge.

Gibson, Diane [2003] Food Stamp Program Participation is Positively Related to Obesity in Low Income Women. *The Journal of Nutrition* 133(7): 2225–2231.

Greenhalgh, Susan [2015] *Fat-Talk Nation: The Human Costs of America's War on Fat*. Cornell University Press.

de Garine, Igor [1995] Sociocultural Aspects of the Male Fattening Sessions among the Massa of Northern Camaroon. In *Social Aspects of Obesity*. Igor de Garine and Nancy J. Pollock (eds.), pp. 45–70. Gordon and Breach Publishers.

DeBono, Nathaniel L., Nancy A. Ross and Lea Berrang-Ford [2012] Does the Food Stamp Program Cause Obesity? A Realist Review and a Call for Place-Based Research. *Health & Place* 18(4): 747–756.

Dell'Antonia, K.J. [2012] Georgia's Tough Campaign against Childhood Obesity. *New York Times*. January 3.

DeVault, Marjorie L. and James P. Pitts [1984] Surplus and Scarcity: Hunger and the Origins of the Food Stamp Program. *Social Problems* 31(5): 545–557.

Dinour, Lauren M., Dara Bergen and Ming-Chin Yeh [2007] The Food Insecurity-Obesity Paradox: A Review of The Literature and the Role Food Stamps may Play. *Journal of the American Dietetic Association* 107(11): 1952–1961.

Drewnowski, Adam and S.E. Specter [2004] Poverty and Obesity: The Role of Energy Density and Energy Costs. *American Journal of Clinical Nutrition* 79: 6–16.

Drewnowski, Adam [2009] Obesity, Diets, and Social Inequalities. *Nutrition Reviews* 67(1): 36–39.

Duggan, Lisa [2003] *The Twilight of Equality?: Neoliberalism, Cultural Politics, and the Attack on Democracy*. Beacon Press.

Eknoyan, Garabed [2008] Adolphe Quetelet (1796–1874)—The Average Man and Indices of Obesity. *Nephrology Dialysis Transplantation* 23(1): 47–51.

Ellin, Abby [2006] Big People on Campus. *New York Times*, Nov. 26.

Epstein, Steven [1996] *Impure Science: AIDS, Activism, and the Politics of Knowledge*. University of California.

Ernsberger, Paul [2009] Does Social Class Explain the Connection between Weight and Health? In *The Fat Studies Reader*. Esther D. Rothblum and Sondra Solovay (eds.), pp. 25–36. New York University Press.

Ewald, Fran ois [2002] The Return of Descartes's Malicious Demon: An Outline of Precaution. Translated by Stephen Utz. In *Embracing Risk: The Changing Culture of Insurance and Responsibility*. Tom Baker and Jonathan Simon (eds.), pp. 273–301. University of Chicago Press.

Fabrey, William [2001] Thirty-Three Years of Size Acceptance in Perspective: How Has it Affected the Lives of Real People? [http://members.tripod.com/ bigastexas/2001event/keynote2001.html]（2013 年 3 月 25 日最終閲覧）.

Brewis, Alexandra A., et al. [2011] Body Norms And Fat Stigma in Global Perspective. *Current Anthropology* 52(2): 269–276.

Brewis, Alexandra A. [2011] *Obesity: Cultural and Biocultural Perspectives*. Rutgers University Press.

Brink, Pamela J. [1995] Fertility and Fattening: The Annang Fattening Room. In *Social Aspects of Obesity*. Igor de Garine and Nancy J. Pollock (eds.), pp. 71–85. Gordon and Breach Publishers.

Burgard, Deb [2009] What is 'Health at Every Size'? In *The Fat Studies Reader*. Esther D. Rothblum, and Sondra Solovay (eds.), pp. 42–53. New York University Press.

California Department of Public Health, California Obesity Prevention Program [2010] 2010 California Obesity Prevention Plan: A Vision for Tomorrow, Strategic Actions for Today. California Department of Public Health, California Obesity Prevention Program.

Campos, Paul F. [2004] *The Obesity Myth: Why America's Obsession with Weight is Hazardous to Your Health*. Penguin.

Caplan, Patrick (ed.) [2000] *Risk Revisited*. Pluto Press.

Chang, Virginia W. and Diane S. Lauderdale [2005] Income Disparities in Body Mass Index and Obesity in the United States, 1971–2002. *Archives of Internal Medicine* 165(18): 2122–2128.

Chrisler, Joan C. [2012] "Why Can't You Control Yourself?" Fat Should Be a Feminist Issue. *Sex Roles* 66: 608–616.

Clifford, James [1988] *Predicament of Culture: Twentieth-Century Ethnography, Literature, and Art*. Harvard University Press.

Cohn, Simon [2000] Risk, Ambiguity and the Loss of Control: How People with Chronic Illness Experience Complex Biomedical Causal Models. In *Risk Revisited*. Patrick Caplan (ed.), pp. 204–225. Pluto Press.

Collins, Patricia H. [1990] *Black Feminist Thought: Knowledge, Consciousness, and the Politics of Empowerment*. Routledge.

Cooper, Charlotte [1997] Can a Fat Woman Call Herself Disabled? *Disability and Society* 12(1): 31–41.

[1998] *Fat and Proud: The Politics of Size*. Women's Press.

[2008] What's Fat Activism?. *University of Limerick Department of Sociology Working Paper Series*. [http://www3.ul.ie/sociology/docstore/workingpapers/wp2008-02.pdf]（2014年11月1日最終閲覧）.

Medicine 103: 1030–1033.

Azzarito, Laura [2008] The Rise of the Corporate Curriculum: Fatness, Fitness, and Whiteness. In *Biopolitics and The 'Obesity Epidemic': Governing Bodies*. Jan Wright and Valerie Harwood (eds.), pp. 183–196. Routledge.

Bacon, Linda [2008] *Health at Every Size: The Surprising Truth about Your Weight*. BenBella Books.

[2009] Reflections on Fat Acceptance: Lessons Learned from Privilege: An Essay Based on a Keynote Speech Delivered at the Conference of the National Association to Advance Fat Acceptance, August 1, 2009. [http://www.lindabacon.org/Bacon ThinPrivilege080109.pdf]（2011 年 3 月 30 日最終閲覧）.

Bacon, Linda, et al. [2005] Size Acceptance and Intuitive Eating Improve Health for Obese, Female Chronic Dieters. *Journal of the American Dietetic Association* 105: 929–936.

Bacon, Linda and Lucy Aphramor [2011] Weight Science: Evaluating the Evidence for a Paradigm Shift. *Nutrition Journal* 10(9). [http://www.nutritionj.com/content/10/1/9]（2013 年 11 月 20 日最終閲覧）.

Bartky, Sandra L. [1990] *Femininity and Domination: Studies in the Phenomenology of Oppression*. Routledge.

Becker, Anne E. [1995] *Body, Self, and Society: The View from Fiji*. University of Pennsylvania Press.

Becker, Anne E., et al. [2002] Eating Behaviours and Attitudes Following Prolonged Exposure to Television among Ethnic Fijian Adolescent Girls. *The British Journal of Psychiatry* 180(6): 509-514.

Bell, Kirsten and Darlene McNaughton [2007] Feminism and the Invisible Fat Man. *Body & Society* 13(1): 107–131.

Bellisari, Anna [2016] *The Anthropology of Obesity in the United States*. Routledge.

Boellstorff, Tom [2005] Between Religion and Desire: Being Muslim and Gay in Indonesia. *American Anthropologist* 107(4): 575–585.

[2007] Queer Studies in the House of Anthropology. *Annual Review of Anthropology* 36: 17–35.

Boero, Natalie [2007] All the News that's Fat to Print: The American "Obesity Epidemic" and the Media. *Qualitative Sociology* 30(1): 41–60.

Bordo, Susan [1993] *Unbearable Weight: Feminism, Western Culture, and the Body*. University of California Press.

(Melucci, Alberto. 1989. *Nomads of the Present: Social Movements and Individual Needs in Contemporary Society*. Temple University Press.)

森山工［1996］『墓を生きる人々――マダガスカル、シハナカにおける社会的実践』東京大学出版会。

ヤング、ジョック［2007］『排除型社会――後期近代における犯罪・雇用・差異』青木秀男／伊藤泰郎／岸政彦／村澤真保呂（訳)、洛北出版。(Young, Jock. 1999. *The Exclusive Society: Social Exclusion, Crime and Difference in Late Modernity*. Sage Publications.)

ライル、ギルバート［1997］『ジレンマ――日常言語の哲学』篠澤和久（訳)、勁草書房。(Ryle, Gibert. 1954. *Dilemmas*. Cambridge University Press.)

ラトゥール、ブルーノ［1999］『科学が作られているとき――人類学的考察』川崎勝／高田紀代志（訳)、産業図書。(Latour, Bruno. 1987. *Science in Action*. Harvard University Press.)

ルービン、ゲイル［1997］「性を考える――セクシュアリティの政治に関するラディカルな理論のための覚書」『現代思想』25(6): 94–144。(Rubin, Gayle. 1984. Thinking Sex: Notes for a Radical Theory of the Politics of Sexuality. In *Pleasure and Danger: Exploring Female Sexuality*. Carol S. Vance (ed.), pp. 267–319. Routledge and Kegan Paul.)

レイヴ、ジーン／エティエンヌ・ウェンガー［1993］『状況に埋め込まれた学習――正統的周辺参加』佐伯胖（訳)、産業図書。(Lave, Jean, and Etienne Wenger. 1991. *Situated Learning: Legitimate Peripheral Participation*. Cambridge University Press.)

ローズ、ニコラス［2014］『生そのものの政治学――二十一世紀の生物医学、権力、主体性』檜垣立哉／小倉拓也／佐古仁志／山崎吾郎（訳)、法政大学出版局。(Rose, Nikolas. 2006. *The Politics of Life Itself: Biomedicine, Power, and Subjectivity in the Twenty-First Century*. Princeton University Press.)

【英語】

Abu-Lughod, Lila [1991] Writing against Culture. In *Recapturing Anthropology: Working in the Present*. Richard Fox (ed.), pp. 137–162. School of American Research Press.

Anderson, Sue A. [1990] Core Indicators of Nutritional State for Difficult-to-Sample Populations. *The Journal of Nutrition* 120(11): 1557–1599.

Andres, Reubin, et al. [1985] Impact of Age on Weight Goals. *Annals of Internal*

(Hacking, Ian. 1986. Making Up People. In *Reconstructing Individualism*. Thomas Heller, Morton Sosna, and David Wellbery (eds.), pp. 222–236. Stanford University Press.)
[2006]『何が社会的に構築されるのか』出口康夫／久米暁抄（訳)、岩波書店。(Hacking, Ian. 1999. *The Social Construction of What?* Harvard University Press.)
[2012]『知の歴史学』出口康夫／大西琢朗／渡辺一弘（訳)、岩波書店。(Hacking, Ian. 2002. *Historical Ontology*. Harvard University Press.)
バトラー、ジュディス［1999]『ジェンダー・トラブル――フェミニズムとアイデンティティの攪乱』竹村和子（訳)、青土社。(Butler, Judith. 1990. *Gender Trouble and the Subversion of Identity*. Routledge.)
檜垣立哉／春日直樹／市野川容孝［2013]「来たるべき生権力論のために」『思想』1066: 7–39.
平井京之介［2012]「実践としてのコミュニティ――移動・国家・運動」『実践としてのコミュニティ――移動・国家・運動』平井京之介（編)、pp. 1–37、京都大学学術出版会。
フー、フランク・B［2010]『肥満の疫学』小林身哉／八谷寛／小林邦彦（訳)、名古屋大学出版会。(Hu, Frank B. 2008. *Obesity Epidemiology*. Oxford University Press.)
フーコー、ミシェル［2007]『安全・領土・人口――コレージュ・ド・フランス講義 1977–1978 年度（ミシェル・フーコー講義集成 7)』高桑和巳（訳)、筑摩書房。(Foucault, Michel. 2004. *Securit , Territoire, Population: Cours au Coll ge de France (1977–1978)*. Gallimard.)
ブアスティン、ダニエル・J［1990]『現代アメリカ社会――コミュニティの経験』橋本富郎（訳)、世界思想社。(Boorstin, Daniel J. 1969. *The Decline of Radicalism: Reflections on America Today*. Random House.)
ベイトソン、グレゴリー［2000]『精神の生態学』佐藤良明（訳)、思索社。(Bateson, Gregory. 1972. *Steps to an Ecology of Mind*. Ballantine Book.)
ベック、ウルリッヒ［1998]『危険社会――新しい近代への道』東廉／伊藤美登里（訳)、法政大学出版局。(Beck, Ulrich. 1986. *Risikogesellschaft: Auf dem Weg in eine andere Moderne*. Suhrkamp.)
松田素二［2013]「現代世界における人類学的実践の困難と可能性」『文化人類学』78(1): 1–25。
美馬達哉［2012]『リスク化される身体――現代医学と統治のテクノロジー』青土社。
メルッチ、アルベルト［1997]『現在に生きる遊牧民』山之内靖他（訳)、岩波書店。

／松田素二（編）、pp. 337–360、世界思想社。

［2011］「運命的瞬間を求めて――フィールドワークと民族誌記述の時間」『時間の人類学――情動・自然・社会空間』西井凉子（編）、pp. 115–140、世界思想社。

田辺繁治［2002］「日常的実践のエスノグラフィ――語り・コミュニティ・アイデンティティ」『日常的実践のエスノグラフィ――語り・コミュニティ・アイデンティティ』、田辺繁治／松田素二（編）、pp. 1–38、世界思想社。

［2008］『ケアのコミュニティ』岩波書店。

［2010］『「生」の人類学』岩波書店。

［2012］「情動のコミュニティ――北タイ・エイズ自助グループの事例から」『実践としてのコミュニティ――移動・国家・運動』平井京之介（編）、pp. 247–272、京都大学学術出版会。

ダマシオ、アントニオ・R［2010］『デカルトの誤り――情動、理性、人間の脳』田中三彦（訳）、ちくま学芸文庫。（Damasio, R. Antonio. 1994. *Descartes' Error: Emotion, Rationality and the Human Brain*, Putnam）

鶴田幸恵［2009］『性同一性障害のエスノグラフィ――性現象の社会学』ハーベスト社。

テイラー、チャールズ［1996］「承認をめぐる政治」『マルチカルチュラリズム』エイミー・ガットマン（編）、佐々木毅／辻康夫／向山恭一（訳）、pp. 37–110、岩波書店。（Taylor, Charles. 1994. The Politics of Recognition. In *Multiculturalism: Examining the Politics of Recognition*. Amy Gutmann (ed.), pp. 25–73. Princeton University Press.）

中川敏［2009］『言語ゲームが世界を創る――人類学と科学』世界思想社。

中川米造［1996］『医学の不確実性』日本評論社。

波平恵美子［2005］『からだの文化人類学――変貌する日本人の身体観』大修館書店。

西井凉子［2011］「時間の人類学――社会空間論の展開」『時間の人類学――情動・自然・社会空間』西井凉子（編）、pp. 1–36、世界思想社。

ネスル、マリオン［2005］『フード・ポリティクス――肥満社会と食品産業』三宅真季子／鈴木眞理子（訳）、新曜社。（Nestle, Marion. 2002. *Food Politics: How the Food Industry Influences Nutrition and Health*. University of California Press.）

橋都由加子［2010］「WIC プログラム」『アメリカ・モデル福祉国家Ⅰ　競争への補助階段』渋谷博史／中浜隆（編）、pp. 194–218、昭和堂。

ハッキング、イアン［1999］『偶然を飼いならす――統計と第二次科学革命』石原英樹／重田園江（訳）、木鐸社。（Hacking, Ian. 1990. *The Taming of Chance*. Cambridge University Press.）

［2000］「人々を作り上げる」『現代思想』隠岐さや香（訳）、28(1): 114–129

病いへ』進藤雄三（監訳）、杉田聡／近藤正英（訳）、ミネルヴァ書房。(Conrad, Peter, and Joseph W. Schneider. 1992. *Deviance and Medicalization: From Badness to Sickness*. Temple University Press.)

坂本亘／五十川直樹／後藤昌司［2008］「日本の『メタボリック・シンドローム』診断基準の統計的問題」『行動計量学』35(2): 177–192。

佐藤知久［2008］「セルフヘルプ・グループ——非同一的なコミュニティとしての」『人類学で世界をみる——医療・生活・政治・経済』春日直樹（編）、ミネルヴァ書房、pp. 21–38。

［2011］「社会運動と時間——アクトアップにおけるエイズ・アクティビズムの生成と衰退」『時間の人類学——情動・自然・社会空間』西井凉子（編）、pp. 88–114、世界思想社。

シェル、エレン・ラペル［2005］『太りゆく人類——肥満遺伝子と過食社会』栗木さつき（訳）、早川書房。(Shell, Ellen Ruppel. 2002. *The Hungry Gene: The Science of Fat And the Future of Thin*. Atlantic Monthly Press.)

渋谷望［2003］『魂の労働——ネオリベラリズムの権力論』青土社。

渋谷博史［2010］「アメリカ・モデル福祉国家の本質」『アメリカ・モデル福祉国家Ⅰ　競争への補助階段』渋谷博史／中浜隆（編）、pp. 1–18、昭和堂。

シュローサー、エリック［2001］『ファーストフードが世界を食いつくす』楡井浩一（訳）、草思社。(Schlosser, Eric. 2001. *Fast Food Nation: The Dark Side of the All-American Meal*. Houghton Mifflin.)

新ヶ江章友［2013］『日本の「ゲイ」とエイズ——コミュニティ・国家・アイデンティティ』青弓社。

菅野盾樹［2008］「訳者解説——ヴァージョンの狩人のために」『世界制作の方法』ネルソン・グッドマン（著）、菅野盾樹（訳）、pp. 265–294、ちくま学芸文庫。

杉野昭博［2007］『障害学——理論形成と射程』東京大学出版会。

スペクター、マルコム／ジョン・I・キツセ［1990］『社会問題の構築——ラベリング理論を超えて』村上直之／中河伸俊／鮎川潤／森俊太（訳）、マルジュ社。(Spector, Malcom, and John I. Kitsuse. 1977. *Constructing Social Problems*. Cummings Publishing Company.)

千田有紀［2005］「アイデンティティとポジショナリティ——1990年代の『女』の問題の複合性をめぐって」『脱アイデンティティ』上野千鶴子（編）、pp. 267–287、勁草書房。

田中雅一［2002］「主体からエージェントのコミュニティへ——日常的実践への視覚」『日常的実践のエスノグラフィ——語り・コミュニティ・アイデンティティ』田辺繁治

ストコロニアル転回以後』杉島敬志（編）、pp. 271–296、世界思想社。
重田園江［2003］『フーコーの穴――統計学と統治の現在』木鐸社。
春日直樹［2013］「生権力の外部――現代人類学をつうじて考える」『思想』1066: 227–243。
柄谷行人［1986］『探求Ⅰ』講談社。
カンギレム、ジョルジュ［1987］『正常と病理』滝沢武久（訳）、法政大学出版局。（Canguilhem, Georges. 1966. *Le Normal et le Pathologique, Augment de Nouvelles R flexions Concernant le Normal et le Pathologique*. Presses Universitaires de France.）
ギデンズ、アンソニー［2005］『モダニティと自己アイデンティティ――後期近代における自己と社会』秋吉美都／安藤太郎／筒井淳也（訳）、ハーベスト社。（Giddens, Anthony. 1991. *Modernity and Self-Identity: Self and Society in the Late Modern Age*. Stanford University Press.）
ギトリン、トッド［2001］『アメリカの文化戦争――たそがれゆく共通の夢』疋田三良／向井俊二（訳）、彩流社。（Gitlin, Todd. 1995. *The Twilight of Common Dreams: Why America is Wracked by Culture Wars*. Metropolitan Books.）
グールド、スティーヴン・J［1998］『人間の測りまちがい――差別の科学史』鈴木善次／森脇靖子（訳）、河出書房新社。（Gould, Stephen J. 1981. *The Mismeasure of Man*. W.W. Norton.）
グッドマン、ネルソン［2008］『世界制作の方法』菅野盾樹（訳）、筑摩書房。（Goodman, Nelson. 1978. *Ways of World Making*. Hackett Publishing.）
グッドマン、ネルソン／キャサリン・Z・エルギン［2001（1988）］『記号主義――哲学の新たな構想』菅野盾樹（訳）、みすず書房。（Goodman, Nelson, and Catherine Z. Elgin. 1988. *Reconceptions in Philosophy and Other Arts and Sciences*. Routedge.）
クライツァー、グレッグ［2003］『デブの帝国――いかにしてアメリカは肥満大国となったのか』竹迫仁子（訳）、バジリコ。（Critser, Greg. 2003. *Fat Land: How Americans Became the Fattest People in the World*. Houghton Mifflin.）
クーン、トーマス［1971］『科学革命の構造』中山茂（訳）、みすず書房。（Kuhn, Thomas S. 1962. *The Structure of Scientific Revolutions*. University of Chicago Press.）
ゴフマン、アービング［2003］『スティグマの社会学――烙印を押されたアイデンティティ』石黒毅（訳）、せりか書房。（Goffman, Erving. 1963. *Stigma: Notes on the Management of Spoiled Identity*. Prentice-Hall.）
コンラッド、ピーター／ジョセフ・W・シュナイダー［2003］『逸脱と医療化――悪から

参考文献

【日本語】

浅野千恵［1996］『女はなぜやせようとするのか――摂食障害とジェンダー』勁草書房。

東賢太朗／市野澤潤平／木村周平／飯田卓（編）［2014］『リスクの人類学』世界思想社。

東浩紀／大澤真幸［2003］『自由を考える――9・11以降の現代思想』日本放送出版協会。

アッピア、K・アンソニー［1996］「アイデンティティ、真正さ、文化の存続――多文化社会と社会的再生産」『マルチカルチュラリズム』エイミー・ガットマン（編）、佐々木毅／辻康夫／向山恭一（訳）、pp. 211–234、岩波書店。（Appiah, K. Anthony. 1994. Identity, Authenticity, Survival: Multicultural Societies and Social Reproduction. In *Multiculturalism: Examining the Politics of Recognition*. Amy Gutmann (ed.), pp. 149–163 Princeton University Press.）

石川准［1990］「自助グループ連動から他者を巻き込む運動へ――ある障害者グループの活動から」『社会運動論の統合をめざして』社会運動研究会（編）、pp. 281–312、成文堂。

市野澤潤平［2013］「〈浸潤〉される身体をめぐる不確実性と累積的リスク――観光ダイビングの経験における減圧症の問題」第47回日本文化人類学会（慶應義塾大学）。

［2014］「リスクの相貌を描く人類学者による『リスク社会』再考」『リスクの人類学』東賢太朗／市野澤潤平／木村周平／飯田卓（編）、pp. 1–38、世界思想社。

牛山美穂［2011］「治らない病気と多元的な治療――アトピー性皮膚炎の事例から」『生活学論叢』20: 81–94。

浦野茂［2008］「社会学の課題としての概念の分析――『構築主義批判・以後』によせて」『三田社会学』13: 47–59。

［2009］「はじめに」『概念分析の社会学――社会的経験と人間の科学』酒井泰斗／浦野茂／前田泰樹／中村和生（編）、pp. i–vi、ナカニシヤ出版。

ウルフ、ナオミ［1994］『美の陰謀――女たちの見えない敵』曽田和子（訳）、TBSブリタニカ。（Wolf, Naomi. 1991. *The Beauty Myth: How Images of Beauty are Used Against Women*. William Morrow.）

オーバック、スージー［1994］『ダイエットの本はもういらない』落合恵子（訳）、飛鳥新社。（Orbach, Susie. 1978. *Fat is a Feminist Issue*. Berkeley Books.）

大杉高司［2001］「非同一性による共同性へ／において」『人類学的実践の再構築――ポ

著者略歴

碇　陽子（いかり・ようこ）

1977年福岡県生まれ。

東京大学大学院総合文化研究科博士課程単位取得退学。博士（学術）。

現在、明治大学政治経済学部専任講師。専門は文化人類学。

主な論文に「アメリカのファット・アクセプタンス運動から『肥満問題』を見る」『社会問題と出会う』（第7章、共編著、古今書院、2017年）、「オルタナティブな世界の構築――アメリカ合衆国のファット・アクセプタンス運動を事例に」『リスクの人類学――不確実な世界を生きる』（第11章、共編著、世界思想社、2014年）ほか。

「ファット」の民族誌
——現代アメリカにおける肥満問題と生の多様性

2018年7月31日　初版第1刷発行

著　者　碇　陽子
発行者　大江道雅
発行所　株式会社 明石書店
〒101-0021 東京都千代田区外神田 6-9-5
電　話　03(5818)1171
FAX　03(5818)1174
振　替　00100-7-24505
http://www.akashi.co.jp

印　刷　株式会社文化カラー印刷
製　本　本間製本株式会社

(定価はカバーに表示してあります)
ISBN978-4-7503-4704-2